전라도의 **말**과 문화

전라도의 **말** 과 문화

이기갑

지식과교양

숭어는 일 년 내내 서해와 남해 연안에서 잡히는 물고기다. 특히 초여름 사리 때면 해남 우수영의 울돌목 가에서 뜰채로 잡기도 하는 흔한 물고기인데, 전남 신안의 신의면에서는 크기에 따라 '쌀모치, 보릿모, 모치, 외손재비, 누렁모, 무걸모, 숭에'처럼 일곱 가지의 이름을 구별한다. 신안의 신의면 사람들은 왜 이렇게 다양한 이름을 구별하는 것일까? 그것은 숭어가 이 지역 사람들에게 그만큼 일상적이고 친근한 존재이기 때문일 것이다. 육지라면 '숭어'(성어)와 '모쟁이'(새끼) 두 가지면 족하겠지만, 다양한 크기의 고기가 늘 잡히는 섬에서는 크기에 따른 여러 이름이 필요했던 것이다. 마치 에스키모들이 여러 가지 눈(雪)을 구별하고, 몽골 사람들이 다양한 말(馬) 이름을 구별하는 이치와 같다. 이처럼 어느 지역 방언을 잘 들여다보면 그곳에 사는 이들의 삶을 엿볼 수 있다. 무엇을 먹고 사는지, 어떻게 생긴 집에 사는지, 어떤 옷을 입고, 이웃과는 어떻게 교류하며 지내는지 등이 모두 그들의 말 속에 담겨 있기 때문이다.

이 책은 전라도 방언을 통하여 전라도 사람들의 삶과 그들의 문화를 찾아보려 한 시도이다. 단순히 전라도 어휘에 대한 어원의 설명이나 그 쓰임새를 밝히는 데 그치지 않고, 이 지역 사람들의 말에 투영된 삶을 그려 보고 싶은 것이 글쓴이의 생각이었다. 물론 전라도 사람들의 삶이 일반 한국 사람들의 삶과 크게 다르지 않으므로, 여기에서 언급된 삶과 문화의 양상은 한국인 전체의 것으로 일반화 될 수도 있을 것이다.

이 책에 실린 글은 『전라도닷컴』의 고정 칼럼 「전라도 말맛」에 글쓴이가 10여 년 동안 써 왔던 글 가운데 문화와 관련이 있는 것만을 모은 것이다. 그밖에 『광주 MBC 저널』이나 『광주은행 사보』, 광주 MBC 라디오 등을 통해 발표한 것 가운데 일부 가져오기도 하였다. 모든 글에는 애초의 출처를 표시해 두었고, 출처가 표시되지 않은 글은 써 두었거나 새로 쓴 것들이다. 기존에 발표된 글이라도 문장을 다듬고 내용을 고치거나 보태었기 때문에 원문과 달라진 경우가 대부분이다.

글쓴이가 방언에 대해 대중적인 글을 쓰기 시작한 것은 2000년 9월께, 당시 웹진으로 출발한 『전라도닷컴』의 청탁을 받고서였다. 글쓴이는 2001년부터 약 2년 동안 미국 인디아나 대학에서 방문학자로서 연구 생활을 하였는데, 특히 이 기간 동안에 집중적으로 글을 쓸 수 있었다. 시간의 여유가 있기도 하였지만, 외국에서 우리 문화를 좀 더 객관적으로 바라볼 수 있었기 때문이다.

이러한 대중적인 글쓰기를 통해 전라도 사투리에 대한 새로운 깨달음도 얻었고, 독자들의 과분한 격려도 받았다. 이런 기회를 갖게 해준 『전라도닷컴』, 특히 황풍년·남인희·남신희 세 분께 감사의 말씀을 드려야겠다. 이 분들의 도움이 없었더라면 이렇게 긴 세월 동안 지치지 않고 써 갈 수는 없었기 때문이다.

전라도 방언에 대한 글쓴이의 직관과 지식은 모두 사투리를 일상적으로 사용했던 할머니와 부모님 덕분이다. 늦게나마 고마운 마음을 전하고 싶지만, 정작 부모님은 기다려 주지 않으시니 이를 슬퍼할 따름이다. 주위의 도움과 배려로 출간된 이 책이 아무쪼록 전라도 방언과 문화의 이해에 조금이나마 보탬이 되기를 바란다.

2013년 여름,
승달산 아래 연구실에서

◯ 차례

책 머리에 /5

1부 음식 문화 • 13

찌는 문화, 굽는 문화 /15
건데기는 없고 맨 말국뿐이네 /22
'웅구락짓국'과 '추어탕' /24
저 혼차서 짓국부텀 마시고 있네 /28
배추 끌텅은 쪄서 묵어도 괜찬해 /33
머심둘레가 약이 된담성? /36
낙자는 콱콱 조사서 묵어야 맛있어 /38
밀지울을 바시르허니 모까 갖고는 막 비베 /41
망치로 구멍 뚫고 톱으로 썰고 - 대사리와 밥칙 /44
쫄굿쫄굿, 찐덕찐덕 /47

2부 주거 문화 • 51

땅이름 /53   마을 안길 /57
마리, 물리 /60   정제, 정지, 정게 /63
시렁가래, 살강 /66
바가치시얌, 두룸박시얌, 짝두시얌 /69
칭칭다리, 뽕뽕다리 /72

3부 민속 문화 • 75

당골, 당골네 /77
외약사내키 /80
들독, 학독 /83
고뿔차리, 개짐머리 /86
하루거리에 걸리먼 소망을 할타야 되야 /89
깐치동저구리 /92

4부 놀이 문화 • 97

일은 안 허고 뺀나 모실만 댕이냐? /99
나가서는 말 한 자리도 못 헌 것이 /102
바꿈살이, 삼바꿈질, 동깨살이 /105
도롱테, 궁글테 /107
들깡달깡, 방애야방애야 /109
산다이 /113

5부 생활 문화 • 115

부지땅, 비땅, 부작때기 /117
'박'과 '바가치' /119
더운디 냇갈에 가서 메나 깜제 그냐? /123
미영 짜서 옷 맹글고 /127
행감치고 에헴허고 점잔빼고 앙거 있기만 허먼 다가니? /130
너도나도 헐 것 없이 우허니 했제 /133
솔가리로 불 때먼 징허니 잘 타 /136
언능 기영 치고 가자 /139
눈애피, 가심애피 /141
떼롸서 빨래를 하니 징하게 힘들었소 /142
써까리, 가랑니, 뚝니 /144

6부 장례 문화 • 147

시상 베렜다 /149   다리, 밤다리, 숭에놀이 /152
초분, 독다물 /153
하나부지 산소에 뙤를 써야 허겠습디다 /154

7부 관계 문화 • 157

장개가 갖고 금방 제금내 노먼 쓰가니? /159
아이를 부르는 말 /162   택호(宅號) /165
'-실이'와 '-손' /168   동숭에지섬 /170
아재비, 아잡씨, 아잠 /172   덜거리총각 /174
아짐씨 /176
대사 치니라고 자네가 질 욕봤네 /180
애기가 아시를 탕께 차꼬 몰라져 /183

8부 농경 문화 • 187

나락 /189   나락 모가지, 나락 모개 /191
올기쌀, 올기심니 /193   홀태 /196
도사리, 호무줄, 만도리 /199   곰배, 곰배팔이 /202
저릅대 /206

9부 동물 문화 • 209

쪼놈의 달구새끼, 넘새밭 다 쪼사 묵네 /211

되야지막, 외양간, 마구 /215　　　부지땅 맞은 소 /218

도래도래 /221

불붙이다, 수붙이다, 갓붙이다 /223

호랭이 장개가네 /227

와가리 울고 개똥불 날던 날의 추억 /231

거시 /234　　　때까우 /236

불소, 불암소, 이레소, 이레쟁이, 이리돗 /238

쥐나개나 무스탕이시 /241

10부 언어 문화 • 245

예씨요 /247　　　여보씨요 /249

내가 안, 말 안, 했냐 안? /253　　　쩌그 쪼께 갔다 오요 /255

어른한테 달랑달랑허먼 못 써 /258

11부 외래 문화 • 263

포도와 석류 /265　　　고려말과 러시아말 /269

빵떡, 떡이 /274　　　꼬꼽쟁이, 따꼽쟁이 /278

'돈'의 뿌리를 찾아서 /282　　　사투리와 일본말 /286

참고문헌 /289　　　찾아보기 /295

1부

음식 문화

찌는 문화, 굽는 문화
건데기는 없고 맨 말국뿐이네
'웅구락짓국'과 '추어탕'
저 혼차서 짓국부텀 마시고 있네
배추 끌텅은 쪄서 묵어도 괜찬해
머심둘레가 약이 된담성?
낙자는 콱콱 조사서 묵어야 맛있어
밀지울을 바시르허니 모까 갖고는 막 비베
망치로 구멍 뚫고 톱으로 썰고 - 대사리와 밥칙
쫄굿쫄굿, 찐덕찐덕

전라도의 말과 문화

찌는 문화, 굽는 문화

우리가 날마다 대하는 밥상에는 대개 세 가지의 음식이 차려진다. 밥과 국, 반찬이 그것인데, 국이나 반찬은 순전히 밥을 먹기 위한 부식이므로 국이나 반찬만을 홀로 먹는 일은 없다. 반면 밥은 국이나 반찬 없이도 먹을 수 있으니, 밥이야말로 우리의 생존을 위해 먹어야 하는 기본 음식인 셈이다.

사전에서 '밥'은 〈쌀, 보리, 좁쌀 따위를 씻어서 솥 따위에 안친 후 물을 부어 낟알이 풀어지지 아니하게 끓여 익힌 음식〉으로 풀이되어 있다. 이 뜻풀이에서 중요한 것은 〈물을 부어〉이다. 밥은 물을 붓지 않고서는 해 낼 수 없는 음식이기 때문이다. 서양의 빵은 이 점에서 다르다. 빵은 밀가루를 이용하므로 통 낟알을 쓰는 밥과는 재료에서 다르지만, 익히는 방식도 전혀 다르다. 밥은 물을 부어 그 물에 가해진 열로 물이 끓고, 그 끓는 물에서 나오는 고온의 김을 이용해서 낟알을 익히는 방법을 사용하지만, 빵은 반죽된 밀가루를 화덕에 놓거나 넣고 구워내는 방식을 택한다. 이처럼 음식을 익히는 방법이 근본적으로 다르나, 언어적인 차이는 〈찌다〉와 〈굽다〉로 귀결된다.

밥은 구워서 만드는 것이 아니라 쪄서 짓는다. 그런데 '찌는' 것과 유사하면서도 구별해야 할 말로 '끓이다'와 '삶다'가 있다. '끓이다'는 액체를 뜨겁게 하여 소리를 내며 거품이 솟아오르게 만드는 행위이다. 그래서 액체가 대상이 된다. '찻물을 끓일' 수도 있고, '바닷물을 끓여' 소금을 만들어 낼 수도 있는 것이다. '끓이는' 것은 거품이 일 정도로 고온이어야 한다. 그러므로 목욕물은 결코 끓여서는 안 되며, 단지 '덥히'거나 '데울' 뿐이다.

'삶는' 것은 어떤 사물을 물에 넣고 끓이는 것이다. 그래서 삶는 대상은 언제나 고체이며, 이 점에서 '끓이다'와 차이를 보인다. 예를 들어 '달걀을 삶는' 것은 물에 달걀을 넣고 끓이는 것이다. 고온으로 올라간 물의 열기 때문에 달걀이 익게 되는 것이니, 삶는 것은 곧 끓는 물의 열기를 이용해 사물을 익히는 행위라 하겠다. 음식물만 삶는 것이 아니라 빨래도 삶을 수 있다. 빨래를 물속에 잠기게 하여 고온으로 끓이면 빨래에 묻은 때가 분해되어 쉽게 빠지기도 하고, 심지어는 몸에 해로운 벌레들까지 죽일 수 있으니, 빨래를 삶는 일은 우리 민족 전래의 세탁 방법이었던 것이다. 삶는 일이 끓는 물의 열기를 이용하는 것이므로, 삶을 때에는 굳이 용기의 뚜껑을 닫을 필요가 없다. 빨래를 삶을 때, 뚜껑을 닫지 않는 것을 흔히 볼 수 있으며, 달걀을 삶을 때에도 뚜껑을 애써 닫지 않는다.

그러나 용기의 뚜껑을 닫고 물을 끓이면 익히는 속도를 빨리 할 수 있다. 끓이는 물의 열기와 함께 끓인 물로부터 나오는 뜨거운 김의 열기까지 이용할 수 있기 때문이다. 이처럼 끓인 물에서 생긴 뜨거운 수증기를 이용해 사물을 익히는 행위를 '찌다'라고 한다. 찌는 행위 역시 삶는 것과 마찬가지로 고체가 대상이다. 따라서 달걀을 '삶는' 것과 '찌는' 것은 엄밀한 의미에서 구별된다. '삶은 달걀'이 오직 끓인 물의 열기만을 이용해 익힌 것이라면 '찐 달걀'은 용기의 뚜껑을 닫아서 그 김까지 이용하여 익힌 것이라야 한다. 물론 '찐 달걀'도 끓인 물의 열기의 도움을 받기도 하므로 엄밀히 말하면 '삶고 찐 달걀'이라고 하는 편이 더 정확한 표현일 것이다. 옥수수나 고구마도 흔히 '삶는다'고 말하지만 오히려 '찐다'고 해야 한다. 옥수수나 고구마를 물에 통째로 넣어서 끓이는 것이 아니기 때문이다. 솥에 물을 넣기는 하되, 솥바닥에 사발을 엎어 놓고 물을 가둠으로써 옥수수나 고구마가 물에 잠기지 않도록 배려했던 것이 우리 조상들의 지혜였다. 다시 말하면 물기가 옥수수나 고구마에 스며들지 않도록 하면서 단지 물에서 나오는 뜨거운 김만을 이용하려고 했던 것이다. 고구마의 경우, 물기가 많이 스며들수록 '물고구마'가 되고, 물기가 없을 경우 '밤고구마'가 될 확률이 높다. 물고구마보다 밤고구마를 선호하는 우리의 입맛 때문에 고구마에 끓는 물이 스며들지 않도록, 삶기보다는 찌려고 했던 것이다. 표준말로는 옥수수나 고구마를 '삶는다'고 표현하지만 전라도 말에서는 흔히 '찐다'고 한다. 그래서 "깡냉이 한 소쿠리 쪄서 묵었다."거나 "찐 감자라도 묵을래?"처럼 썼던 것이다. 이처럼 '삶는' 것과 '찌는' 것은 물리적으로 구별되어야 하지만, 언어적으로는 흔히 혼용되어 쓰이곤 했다.

밥도 엄밀히 말하면 삶고 쪄서 짓는다. 곡식을 물에 넣고 끓이되, 솥의 뚜껑을 닫지 않으면 안 되기 때문이다. 맛있는 밥을 짓는 비결은 얼마만큼 김을 이용하느냐에 달려 있다 해도 과언이 아니다. 이른바 '뜸'이 이 비결의 핵심인 것이다. '뜸'이란 〈열을 흠씬 가하여 찌거나 익힌 것을 얼마 동안 그대로 두어 속속들이 익히는 일〉을 말한다. 이처럼 '뜸'의 목적은 곡식을 〈속속들이 익히는〉 데 있지만 원래의 뜻은 〈얼마 동안 그대로 두어〉에 있다. 즉 '뜸'은 동사 '뜨다'로부터 파생된 명사인 것이다. 동사 '뜨다'는 〈두 지점 사이에 거리가 있〉거나 〈시간적으로 동안이 오래됨〉을 의미한다. '뜸'은 바로 후자의 의미로부터 생겨난 말이다. 흔히 '뜸'은 동사 '들다'와 함께 쓰이는데 '뜸이 들다'는 곧 〈찌거나 익힌 뒤 얼마 동안 그대로 두어 속속들이 익다〉를 의미하게 된다. 그 사동형은 물론 '뜸을 들이다'이다.

맛있는 밥은 적당히 뜸을 들인 밥이다. 필요한 만큼 뜸을 들이지 않고 솥뚜껑을 빨리 열어 김을 나가게 하면 밥알은 속속들이 익지 않게 될 것이고, 그만큼 밥맛이 떨어지게 된다. 이처럼 뜸을 들이지 않아 덜 익힌 밥을 표현할 때 '설다'라는 동사를 쓴다. '선 밥' 또는 '설익은 밥'은 씹을 때 약간의 씹히는 소리가 나는 법인데, 이런 경우를 가리켜 '설겅거리다'나 '썰겅거리다'라고 한다. 국어사전에는 '설겅거리다'를 〈설익은 밤이나 콩이 씹히는 소리가 자꾸 나다〉로 풀이하고 있는데, 밥에도 그대로 적용될 수 있다. 전라도 사람들은 '설겅거리다'나 '썰겅거리다'라는 말 대신 '뜨끔거리다'나 '뜨끔뜨끔허다'라는 말을 쓴다. 여기서 '뜨끔'은 씹을 때 이에서 나는 소리를 가리킨다. 그리고 보면 표준말에서 '설겅'이나 '썰겅'의 의성적 효과를 전라도 말에서는 '뜨끔'이라고 표현하는 셈이다.

뜸을 들이지 않고 일찍 뚜껑을 열면 김이 나가게 되고, 그렇게 되면 제대로 된 밥을 얻을 수 없다. 속어 '김새다'라는 말은 여기서 나온 말이다. '김새다'는 〈흥이 깨지다〉나 〈맥이 빠져 싱겁게 되다〉의 뜻을 갖는데, 한창 열이 올라 잘 익어가고 있는 밥솥을 열어서 김을 빠지게 하는 행위가 유추적으로 다른 경우에까지 확장되어 쓰인 결과이다. '김새다'와 같은 뜻으로 '김빠지다'라는 말도 쓰인다.

'뜸'이란 완성을 위해 준비하는 시간이다. 우리는 일상생활에서 극적인 효과를 노리기 위해 흔히 뜸을 들이는 것을 자주 본다. 기다리는 사람의 욕구를 자극할수록, 결과가 가져오는 효과가 커지기 때문이다. 모든 일은 그에 필요한 알맞은 시간을 배려해야만 최고의 결과를 얻을 수 있다는 사실을 생각하면, 그리고 유난히 조급한 우리 민족의 성격을 고려하면 '뜸'이야말로 오늘의 우리에게 정말로 필요한 덕목이 아닌가 한다.

이제까지 우리는 밥을 짓는 과정을 통해 우리의 음식 문화가 유난히 삶고 찌는 위주였음을 확인하였다. 이에 반해 서양은 굽는 문화라 할 수 있다. 굽는 문화는 비단 서양에만 한정된 것은 아니다. 밀가루로 만든 빵을 주식으로 하는 모든 민족에게 다 적용할 수 있는 개념인 것이다. 중앙아시아로부터 터키에 이르는 넓은 대륙에 사는 민족들은 대부분 빵을 먹는다. 둥글고 얇게 민 밀가루 반죽을 화덕에 넣고 구운 이 빵은 이탈리아에 건너간 뒤 고명(topping)을 얹어 피자(pizza)가 되었다. 그러고 보면 굽는 문화는 아시아로부터 유럽과 아메리카에 이르는 광범위한 지역에 퍼진 문화 형태인 셈이다. 반면 삶거나 찌는 문화는 주로 쌀을 주식으로 하는 아시아 지역(동아시아와 동남아시아)에서 행해지는 문화 형태이다.

밥은 낟알을 통째로 삶거나 쪄서 짓는 음식이다. 그러나 우리 민족도 곡식을 가루로 빻아 조리하는 방식을 쓰지 않는 것은 아니다. 다만 이러한 가루음식은 일상적인 음식이 아니라 특별한 때 먹는 별식을 만들 때 사용하였다. 예를 들어 쌀을 통째로 삶고 찌면 '밥'이 되지만, 이것을 가루로 내어 찌면 '떡'이 된다. 우리에게 있어 '떡'은 특별한 날의 음식이다. 생일이나 제사 때, 아니면 잔치나 벌어지면 먹을 수 있는 별식이었던 것이다. 이처럼 굽는 문화 지역 사람들은 날마다 가루음식을 애용하지만, 삶고 찌는 문화의 사람들에 있어 가루음식은 오직 별식으로만 존재하였다.

그러나 같은 가루라 하더라도 문화권에 따라 조리 방식도 차이가 난다. 굽는 문화에서는 반죽된 가루를 불에 구워 빵으로 만들지만, 우리는 똑같은 반죽을 솥이나 시루에 쪄서 떡으로 먹는다. 전형적인 떡은 시루에 쪄서 만든다. 시루는 바닥에 구멍이 숭숭 뚫린 질그릇이다. 이 구멍은 물론 아래에서부터 올라오는 뜨거운 김을 통과시키기 위한 것이다. 시루 아래에는 물을 담아 놓는 솥이 있어야 한다. 그러니 떡을 찌기 위해서는 이층의 그릇이 필요한 셈이다. 일층의 솥에는 물을 담고 이층의 시루에는 떡가루를 얹어 놓는다. 일층의 물이 끓으면 여기서 생긴 뜨거운 김은 이층의 시루에 빠짐없이 전달되어야 한다. 그러기 위해서 일층의 솥과 이층의 시루를 연결하는 사이에 틈이 없어야 한다. 솥에서 올라오는 김이 새어나가지 않도록 솥과 시루가 맞닿는 곳에는 '시룻번'을 붙여 틈을 없애는 것이다. 이처럼 떡은 그야말로 쪄서 만드는 음식의 전형이다. 밥은 삶는 과정도 포함하지만 떡은 오로지 쪄서 만들어지는 음식인 것이다.

밀가루는 굽는 문화권 사람들이 구워서 빵으로 먹는다. 그러나 우리 문화에서도 밀가루를 먹지 않는 것은 아니다. 다만 그 조리 방식이 다를 뿐이다. 어린 시절 밀가루를 물에 개어 반죽을 만든 후 솥에 넣고 쪄서 만든 떡을 먹은 경험들이 있을 것이다. 우리는 이를 '밀가루떡'이라 부르기도 하지만, 속칭은 '밀개떡'이었다. 떡이야 쌀이나 찹쌀가루로 만든 것이 제격이지만, 그보다 못한 밀가루로 만들었으니 제대로 된 떡이라 할 수 없어 '밀개떡'이라고 불렀던 것이다. 이 밀개떡과 빵을 비교해 보면 우리의 조리 문화적 특징을 한 눈에 알 수 있다. 비록 재료는 같더라도, 익히는 방법에서 달라진 것이다. 이것은 우리 문화에서 음식을 구워 먹는 방식이 발달하지 않았기 때문이다. 빵을 구우려면 굽는 화덕이 발달해 있어야 한다. 그러나 우리 문화는 삶거나 찌는 문화이므로 이러한 조리 기구가 발달되어 있지 않다. 그러니 밀가루 반죽을 굽고 싶어도 구울 수가 없는 것이다. 굳이 구우려 한다면 뜨겁게 달군 번철(燔鐵)에 밀가루 반죽을 얹어 놓고 기름을 둘러서 구울 수는 있을 것이다. 우리말에서 이러한 조리 방식을 '지지다'나 '부치다'라고 한다. 그리고 이렇게 지져서 만든 음식을 흔히 '지짐이'나

'부침개'라 하는데 한자어로 '전'(煎)이라 부른다. 지짐이나 부침개도 일상적인 음식은 아니고 특별한 날에 먹는 별식의 한가지이다. 이처럼 우리 문화에서 구워 만든 음식은 날마다 먹는 일상적 메뉴가 아니라 특별한 날의 별식으로만 쓰였다.

오늘날 빵을 굽는 데 사용했던 화덕은 오븐(oven)으로 발달해서 전 세계로 퍼져 나갔다. 우리나라에도 많은 가정에 오븐이 설치되어 있기는 하지만, 이 오븐을 이용해서 음식을 해 먹는 가정이 얼마나 되는지 의심스럽다. 그것은 오븐과 우리의 삶고 찌는 문화가 서로 어긋나기 때문이다. 물론 음식이 서구화 되어 굽는 음식을 즐겨 먹는 가정에서야 쓸모가 있겠지만, 전통적인 우리 음식을 좋아하는 가정이라면 오븐은 그야말로 애물단지일 수밖에 없다. 결국 우리에게 있어 오븐은 우리 문화의 특징을 이해하지 못한 채 맹목적으로 서구 문화를 따라가다가 빚은 우스꽝스러운 해프닝으로 이해되어야 한다.

_이기갑 2003p

건데기는 없고 맨 말국뿐이네

국은 고기나 생선, 채소 등의 국거리를 물에 넣고 끓여 만든다. 국거리가 물속에서 끓게 되면 우러나오는 국물과 삶아진 국거리가 어울려 맛있는 국이 되는 것이다. 이렇게 조리된 국은 국물과 건더기의 두 요소로 이루어지는데, 건더기는 국거리가 익혀진 것으로서, 액체인 국물과 대립되는 고체물이다. 전라도에서는 '건더기' 대신 '건데기' 또는 '건덕지'라는 말을 쓴다. 이 '건데기'나 '건덕지'는 고기나 생선, 채소 등을 모두 가리킬 수 있지만, 이 가운데서 특히 채소만을 지칭하기 위해서 전라도말에는 '거섭'이라는 낱말이 더 있다. 그래서 "미꾸라짓국에는 감자쭉대기 같은 거섭을 많이 넣어야 맛나."와 같이 쓰이는 것이다. 표준말에도 전라도말의 '거섭'에 대응하는 '거섶'이 있는데, 이 '거섶'은 사전에 〈비빔밥을 만들 때 섞는 나물〉로 풀이되어 있다. 이 점에서 전라도말의 '거섭'은 표준말의 '거섶'과 다르다. '거섭'은 비빔밥뿐 아니라 국을 끓일 때 들어가는 채소류를 가리킬 수 있기 때문이다.

'국물'은 '건더기'를 제외한 나머지 액체를 말한다. '국물'은 흔히 '국'으로 줄여 쓰이기도 하는데, '웃국'이니 '김칫국'이니 하는 말에서 이러한 예를 확인할 수 있다. 전라도말에서는 '국물'을 흔히 '말국' 또는 '몰국'이라고 한다. 지금까지 전라도말의 '말국'이나 '몰국'은 표준말의 '국물'의 '국'과 '물'이 자리를 바꾸어 생겨난 말이라고 생각해 왔다. 즉 '말국'이나 '몰국'의 '말' 또는 '몰'을 '국물'의 '물'과 같은 것으로 보았던 것이다. 그런데 곰곰이 생각해 보면 우리말에서 '물'을 '말'이나 '몰'로 발

음하는 예는 없는 것 같다. '물'의 옛말은 '믈'이었으므로 /ㅁ/에 동화
되어 '물'로 소리 날 뿐, 이것이 '말'이나 '몰'로 소리 날 이유가 없기 때
문이다. 더구나 '말국'이나 '몰국'처럼 낱말의 첫 음절 위치에서 '물'이
'말'이나 '몰'로 발음될 여지는 없어 보인다. 그렇다면 이 '말'과 '몰'은
과연 어찌된 것일까? 확실하지는 않으나, '말'과 '몰'의 두 형태를 감안
하면 이 말은 옛말의 '몰'에서 온 것으로 보이며, 옛말의 '몰'은 동사
'몰다'의 어간이 아닐까 하는 추정을 해 볼 수 있다. 이 '몰다'는 국에
밥을 말아먹는다고 했을 때의 '말다'이다. 전라도말에서 밥을 '말다'는
지역에 따라 '말다' 또는 '몰다'라고 한다. 이러한 형태의 변이는 곧 '말
국'이나 '몰국'의 형태적 변이와 같은 것이다. 그렇다면 '말국'이나 '몰
국'은 〈밥을 말 수 있는 국〉이란 원뜻을 가졌던 것이라 할 수 있는데
그 단어 구성은 '열쇠'와 같다. '열쇠'가 동사 '열다'(정확하게는 '열-'의 관
형형)에 명사 '쇠'가 결합하였듯이, '말국'이나 '몰국'도 동사 '말다'나
'몰다'에 명사 '국'이 합성된 것이다.

'국물'은 '건더기'에 비해 부차적인 것으로 보는 것이 일반적이다. 건
더기로부터 우러나오는 것이 국물이므로, 건더기 없이는 국물도 없기
때문이다. 우리는 일상생활에서 "너, 그러다간 국물도 없을 줄 알아."
와 같은 엄포를 흔히 듣는데, '국물도 없다'라는 관용적 표현에 쓰이는
'국물'이 바로 이러한 예이다. 건더기는 말할 것도 없고 여기서부터 우
러나오는 찌꺼기와 같은 국물도 없다는 뜻이니, 아무 것도 기대할 것
이 없다는 뜻이다.

국에서 우러나오는 물도 아니면서 '국물'이라고 하는 경우가 있다.
'김칫국물'이 전형적인 예인데, 국거리를 끓일 때 우러나오는 물을 가
리켰던 원래의 의미가 확대되어 비록 끓이지 않더라도 식품에서 자연
적으로 생기는 물기까지 '국물'이라 칭하게 된 것이다.

'웅구락짓국'과 '추어탕'

우리의 식사는 밥을 주식으로 하고, 밥을 먹기 위한 보조 식품으로 반찬과 국이 딸린 것이 특징이다. 반찬이 없다면 싱거워서 밥을 먹기 힘들 것이고, 국이 없다면 목이 메어 밥을 삼키기 어려울 것이다. 이런 점에서 보면 우리의 국은 서양의 수프와는 그 기능이 전혀 다른 셈이다. 서양 식단에서 수프는 본 음식을 먹기 전에 입맛을 돋우기 위한 전채의 하나일 뿐, 우리처럼 식사 내내 떠 마시는 음식은 아니다. 따라서 수프는 결코 음식을 쉽게 삼키기 위해 마시는 국과 같은 기능은 하지 않는다. 오히려 우리의 국은 서양 사람들이 즐겨 마시는 음료수 (그들은 흔히 soda 또는 beverage라고 부른다.)에 해당한다고 할 수 있다. 예를 들어 미국의 피자 가게나 햄버거 가게, 심지어는 중국 식당에 가더라도 종업원이 맨 먼저 묻는 것이 음료수다. 콜라를 마실 것인지 주스 종류를 마실 것인지 아니면 그냥 물을 마실 것인지를 결정해야 하는 것이다. 이러한 음료수는 음식을 먹는 내내 목을 축이기 위해 마시는 점에서 국과 공통점이 있다. 다만 우리의 국은 약간의 소금기를 포함하기 때문에 그 자체로 반찬의 구실을 하는 점에서 음료수와 차이가 있다고 하겠다.

우리의 식단에서 국이 차지하는 비중은 어마어마하다. 사람에 따라서는 국이 없을 경우, 아예 밥숟가락을 들지 못하는 사람도 있을 정도이다. 라면이 다른 나라보다 우리나라에서 더 인기를 얻게 된 것도 라면의 국물 맛 때문일 것이고, 우리나라의 국수가 서양이나 중국과 달리 국물에 국수를 만 것이 대부분인 것도 모두 국물을 워낙 좋아하는 우리의 입맛 때문이라 하겠다.

이처럼 밥을 쉽게 삼키기 위해 생겨난 국에는 그밖에도 우리들이 좋아할 만한 장점이 덤으로 더 있다. 가난했던 시절에는 돼지고기 반 근만 있어도 훌륭한 고깃국을 끓일 수 있었기 때문이다. 그래서 국은, 적은 양으로도 온 식구가 늘려 먹을 수 있는 가장 효과적인 방법이기도 했다.

우리 식단에서 없어서는 안 될 국을 가리키기 위해 우리말에는 '국'과 '탕'의 두 낱말이 쓰인다. '국'이 순수 우리말이라면 '탕'(湯)은 한자어이다. 湯의 원 뜻은 〈끓이다〉인데, 우리말에서는 '국'과 같은 뜻으로, 아니면 '국'의 높임 표현으로 쓰인다. '탕'이 '국'의 높임말로 쓰이는 것은 제사 때 올리는 국을 가리킬 때이다. 제사란 조상들을 대접하는 의식이므로 일상생활보다 더 높은 표현이 선택되기 때문이다. 전라도 사람 가운데는 제사 때의 '탕'을 '탕국'이라고 부르는 이도 있다. 한자어 '탕'이 명료한 의미를 주지 못하기 때문에 여기에 같은 뜻을 갖는 순수 우리말을 덧붙인 것인데, 이 '탕국'의 구조는 따라서 '역전앞'이나 '외갓집'과 같은 방식이라 하겠다.

그러나 '탕'이 항상 '국'의 높임말로 쓰이지는 않는다. 단순히 '국'과 같은 뜻으로 쓰이기도 하기 때문이다. 예를 들어 '매운탕, 대구탕, 복어탕, 삼계탕, 오리탕, 염소탕, 토끼탕, 보신탕, 자라탕, 용봉탕, 추어탕' 등의 '탕'은 '국'보다 더 높이 느껴지지 않는다. 이처럼 '국'과 '탕'이 같은 높이로 쓰일 때에는 쓰이는 경우가 구별되는 듯하다.

우선 채소 종류로 만든 경우에는 '탕' 대신 '국'을 쓴다. '토란국, 시래깃국, 시금치국, 배춧국, 뭇국, 미역국, 된장국' 등이 이런 예에 속한다. 그래서 '감잣국'과 '감자탕'은 내용물이 다르다. 감잣국이 감자가 주된 재료라면, 감자탕은 감자에 고기 종류가 섞인 것이다. 더구나 '감자탕'은 근래에 들어 유입된 것으로서, 전라도 지방에서는 그저 '감잣국'이면 충분하였다. 생선도 집에서 흔히 먹는 '동태'나 '오징어' 등은 '국'을 쓰지만, 상품으로 개발된 '생태탕, 대구탕, 조기탕, 매운탕'에는 '탕'이 쓰인다. '복어탕'도 전라도에서는 전통적으로 '복국'이라 불렸지만, 근래에 들어 상품으로 대중화 되면서 '복탕'으로 이름이 바뀌었다. '추어탕' 역시 전라도에서는 흔히 '미꾸라짓국'이나 '웅구락짓국' 등으로 불리었으나, '추어'(鰍魚)와 같은 한자어를 쓸 때에는 '탕'이 결합되어, '추탕' 또는 '추어탕'이라고 한다. 그밖에 쇠고기나 돼지고기는 '탕'이라 하지 않고 '국'이라 부른다. 소뼈를 고아 삶은 '곰탕'도 전라도에서는 흔히 '곰국'이라고 했다. '보신탕'도 전라도에서는 '개정' 또는 '개정국'이라 하여 '국'을 사용하였다. 이 '개정'이나 '개정국'은 표준말 '개장', '개장국'에서 변이된 것임은 물론이다. 그밖에 어쩌다가 먹게 되는 식품에는 '탕'이 쓰인다. '삼계탕'이나 '오리탕' 또는 '자라탕'이 이 부류에 속한다.

이런 것들을 보면, 채소로 만들었거나, 우리 식단에서 오랜 세월 동안 오르내린 것, 가정에서 만든 것, 그리고 순수 우리말로 된 국거리 종류에는 '국'이 붙고, 반대로 최근에 개발되었거나 상품화 된 것 그리고 한자어로 된 말이나 별식으로 먹는 종류에는 '탕'이 붙는다는 사실을 알 수 있다. '복국'과 '복탕', '곰국'과 '곰탕', '웅구락짓국'과 '추어탕', '개정국'과 '보신탕' 등을 비교해 보면, 과거에 '국'을 사용했던 말들이 점차 '탕'으로 바뀌어 가는 추세를 볼 수 있다. 아마도 집안에서 만들어 먹던 음식이 상품화 되면서, 우리말 '국' 대신 한자어 '탕'을 즐겨 사용하게 된 데 그 이유가 있지 않을까 한다.

마지막으로 '해장국'과 '떡국'이 있다. '해장국'은 상품화 된 것이 보통인데도 '탕' 대신 '국'이 쓰여 예외처럼 보인다. 그리고 '떡국'은 다른 국이나 탕이 밥과 함께 먹는 것에 비해 밥을 대신하는 유일한 국이라 할 수 있다. 그래서 '떡국'이 과연 국 종류에 들어갈 수 있는지도 의심 스럽다. 사람에 따라서는 '떡국'을 '떡죽'이라 하는 이도 있는데, 아마도 이런 사정에 연유한 것일 것이다.

_『전라도닷컴』 2002년 12월호

저 혼차서 짓국부텀 마시고 있네

우리 음식에는 유난히 채소류가 많다. 고기 먹기가 쉽지 않았던 탓이기도 하겠지만, 산과 들에 다양한 식용 식물이 자라기 때문이기도 할 것이다. 채소류를 먹는 방식은 크게 세 가지이다. 우선 날 것을 그대로 먹는 방법인데, 풋고추나 상추쌈을 생각하면 쉽게 이해가 간다. 대개는 여름철, 채소가 흔한 시절에 날로 먹게 되는데, 서양 사람들처럼 다양한 드레싱을 사용하지 않고도 된장이나 고추장만으로 신선한 채소 맛을 즐길 수 있다. 날로 먹기 어려운 채소는 뜨거운 물에 살짝 데쳐서 먹기도 한다. 데친 채소를 양념에 무쳐 먹는 것인데, 우리는 이렇게 조리된 채소를 '나물'이라고 부른다. 그래서 나물의 조리 방식을 이해하기 위해서는 동사 '데치다'와 '무치다'의 뜻을 알지 않으면 안된다. 마지막으로 장이나 소금에 절여 채소의 숨을 죽인 다음, 양념에 버무려 조리하는 방법이 있다. 절이는 일이야말로 우리 민족이 가장 선호하는 요리법인데, 김치는 곧 이 방법을 이용한 대표적 식품일 것이다.

소금에 절이는 일을 전라도말에서는 '간하다'라고 한다. 표준말에는 '절이다'와 '간하다'가 함께 쓰이지만, 전라도 사람들은 '절이다'보다는 '간하다'를 즐겨 쓴다. '간하다'의 '간'은 〈장이나 소금처럼 짠 것〉을 가리킬 수도 있고, '간을 맞추다'의 경우처럼 〈짠 맛의 정도〉를 가리킬 수도 있다. '짭짤하다'는 것을 '간간하다'라고도 하는데, 이때 쓰이는 '간'이 바로 '간하다'의 '간'과 같은 것이다. '간간하다'보다 느낌이 강한

'건건하다'라는 말에서 표준말 '건건이'가 생겼다. '건건이'는 〈변변찮은 반찬〉을 의미하는데, 전라도말에서는 이를 흔히 '건개'라고 불렀다. 지금은 모두 '반찬'(飯饌)이란 한자어를 쓰지만, 얼마 전만 해도 '건개'가 일반적인 명칭이었다. 그러나 '건개'와 '반찬'이 반드시 같은 뜻을 갖지는 않는다. 적어도 '건개' 속에는 고기나 생선은 들어가지 않기 때문이다. 주로 나물이나 김치 또는 장과 같이 '간기'가 있는 반찬이 '건개'를 이루었으므로, 우리들의 옛날 살림 속에서 '건개'는 밥을 먹기 위한 짠 반찬을 통칭하였던 것으로 보인다.

간하는 일은 그 정도에 따라 크게 둘로 나뉘는데, 살짝 간하는 '얼간'과 아주 짜게 간하는 '독간'이 있다. 고등어에 소금을 약간 뿌려 살짝 간한 것을 흔히 '얼간고등에'라고 부르고, 어리뜩하여 총명한 기가 없는 사람을 '얼간이'라고 부르는 것도 모두 '얼간'에서 나온 말이다.

소금에 절여 숨이 죽은 채소는 양념에 버무려 조리해야 하는데, 이런 절차를 표준말로 '담그다'라고 하지만, 전라도말로는 '담다'라는 말이 일반적이다. 그래서 "짐치 담았소?"라고 물었을 때, "당아 안 담았네."(=아직 안 담갔네)라고 답할 수 있는 것이다. 사실 '담그다'의 원 뜻은 물속에 어떤 물체를 넣어 두는 것을 의미하는데, 간한 채소를 걸쭉한 양념 속에 넣어 버무리기 때문에 동사 '담그다'란 말이 쓰이게 된 것으로 추측된다. 김치뿐만 아니라 물속에 우리 몸을 담글 때에도 전라도 사람들은 "몸을 물에다가 오래 담고 있으면 때가 불어"처럼 '담다'라고 말하는 것이 일반적이다.

전라도말에서 김치를 '담다'라고 하는 것은 옛말에 〈담그다〉를 뜻하는 낱말의 형태가 '둙다'와 '둠다'의 두 가지이었기 때문이다. '둙다'는 현재 표준말의 '담그다'로 이어졌고, '둠다'는 전라도말의 '담다'로 남게 되었다. 같은 뜻을 지닌 두 개의 어형 '둙다'와 '둠다'의 관계는

〈심다〉를 뜻하는 옛말 '심다'와 '쉼다'의 관계와 같다. 나무를 심을 때 표준말은 '심다'라고 하지만, 전라도말은 '쉼다'를 계승하여 '승구다'라고 한다. '심다'와 '담다', '쉼다'와 '돎다'의 형태적 관계가 완전히 일치하는 것이 흥미로운데, 더욱 신기한 것은 전라도말이 〈담그다〉의 뜻으로는 '담다'를, 그리고 〈심다〉의 뜻으로는 '승구다'를 쓴다는 점이다. 형태적 일관성을 유지하려면 '승구다'와 '담그다'를 함께 써야 할 터인데, 실제의 사용은 그러한 일관성을 깨뜨리는 방향으로 진행되는 점이 특이하다.

간하고 담그는 절차를 거쳐 조리된 채소를 전라도에서는 흔히 '지'라고 부른다. 그러고 보면 우리가 먹는 채소류는 날 것으로 먹는 것을 제외하면 '나물'과 '지'의 두 종류로 대별되는 셈이다. '지'의 옛말은 '디히'였는데, 구개음화를 거치고 음절이 줄어들어 오늘과 같은 형태로 변하였다. 다만 두 음절이 한 음절로 줄었으나 원래의 길이를 보충하기 위해 길게 발음하는 것이 보통이다.

'지'에는 여러 가지가 있다. 채소의 종류에 따라 '무시지(지역에 따라 '무수지'라고도 한다.), 배추지(지역에 따라 '배차지'라고도 한다.), 솔지(=부추김치), 상추지, 갓지, 열무지, 파지, 파숙지('파숙지'는 파를 익혀 무친 것이니 '나물'이어야 하나 웬일인지 '지'라고 표현한다.)' 등이 있으며, 국물의 있고 없음에 따라 '싱건지'와 '짠지'가 구별된다. 그리고 '지'의 모양에 따라 표준말의 '깍두기'에 해당하는 '쪼각지'가 있고, 배추지의 가닥이 그대로 살아 있는 '가닥지'가 있다. '지'의 국물은 '짓국'이라고 하는데, 너무 '포근포근한' 고구마를 먹다가 목이 멜 경우, 얼른 찾아 먹어야 하는 것이 바로 이 '짓국'이다. 김칫국부터 마시지 말라는 속담도 전라도 지역에서는 "떡 줄 사람은 생각도 안 헌디, 지 혼차서 짓국부텀 마시고 있네."라고 해야 할 것이다. 오이나 마늘을 장이나 된장 등에 오래 넣어 두었다가 맛이 든 뒤에 꺼내 먹을 때 흔히 '장아찌'라고 하는데, 전라도말에서는 '짱아찌'라 하는 것이 보통이다. 이 '짱아찌'의 옛말이 '쟝앳디히'이었음을 생각해 보면 이것은 곧 〈장에 넣어둔 지〉임을 쉽게 짐작할 수 있다.

김치(전라도말로는 '짐치')는 '지'의 한 종류였다. 배추지가 곧 '짐치'였기 때문이다. 그런데 세월이 가면서 '짐치'가 '지'의 자리를 침범하게 되었다. '무시지'도 '무시짐치'라 하게 되고, '솔지'보다는 '솔짐치'라고 부르는 수가 많아졌다. 과거의 부하가 상사를 내쫓고 그 자리를 차지한 셈이니, '낱말의 쿠데타'라고 해야 할까?

그러나 아직도 나이든 할머니나 아주머니들은 '지'라는 말을 자주 쓰고 있는 편이다. 길에서 우연히 만난 할머니들끼리 "어디 댕게 오시요?"라고 물었을 때, "시장 가서 지까심 조깨 사 오요."라고 하는 말을 들을 수 있는데, 이때의 '지까심'도 그 어원을 밝혀 적자면 '짓가심'이라고 해야 한다. '짓가심'의 '가심'은 표준말의 '감'에 해당하는 것으로서 〈재료〉나 〈거리〉를 의미한다. 예를 들어 "한 주먹가심배끼 안 된 놈이 까불고 있네."라고 할 때의 '가심'이 그것인데, 이때의 '한 주먹가심'은 '한 주먹거리' 정도의 의미가 될 것이다. 그러므로 '짓가심'은 〈지를 만들기 위한 재료나 거리〉를 가리키는 말이니, '김칫거리'와 같은 말이라 하겠다.

이처럼 전라도말에는 '지'를 중심으로 다양한 낱말의 밭(word field)이 형성되어 있으니, 이것은 '지'가 우리의 음식 문화에서 얼마만큼 중요한 위치를 차지했었는지를 보여 주는 증거라 하겠다. 그런데 요즘의 아이들은 옛 시절 밥상의 중심에 놓였던 '지'를 먹지 않는다고 한다. '지' 대신 고기가 그 자리를 대신하는 셈이 되었으니, 우리들의 후대는 아마도 고기를 중심으로 한 낱말의 체계를 새로 형성해야 되지

않을까 한다. 우리는 바야흐로 '지 세대'에서 '고기 세대'로 넘어가는
전환기에 살고 있는 셈이다.

_전라도닷컴 2001-04-15

배추 끌텅은 쪄서 묵어도 괜찮해

점심 무렵 어머니가 전화를 하셨다. 오늘 김장을 하는 날이니, 와서 점심을 먹으라는 말씀이시다. 올해 여든 여섯인 어머니는 아직도 홀로 김장을 하신다. 며느리래야 다들 직장에 다니느라 아무런 보탬이 못 되니, 그저 당신 손수 젓갈도 준비하고, 배추도 사서 절이고 해서 드디어 오늘 버무리시는 모양이었다.

김장은 겨울 농사라 하지 않는가? 어린 시절을 돌이켜 보면, 그때는 김장이 집안의 커다란 행사였다. 우선 백여 포기가 넘는 배추를 사들이는 일부터 만만치 않았다. 때에 따라서는 밭에 가서 직접 배추를 뽑아 손수레로 집에까지 운반했던 적도 있었다. 사실 김장의 본격적인 단계는 사 온 배추를 씻고 절이는 일이었을 텐데, 이때부터는 우리들이 관여할 단계가 아니었으므로 특별히 생각나는 것은 없다. 그저 우물가 가득히 절여 놓은 배추가 산더미를 이루고 있었던 기억이 전부이기 때문이다. 양념과 멸치젓을 섞은 소를 절인 배추에 버무리는 것이 김장의 전부인 줄 알았지만, 사실 그 이전의 작업이 훨씬 고된 것이었음을 알게 된 것은 한참 후의 일이었던 것이다. 이렇게 온 가족이 동원되어 담근 김장 김치는 이웃과 나눠 먹는 것이 또한 옛 풍습이었다. 그래서 김장철이면 온 이웃의 김치 맛 품평도 자연스럽게 이루어지곤 했다.

이제 옛날처럼 그렇게 많은 김치를 담그는 집은 없다. 그저 당장 먹을 정도의 양이면 충분한 것이다. 더구나 가게에서 절인 배추를 아예

사다 김장을 하는 수도 있으니, 주부의 고생도 그만큼 덜게 되었다. 이웃과 서로 오고가는 일이 많지 않은 터라 김치를 나누는 일도 드물게 되었으니, 솜씨 없는 주부들은 특별히 염려할 필요도 없게 되었다. '김치 냉장고'라는 세계에 없는 특별한 냉장고가 개발된 뒤로는 김치 항아리를 땅에 묻을 필요도 없다. 문득 팔순 노모가 버무린 김장 김치를 한 입 가득 넣으면서, 파파 할머니가 되어 버린 어머니의 모습처럼 김장의 풍속도 전혀 달라졌음을 새삼 깨닫게 되는 것이다.

밭에서 뽑은 배추를 그대로 소금에 절일 수는 없다. 벌레 먹은 잎사귀는 솎아 내고, 흙이 묻은 뿌리는 칼로 베어 내야 한다. 이때 베어 낸 배추 뿌리는 그냥 버리는 것이 아니다. 물에 씻어 그대로 먹어도 달콤한 맛이 남아 있기 때문이다. 전라도에서는 배추의 뿌리 윗부분을 따로 '끌텅'이라 불렀다. 표준말로 한다면 '그루터기' 정도에 해당할 것이다. 그러나 그루터기는 흔히 〈나무나 곡식 등의 베어 내고 남은 부분〉을 가리키는 것이지만, '끌텅'은 나무, 곡식뿐 아니라 배추와 같은 채소에도 쓰일 수 있는 점이 다르다. 심지어 사람의 이뿌리를 '이빨끌텅'이라 부르기도 한다. 한자어 발본색원(拔本塞源)의 本에 해당하는 것도 바로 이 '끌텅'이다. 그래서 "부패의 끌텅부텀 뽑아 붑시다"라는 전라도식 구호도 가능할 것이다.

'끌텅'과 '그루터기'는 어원이 같다. 표준말에서 '그루터기'의 '그루'는 〈나무나 곡식의 줄기 밑동〉을 가리키고, '그루터기'는 〈자르고 남은 밑동〉을 가리키는 점에서 차이가 있다. 그러나 전라도말에서 '끌텅'은 이 두 경우에 함께 쓰인다. 전라도말의 '끌텅'은 서 있는 나무의 〈그루〉를 가리킬 수도 있고, 베어낸 뒤에 남은 〈그루터기〉를 가리킬 수도 있기 때문이다. 그러나 형태적으로 '끌텅'은 '그루터기'에 대응한다. '그루'는 옛말에서 '그룽'으로 나타나는데, 『월인석보』에 '이운 그르히 잇거늘'이라는 표현이 보인다. 그래서 '그루터기'는 아마도 '그룽' 과 '더기'라는 말이 합해진 '그르터기'에서 오늘의 '그루터기'로 변했을 것이다. 전라도말 '끌텅'의 '끌'은 바로 '그르'가 줄어든 것이다. 마치 접속어 '그리고'를 '글고'처럼 말하듯이 '그르'가 '글'을 거쳐 '끌'로 변했 던 것이다. 표준어에서는 '더기'가 결합되었지만 전라도에서는 '덩'이 라는 말이 결합된 것이 다르다. 즉 '그릏 + 덩'이 '그르텅'이 된 뒤 다시 음절이 줄어들어 '글텅'이 되고 첫소리가 된소리로 변하여 오늘의 '끌 텅'이 되었을 것이다.

오늘날 '배추 끌텅'은 먹기가 쉽지 않다. 무엇보다도 배추의 종류가 달라져서, 먹을 만큼 큰 끌텅을 가진 배추를 얻기 힘들기 때문이다. 그래서 그런지 일식집에서는 특별히 재배된 배추에서 얻은 끌텅이 귀 한 안주로 나오기도 한다. 옛날에는 김장 때면 누구나 먹을 수 있었던 이 끌텅이 어느새 귀한 음식으로 자리를 잡게 된 것이다.

_『전라도닷컴』2004년 2월호

머심둘레가 약이 된담성?

봄철 노랗게 피는 꽃 중에 민들레가 있다. 꽃이 진 뒤에 하얀 솜털처럼 생긴 민들레 꽃씨가 하늘로 올라 마치 낙하산을 타고 내려오듯 씨를 흩뿌리는 모습이 장관이기도 한 이 꽃은 오랜 세월 우리 민초들과 함께 살아온 탓에 마치 서민을 대변하는 꽃으로 이해되곤 하였다. 그래서 미당 서정주는 「고향에 살자」라는 시에서 '계집애야/계집애야/고향에 살자//멈들레꽃 피는/고향에 살자'라고 노래하였는데, 이 '멈들레'가 바로 표준말 '민들레'의 전북방언형이다.

전라남도에서는 이 민들레를 '머심둘레'라 한다. 그렇다면 전북의 '멈둘레'는 아마도 이 '머심둘레'에서 /ㅅ/이 탈락되어 생긴 어형이 분명하다. 전라남도 대부분의 지역에서는 모음 사이에 /ㅅ/이 유지되어 /ㅅ/이 탈락한 중부 지방과는 다른 모습을 보인다. 요즈음의 계절을 말할 때 전라도에서는 '가실'이라고 하지만 중부 지방에서는 '가을'이라고 하는 것이 대표적인 예다. '가을'은 '가실'에 있던 /ㅅ/이 탈락되어 생긴 어형이니, 전라도말이야말로 중부 방언보다 훨씬 옛 모습을 띠고 있는 셈이다. 이런 유형의 예로는 '냉이'에 대한 '나생이'나 '나숭개', '마을'에 대한 '모실'을 더 들 수 있다.

논밭에 나는 잡풀을 일러 '김'이라 하는데 이 '김'은 원래 동사 '깃다'에서 나온 말이다. '깃다'는 〈논밭에 잡풀이 무성하게 자라는 것〉을 가리키는 말이니, '김이 깃다'라는 말은 곧 논밭에 잡풀이 우거진 것을 뜻하는 표현이다. 이때 '김'은 '깃-음'에서 /ㅅ/이 탈락하여 생긴 말이다. 그런데 이 '김'을 전라도에서는 '지심'이라 한다. 물론 이 '지심'은 표준말 '깃다'에 대응하는 전라도말 '짓다'에서 파생된 명사인데, 여기에서도 /ㅅ/이 그대로 유지되어 /ㅅ/이 탈락한 표준말의 '김'과 대조를 이루고 있다.

이처럼 방언 곧 사투리는 속되고 품격이 낮은 말이 아니라 단지 다른 지방의 말과 그 변화의 모습이 조금씩 달라진 말일 뿐이다.

_『목포대 신문』 2007년 11월

낙자는 꽉꽉 조사서 묵어야 맛있어

요즘은 낙지 철이다. 모래에 사는 낙지는 거친 모래를 뚫고 숨을 곳을 찾다보니 아무래도 낙지의 다리가 굵어질 수밖에 없다. 그러나 전라남도 무안 지역의 낙지처럼 개펄 속에 사는 녀석들은 부드러운 개흙을 파고 쉽게 구멍을 뚫을 수 있기 때문에 굳이 다리가 굵어질 필요가 없다. 그래서 이 지역의 낙지는 가늘고 부드러우며 상대적으로 짤막한 다리를 갖게 되는데, 우리가 '세발낙지'라 부르는 이 지역의 특산 낙지는 이렇게 해서 생겨난 것이다.

요즘에는 표준말인 '낙지'가 거의 보편화 되었지만, 전라도에서는 전통적으로 '낙지'라는 말 대신 '낙자'라고 하였으며, 개펄에서 나는 낙지는 특별히 '뻘낙자'라고 불렀다. '세발낙지'는 다리가 가늘다고 해서 한자어 細를 결합시켜 만든 말이지만, 이런 말은 최근에야 생긴 말이므로 아마도 '뻘낙자'가 '세발낙지'에 대응하는 전통적인 말로 보인다.

우리나라 사람들처럼 낙지와 같이 흐물흐물하고 미끈거리는 연체동물을 좋아하는 민족도 없을 것이다. 낙지나 문어, 주꾸미, 오징어와 같은 이런 연체동물들은 쉽사리 씹히지 않고 질긴 것이 특징인데, 아마도 우리 민족은 유난히 이런 질긴 감촉과 쫄깃쫄깃한 맛을 즐겨하는 것 같다.

낙지를 먹는 방법은 여러 가지가 있지만 그 중에서도 백미는 산 낙지를 통째로 먹는 것이다. 다리가 부드럽고 크기가 작은 세발낙지만 통째로 먹을 수 있는데, 세발낙지가 유명해진 것은 아마도 이런 이유 때문일 것이다. 낙지를 산 채로 통째로 먹는 것을 보면 거의 엽기적으로 보일 만하지만, 서남해 섬과 연안 지역 사람들은 전통적으로 이렇게 낙지를 먹어 왔다. 낙지를 통째로 먹으려면 우선 한 손으로 낙지 머리를 잡고 나머지 한 손으로 낙지를 위에서 아래로 쭉 훑어 내려야 한다. 그러면 불순물을 없앨 수 있고 낙지가 힘을 잃기도 하는데, 낙지가 힘을 잃는 이 틈을 타서 낙지를 한입에 넣고 질근질근 씹는 맛을 즐기는 것이다. 게다가 낙지 머리의 먹통을 함께 먹을 수 있어, 낙지의 모든 맛을 즐기는 방법이기도 하다. 요즘에는 이 방법을 조금 순화해서 나무젓가락으로 머리를 꿴 뒤 다리를 돌돌 감아서 씹어 먹는 경우도 많다. 외지 사람들이 방문할 때면 이런 식의 낙지 먹는 방법을 가르쳐서 당혹감과 함께 감탄을 자아내게도 하는 것이다.

　그런데 씹는 것이 어려운 노인들이나 아니면 편하게 먹을 수 있도록 하기 위해 낙지를 잘게 썰어서 먹는 수도 있다. 물론 이렇게 잘게 잘라진 낙지 다리는 계속 살아 움직이므로 산 낙지의 맛을 잃지는 않지만, 머리의 먹통을 먹을 수 없다는 단점이 있다. 이렇게 칼질을 하여 낙지를 잘게 만드는 것을 전라도에서는 '좃는다'고 표현한다. 칼을 위에서 아래로 여러 차례 세게 내리쳐서 낙지를 잘게 만드는 '좃다'는 표준말의 '쪼다'와 어원을 같이 하는 말이다. 그러나 표준말 '쪼다'와 '좃다'는 의미 차이가 있다. 표준말에서 '쪼다'는 뾰족한 끝으로 내리치는 것을 뜻하는데, 예를 들어 새가 부리로 모이를 쫀다든가, 정으로 돌을 쫀다든가 아니면 끌로 나무를 쪼는 것을 가리킬 때 흔히 쓴다. 전라도말 '좃다'는 이런 경우에도 물론 쓰일 수 있는 점에서 '쪼다'와 다를 바가 없다. 그러나 '좃다'는 이밖에도 낙지나 마늘과 같은 것을 잘게 다질 때에도 쓴다. 이런 점에서 보면 전라도말 '좃다'는 표준말 '다지다'와도 유사하다고 할 수 있다. '다지다'는 〈고기, 채소, 양념감 따위를 여러 번 칼질하여 잘게 만드는 것〉을 뜻하며, 흔히 마늘을 다지거나, 쇠고기를 다질 때 이 말을 쓴다. '좃다'는 결국 〈쪼다〉와 〈다지다〉의 의미를 함께 갖는 말인 셈이다.

전라도에서 '좃는' 행위를 강조할 때는 '콱콱'과 같은 말을 함께 쓴다. 그래서 "칼로 콱콱 좃아야 되제 글 안 허먼 묵기가 사나와"와 같은 식으로 말하는 것이다. 최근 서울 등지에서도 낙지를 잘게 '좃아서' 요리를 하는데, 이 요리를 가리켜 '탕탕이'라고 한다고 한다. 이 '탕탕이'의 '탕탕'은 낙지를 '좃을' 때 도마에 부딪히는 칼날의 소리를 가리키는 의성어일 텐데, 이 '탕탕'에 해당하는 전라도말이 바로 '콱콱'인 것이다. 물론 '콱콱'은 '탕탕'과 달리 소리를 흉내 냈다기보다는 칼질하는 동작을 흉내 낸 의태어라는 차이가 있지만, 아무튼 '탕탕이'는 전라도에서는 '콱콱이'라고 해야 할 판이다.

_『광주은행 사보』 2007년 겨울호

밀지울을 바시르허니 모까 갖고는 막 비베

　방언 조사를 위해 노인들과 이야기를 나누다 보면 그분들의 어휘력이 대단하다는 느낌을 받을 때가 많다. 지금이야 공장에서 만들어진 생필품들을 가게에서 사다 쓰지만, 옛날에는 모든 것을 직접 만들어야 했으므로 만드는 과정에서 필요한 수많은 낱말들을 익히지 않으면 안 되었기 때문이다. 그래서 그런지 길쌈할 때 필요한 베틀의 부품이나, 집의 구조 하나하나를 아직까지 생생하게 기억하는 분들이 많았다. 그 가운데 직접 술을 담글 때 필요한 몇 가지 낱말들이 우리의 흥미를 끈다.

　제사 때나 평상시 먹을 술을 만들 때 없어서는 안 되는 것이 누룩이다. 누룩은 술밥을 발효시키기 위한 발효제인데, 이 누룩은 밀기울로 만드는 것이 보통이었다. 밀기울은 밀을 빻아 체로 쳐서 고운 밀가루를 걸러 내고 남은 거친 찌꺼기를 말하는데, 전라도말로는 보통 '밀지울'이라고 한다. 이 밀기울에 물을 섞어 반죽하여 누룩을 만드는데, 물기가 별로 없이 반죽을 하는 것이 특징이다. 누룩을 만들 때 밀기울의 물기 없는 상태를 할머니들은 '바시르허다' 또는 '바실바실허다'라고 표현한다. 이 '바실바실허다'는 표준말 '보슬보슬하다'나 이보다 말맛이 더 센말인 '포슬포슬하다'와 어원이 같은 것임은 물론이다. 국어사전에는 '포슬포슬하다'를 〈덩이진 가루 따위가 물기가 적어 엉기지 못하고 바스러지기 쉬운 모양〉을 나타내는 말로 뜻풀이를 하고 있는데, '포슬포슬하다'에 대응하는 전라도말 '포실포실허다'가 주로 물기가 적은 밥알의 상태를 가리키는 점에서 표준어와 다른 점을 보인다.

물기가 적은 밥알의 상태를 가리키는 말로 '고슬고슬하다'라는 말이 더 있다. '고슬고슬하다'는 〈밥 따위가 되지도 질지도 아니하고 알맞은 모양〉을 가리키는 말로서 '보리를 조금 섞어서 고슬고슬하게 지은 밥에다가 된장 고추장을 풀고 파와 풋고추를 듬뿍 넣고 마른 갈치를 넣어서 끓인 찌개'와 같은 예가 박경리의 「토지」에 나온다. 물론 이 '고슬고슬하다'는 꼭 밥에만 쓰이는 것은 아니고 마른 옷이나 이부자리 또는 방바닥 같은 것을 가리킬 때도 쓰인다. 전라도말에도 표준말 '고슬고슬하다'에 대응하는 말로서 '고실고실하다'나 '꼬실꼬실하다'와 같은 말이 있는데 이 말들 역시 밥알의 상태 외에 옷이나 이부자리 또는 방바닥의 마른 상태를 가리키는 뜻으로 흔히 쓰인다. 그렇다면 물기가 적은 밥알을 가리키는 전라도말로 '포실포실허다'와 '고실고실허다'의 두 가지 말이 있는 셈이다. 대체로 '고실고실허다'보다는 '포실포실허다'가 더 메마른 상태를 가리킨다. 이 두 말은 모두 물기가 너무 많은 '질크덩허다'의 대립어로 쓰인다.

누룩을 만들 때는 밀기울에 물을 약간만 쳐서 반죽을 해야 되는데, 이처럼 적은 양의 물을 치는 행위를 가리켜 전라도말에서는 '모끄다'라는 특별한 말을 사용한다. 그래서 "바시르허니 모까 갖고는 막 비비. 바실바실허게 딱 비비 갖고는 보시레이 모까야제 질면 그것은 베레 불어"라고 할머니들은 표현하는 것이다.

반죽한 밀기울은 이제 삼베로 만든 자루에 담아 '고지'라는 틀에 넣고 발로 세게 밟아 단단하게 다진다. '고지'는 표준말인데 전라도에서도 같은 말을 쓰며, 〈누룩이나 메주 따위를 디디어 만들 때 쓰는 나무 틀〉을 말한다. 이 고지는 쳇바퀴나 밑이 없는 모말처럼 생겼다. 반죽한 밀기울을 고지에 넣고 다질 때 발로 밟아서 다지므로 이때 흔히 '디디다'라는 동사를 사용한다. 그래서 누룩을 만든다는 말 대신 누룩을 '디딘다'라고 표현하는 것이 전라도의 말법이다. 지방에 따라서는 '딛다'에 구개음화가 일어나 '짇다'라고도 한다. "그르먼 요롷고 차대기 또 짇고. 마포로 맨든 차대기 있어. 거그서 차대기 담어서 구녁에 딱 들어갈 만허게 담어. 그래 갖고는 딱 들어가서 해야꼬 이러고 딱 비베서 딱 발로 꽉 뽊아 불어. 그러면 단단헐 것 아니여? 안 뽀개지고? 그래서 인자 띠워. 그래서 띠워 갖고 누룩이 잘 떠야 술이 맛있어." 누룩을 디뎌서 만들던 할머니들의 생생한 증언이다.

_『전라도닷컴』 2008년 2월호

망치로 구멍 뚫고 톱으로 썰고 – 대사리와 밥칙

　요즘에도 초등학교 담벼락 밑에는 이러저러한 물건을 놓고 파는 행
상들이 있기는 하지만, 아이들의 호기심을 자극하는 물건들의 목록은
옛날과 많이 달라진 것 같다. 지금처럼 먹을 것이 넉넉하지 않았던 시
절, 학교가 파하여 집에 돌아가는 길목에는 철에 따라 여러 가지 종류
의 먹을거리가 아이들의 발길을 유혹하곤 했다. 그 가운데 '대사리'와
'고동'이 있다.

　'대사리'는 표준어로 '다슬기'라 하는데, 껍질의 색깔이 검고 민물에
서 자라는 것이 보통이다. 강원도와 충청북도에서는 '올갱이', 전라북
도에서는 '대수리'라 하기도 한다. 한편 '고동'은 '대사리'와 크기는 비
슷하지만 바다에서 자라는 것으로 '대사리'보다는 껍질이 단단하고 색
깔이 더 연하다. 그래서 '대사리'의 껍질은 이로 깨물어 구멍을 낼 수
있지만, '고동'의 껍질은 이를 사용할 수 없기 때문에 흔히 펜치를 사
용하거나 아니면 구멍을 내기 위해 망치까지 동원하곤 했었다. 이처
럼 중장비(?)까지 동원해서 굳이 구멍을 뚫는 것은, 그래야만 반대쪽
주둥이를 입으로 빨 때, 속의 내용물이 단숨에 빨려 나올 수 있기 때문
이다. '대사리'와 '고동'은 조그만 종이 봉지에 담아 놓고 파는 것이 보
통인데, 한 손에 봉지를 든 채 푸른색이 감도는 내용물을 쪽쪽 빨아서
뽑아 먹는 재미 때문에 집에 가는 길도 그다지 멀게 느껴지지 않았던
시절이기도 하였다. 전라도말의 '고동'에 대응하는 표준말은 '고둥'인
데, 국어사전에 따르면 '고둥'은 우렁이와 소라 같은 것을 두루 일컫는

다고 하니, 전라도말의 '고동'에 정확히 대응하는 것은 아닌 셈이다.

'대사리'와 '고동'이 사라지면 이제 칡의 계절이 온다. 지금도 칡은 그 즙을 짜 내어 위가 나쁜 사람들이 즐겨 먹곤 하지만, 옛날에는 즙보다 칡뿌리를 톱으로 썰어 한 조각씩 팔곤 했었다. 이러한 칡 한 조각씩을 입에 물고 입 주위가 까맣게 물든 것도 아랑곳하지 않은 채, 재잘거리며 걸어오는 아이들의 모습이 지금도 눈에 선하다.

전라도에서는 '칡'을 '칙'이라고 하는데 이에는 몇 가지 종류가 있다. 가장 좋은 것은 씹으면 씹을수록 단맛과 함께 알갱이가 많이 씹히는 '밥칙'이다. 이런 칡을 '밥칙'이라고 부르는 것은 밥을 대신할 만큼 요기를 해 줄 수 있었기 때문일 것이다. 지방에 따라서는 '밥칙' 대신 '떡칙'이니 '쌀칙'이니 하는 말을 쓰는데, 그 비유가 모두 '밥, 떡, 쌀'처럼 주식에 가까운 것을 이용하는 것을 보면 이러한 칡에 대한 사람들의 인식을 알 수 있다. 당시에는 이러한 칡이 단순히 간식이나 군것질용의 먹을거리가 아니라, 급할 때에는 주식을 대신할 만한 대체 음식이었던 것이다. 경상도에서는 칡을 '칠겡이'라고 하는데, 전라도에서의 '밥칙'을 경상도에서는 '암칠겡이'라고 한다. 칡 가운데 먹을 만한 칡을 '암칠겡이'라고 하여 이보다 못한 '수칠겡이'와 대립시키는 것이 흥미롭다.

경상도말의 '수칠겡이'에 속하는 칡을 전라도에서는 '나무칙'이나 '물칙'이라고 부른다. '나무칙'은 씹을 때 감촉이 딱딱하여 아무리 씹어도 단 물이 나오지 않는 것이 특징이다. 한편 '물칙'은 '나무칙'과 달리 씹으면 물은 있으나 그 물이 결코 달지 않은 점에서 '밥칙'과는 다르다.

'대사리'나 '밥칙'은 요즘의 표현대로 하면 무공해 자연 식품이다. 사람의 힘으로 키우지 않고 냇물이나 산에서 자라는 그대로를 먹을 수

있었으니, 인스턴트와 가공 식품이 판을 치는 요즘의 아이들 먹을거리
에 비해 결코 뒤진 것이라고 할 수는 없을 것이다. 오히려 포장지만을
뜯으면 바로 내용물을 먹을 수 있는 이 시대의 간식거리에 비해, 망치
로 구멍을 내고 톱으로 썰어야 하는 힘든 절차가 필요한 그 시절의 먹
을거리에 더욱 애정이 가는 것은 비단 혼자만의 느낌일까?

_전라도닷컴 2000-12-29

쫄깃쫄깃, 찐덕찐덕

한밤중 미국 대학 기숙사에 경찰이 출동하였다. 시체를 태우고 있다는 신고를 받고 출동한 경찰이었는데, 그러나 정작 냄새의 진원지를 추적해 보니, 한국 학생들이 모여 오징어를 구워 먹고 있었다고 한다. 오징어 굽는 냄새가 마치 사람의 시체를 태우는 냄새와 비슷해서 일어난 해프닝일 텐데, 우리가 좋아하는 오징어 냄새가 서양 사람에게는 그토록 지독하게 느껴질 수 있음을 말해 주는 일화이다.

우리 민족은 유난히 오징어와 같은 연체동물을 좋아한다. 오징어는 말할 것도 없고, 문어나 낙지를 날 것으로 먹는 것은 서양 사람들이라면 상상도 못할 노릇이다. 특히 발이 가는 산 낙지를 나무젓가락에 꿰어 초고추장에 찍어 먹는 전라도식 낙지 먹는 법을 말해 준다면, 얼마나 놀라워할지 모르겠다. 그런데 산 낙지의 어떤 맛이 이토록 우리들의 입맛을 자극하는 것일까? 아무리 생각해도 특별한 맛을 느끼기 어려울 것 같은데, 혹시 맛보다는 그것을 씹는 촉감 때문이 아닐까 하는 생각이 들기도 한다.

그러고 보면 우리 민족은 유난히 질긴 음식을 씹는 느낌, 그 감촉을 즐기는 민족이라는 생각이 든다. 오징어나 낙지를 비롯한 연체동물이 그렇고, 우리가 매일 먹는 밥도 어느 정도의 찰기가 있어야 좋은 밥이라고 평가를 받기 때문이다. 한국이나 일본 사람들이 좋아하는 쌀과 동남아를 비롯한 세계의 다른 나라 사람들이 좋아하는 쌀 종류가 다르다는 사실은 이미 널리 알려진 바다. 동남아에서 주로 재배되는 '안

남미'(安南米)는 찰기가 전혀 없어 밥을 해 놓아도 불면 날아갈 것 같은 쌀이지만, 한국이나 일본쌀은 밥알끼리 서로 들러붙는 차진 쌀이다. 이처럼 우리가 차진 쌀을 좋아하는 것도 사실은 질긴 음식을 씹고 그 감촉을 즐기는 기호와 관련이 있을 것 같다.

이렇게 질기고 차진 음식을 좋아하면 당연히 여기에 관한 낱말이 발달되기 마련이다. 그 중의 대표적인 것으로 '쫄깃쫄깃하다'와 '쫀득쫀득하다'를 들 수 있다. '쫄깃쫄깃하다'의 어근인 '쫄깃쫄깃'은 그 기원이 형용사 '질기다'에 있다. '질기다'의 어간 '질기-'가 반복되어 '질깃질깃'과 같은 부사를 만들고, 이것을 된소리로 하면 '찔깃찔깃'과 같은 어감이 센 말이 만들어진다. '쫄깃쫄깃'은 이 '찔깃찔깃'으로부터 모음을 변화시켜 생겨난 말이므로, 그 기원 역시 '질기다'에 있는 셈이다. '질기-'의 어간을 반복할 때 'ㅅ'이 첨가되는데, 이것은 '검다'로부터 '거뭇거뭇', '저리다'로부터 '저릿저릿' 등이 만들어지는 방식과 같은 것이다.

한편 '쫀득쫀득하다'의 어근 '쫀득쫀득'은 형용사 '진득하다'의 어근 '진득'과 그 기원이 같다. '진득'을 되풀이해서 '진득진득'과 같은 부사가 만들어지고, 이것을 된소리로 바꾸어 '찐득찐득'처럼 느낌이 강한 표현이 되며, 이로부터 모음을 변화시켜 '쫀득쫀득'과 같은 말이 생겨나게 된다.

전라도말은 표준말과 쓰임이 비슷하나 그 형태가 조금 다를 뿐이다. 우선 '쫄깃쫄깃'은 이 방언에서 '쫄긋쫄긋' 또는 '쫄굿쫄굿'처럼 모음이 약간 다르게 나타난다. 그리고 그 기원이 되는 형용사 '질기다'는 전라도말에서 '쫅다'처럼 쓰인다. 표준말과 비교하면, 첫 자음이 된소리로 바뀌고 모음 /ㅣ/가 탈락되었음을 알 수 있다. '쫀득쫀득' 역시 표준말과 크게 다르지 않은데, '찐득찐득'의 경우 '찐덕찐덕'처럼 모음이 / ㅓ / 로 쓰이는 차이가 있다.

　'쫄긋쫄긋'과 '찐덕찐덕'은 표준말과 마찬가지로 전라도말에서도 쓰이는 경우가 다르다. 인절미처럼 차진 것은 '쫄긋쫄긋'이고, 엿처럼 손에 달라붙는 끈기는 '찐덕찐덕'이다. '쫄긋쫄긋'이 혀가 느끼는 감각이라면, '찐덕찐덕'은 손이나 살갗이 느끼는 촉감인 셈이다. 이와 달리 '쫀득쫀득'은 혀와 손, 두 경우에 다 쓰일 수 있는 말이니, 모음 하나만을 달리 했을 뿐인데도 말맛이 이렇게 달리 나타나는 것이다.

2부

주거 문화

땅이름
마을 안길
마리, 물리
정제, 정지, 정게
시렁가래, 살강
바가치시얌, 두룸박시얌, 짝두시얌
칭칭다리, 뽕뽕다리

전라도의 말과 문화

땅이름

자식에게 이름을 지어 주듯 우리 조상들은 살고 있는 곳마다 저마다의 이름을 붙여 놓았다. 그래서 산, 골짜기, 봉우리, 고개, 바위, 냇물, 샘은 물론이요 우리가 살고 있는 마을에도 이름이 생기게 된 것이다. 이런 이름을 흔히 지명(地名) 또는 땅이름이라 부르는데, 이런 땅이름은 오랜 세월을 거쳐 형성된 것이므로 여기에는 조상들이 세상을 바라보는 눈이 그대로 반영되곤 한다. 예를 들어 산봉우리나 바위 이름은 생김새를 따라 붙인 경우가 많은데 이것은 우리 조상들이 그렇게 인식하였기 때문이다. 그래서 '매부리봉'은 매의 주둥이처럼 생긴 봉우리이고, '범바우'는 호랑이처럼 생긴 바위를 가리킨다.

땅이름은 그곳에 살고 있었던 평범한 사람들이 붙였던 것이기에 그 사람들의 언어로 부르는 것이 당연하다. 그래서 이민족이 나중에 그 땅을 점령하여 사는 일이 생기더라도 좀처럼 바뀌지 않는다. 예를 들어 영국의 런던을 흐르는 테임즈(Thames)강은 영국 땅에서 애초에 살았던 켈트족이 붙인 이름이며, 미국의 메사추세츠(Massachusetts), 아이오와(Iowa), 오하이오(Ohio)와 같은 주 이름이나 미시시피(Mississippi) 등의 강 이름은 모두 북아메리카 대륙에서 처음부터 살고 있었던 인디언들의 말에서 가져온 이름이다.

그런데 우리나라의 땅이름들은 이와 달리 매우 모진 역사의 굴곡을 거쳐 온 것이 특징이다. 물론 애초의 이름들은 순수한 우리말로 불렸을 것이다. 그러나 우리글이 없었던 삼국 시대 이후에 이 지명들을 공문서에 적는 과정에서 한자어로 바뀌는 불행한 역사를 겪게 된다. 이런 개명의 역사는 우리글이 만들어진 조선 시대 이후에도 계속되었고, 특히 일제 강점기에는 땅이름에 깃든 민족의 정신이나 역사를 없애려는 의도 때문에 자연물의 창씨개명이 이루어지기도 하였다. 이런 일련의 개명 과정에서 수많은 땅이름들이 한자어로 바뀌게 되고, 그 결과 아름다운 우리말 땅이름들은 역사의 뒷전으로 사라지게 되었던 것이다.

글쓴이가 몸담고 있는 학교는 전남 무안군 청계면에 자리 잡고 있는데, 이곳은 원래 '말그내'라고 불렸던 곳이다. 승달산을 뒤로 하고 앞으로는 바다를 바라보고 있는 이 지역에 아마도 맑은 내가 흘렀기에 이런 이름이 붙었을 것이다. 지금도 노인들은 '말그내'라는 이름을 알고 있으며 일상에서도 간혹 사용하는 이들이 있기는 하나, 공식적으로 '청계'(淸溪)라는 한자어 이름으로 바뀐 뒤로는 대부분 이 이름을 사용하고 있다. 그 결과 '말그내'라는 아름다운 이름은 어느덧 자취를 감추기에 이르렀다.

'청계'는 맑은 내라는 뜻을 살려 한자어로 고친 새 이름이다. 이처럼 한자어 이름은 순수한 우리말 땅이름의 뜻을 살려 만들어진 것이 대부분이다. 그래서 서울의 '두텁바윗골'은 '후암동'(厚岩洞)과 같은 어려운 이름으로 바뀌게 되었으니, 한자를 모르는 요즘의 신세대들에게 그 본뜻이 제대로 전해지기 어려운 것이 현실이다. 그런데 어떤 땅이름은 원래의 뜻과는 무관하게 제멋대로 고쳐진 것들도 있다. 예를 들어 전라남도 진도의 조도에 '관매도'(觀梅島)라는 섬이 있는데, 이 섬은 원래 '볼매섬'으로 불리던 곳이다. '볼매'를 한자어로 옮기다 보니 '매화를 보다'라고 해석하여 '관매'(觀梅)라는 고상한 이름이 붙게 되었던 것이다. 그러나 '관매'(觀梅)라는 이름은 언어학적으로 성립되기 어렵다.

'매화를 보다'와 같은 뜻을 나타내려면 목적어가 동사 앞에 오는 우리 말 어순을 따라야 하므로 '볼매'가 아닌 '매화볼'이 되어야 한다. 다시 말하면 '관매도'가 '매화를 보는 섬'이라는 뜻으로 해석되려면 '볼매섬' 이 아닌 '매화볼섬'으로 불렸어야 했다. 이러한 언어학적 이유 말고도 사실 이 섬에는 매화가 특징적으로 많은 것이 아니므로 觀梅라는 이 름이 '볼매'의 원 뜻을 제대로 살렸다고 보기 어렵다. 그러나 관매도라 는 한자어 명칭을 얻은 뒤로는 으레 이곳에 매화가 유명하겠거니 하 는 생각을 갖게 되었으니, 고유한 땅이름으로 주위 세상을 나름대로 인식하였던 우리 조상들의 본뜻은 이런 식으로 왜곡되기에 이르렀다.

순수한 우리말 땅이름이 사라지면 더불어 우리말도 함께 사라진다. 글쓴이가 초등학교 시절 소풍을 가곤 했던 곳 가운데 '밤실'이라는 곳 이 있었다. 광주시 두암동 근처 무등산 올라가는 곳에 자리 잡은 이곳 은 아마도 예부터 밤나무가 많았던 곳이라서 '밤실'이라고 하였을 텐 데, 이때 '실'은 골짜기를 가리키는 순수한 우리말로서 '골'과 같은 뜻 을 갖는다. 그래서 '밤실'은 곧 '밤골'이다. 이 '실'은 '시내' 또는 '시냇 물'에도 쓰인 말이다. 어원적으로 '시내'는 '실내'에서 온 말이며 그 본 뜻은 〈골짜기를 흐르는 내〉이다. 그런데 골짜기를 뜻하던 이 '실'이 점차 사라지면서 사람들은 그 뜻마저 알 수 없게 되어 '시내'는 흔히 실처럼 가는 내라는 뜻으로 잘못 이해되곤 한다. 그러나 우리 주위를 잠깐만 돌아보아도 이 '실'이 쓰인 땅이름은 참으로 많음을 알 수 있 다. 무등산 밑 송강 정철의 유적지가 있는 '지실' 마을이나 화순의 '다 라실'과 같은 땅이름이 모두 골짜기를 뜻하던 '실'이 쓰인 예이다.

옛날 밤실이라고 불렸던 곳에는 '율곡초등학교'라는 학교가 세워져 있다. '밤실'의 뜻을 살려 '율곡'(栗谷)이라는 한자어로 대체한 것인데, 왜 '밤실초등학교'라는 예쁜 이름을 사용하지 않았는지 안타깝기만 하다. 말맛으로도 '밤실'이 '율곡'보다 훨씬 부드럽고 좋은데도 굳이 한자어로 바꾼 것을 보면 이런 공적인 이름을 붙이는 행정부서의 생각이 바뀌어야 할 것 같다. 새롭게 땅이름을 만들어야 할 때 관행적인 명칭보다는 그곳의 옛 이름 등을 찾아보고 이를 되살려 쓰려는 창의적 자세가 필요하기 때문이다. 이런 점에서 광주 MBC의 '말바우 아짐'과 같은 토속적인 프로그램 이름은 본으로 삼기에 마땅한 이름이다. '말바우'는 공적으로는 이미 '두암'(斗岩)으로 바뀐 지 오래 되었지만, 서민들이 일상적으로 이용하는 '말바우 시장'과 같은 이름에 아직도 그 흔적을 남기고 있으므로, 방송국이 그 이름을 그대로 사용하는 것은 그만큼 서민들의 정서를 대변하는 것으로 해석되기 때문이다.

_『광주 MBC 저널』 2007년 4월호

마을 안길

우리나라는 산이 많은지라 사람들이 모여 살 때에도 으레 산을 의지하곤 한다. 그래서 산을 뒤로 하고 앞에 물이 흐르는 곳, 이른바 배산임수(背山臨水)의 지형이 마을을 이루기에 가장 좋은 곳으로 여겨져 왔다. 기차를 타고 여행하다 보면 산 밑이나 골짜기를 따라 옹기종기 모여 있는 우리의 마을들을 쉽게 찾아볼 수 있는 것이다.

마을은 그 모습이 제각각이지만 그래도 한국의 마을이 공통으로 갖는 특성도 있기 마련이다. 우선 마을 앞은 마을을 지키는 수문장들이 늘어서 있는 경우가 많다. 지역에 따라, 마을에 따라 다르지만 선돌이나 솟대 또는 장승과 같이 마을의 안위를 책임지고 복을 가져다 주는 상징물들이 서 있는 것이다. 이 가운데 장승을 전라도에서는 흔히 '벅수'라고 불렀다.

마을 안은 좁은 길이 이리저리 얽혀져 있다. 시골 마을을 지날 때면 왜 이리 길을 좁게 만들었나 싶을 때가 많다. 도시와 달리 시골은 땅의 여유도 있었을 텐데 마을길은 유난히 좁아 보이기 때문이다. 그러나 생각해 보면 마을 안길을 굳이 넓게 만들 이유도 없었을 것 같다. 지게가 지나갈 정도의 폭이면 충분하였지 그 이상의 너비는 사치일 수 있기 때문이다. 옛날 시골 마을에서 지게는 유일한 운반 수단이었고, 수레가 그다지 일반화 되지 않았기 때문에 마을 내부의 길은 좁을 수밖에 없었다. 다만 마을을 나서면 조금씩 길은 넓어지지만 그래도 그 길이 썩 넓지는 않았기 때문에 일제 이후 새로 길을 넓히는 공사가 시작되었다. '신작로'(新作路)란 바로 이렇게 해서 생긴 넓은 길을 가리키는 말로서, 그 원뜻은 〈새로 만든 길〉이지만 보통은 차가 다닐 수 있을 정도의 넓은 길을 가리킨다. 이 말이 한반도 어디에서나 들을 수 있는 가장 일반적인 명칭이 된 것도 이러한 길 넓히기 공사가 전국적으로 행해진 탓이다.

마을의 이러한 좁디좁은 안길을 흔히 '고샅'이라고 부른다. 이 말은 표준말이지만 전라도에서도 같은 말을 쓰거나 '고샷'으로 바꿔 부르기도 한다. 또는 지역에 따라 '골무삭'이나 '골미삿길'과 같은 말을 쓰기도 한다. 이 '고샅'은 '골샅'에서 온 말로서 '골'은 마을을 가리키는 말인데, 골짜기를 뜻하는 '골'과 어원적으로 같은 것일 가능성이 있다. 우리네 마을들이 대체로 산골짜기에 터를 잡은 것들이 많으므로 골짜기를 뜻하던 '골'이 마을을 뜻하게 된 것으로 추정되기 때문이다. '고샅'의 '샅'은 원래 인체의 일부로서 〈아랫배와 두 허벅다리가 이어진 어름〉을 가리킨다. 흔히 '사타구니'로도 불리는 이 자리는 두 가랑이 사이를 가리키기도 한다. '고샅'이란 마을 안의 이리저리 갈라진 길들을 뜻하는데, 이것은 '샅'의 의미가 인체를 넘어 길로까지 일반화한 결과이다. 따라서 '고샅'이란 곧 〈마을 안의 이리저리 갈라진 좁은 길〉을 뜻하게 된다.

'고샅'과 더불어 전라도말에는 '걸막', '걸막', '거르막', '껼막'과 같은 말이 쓰이기도 한다. 이것은 동네 밖 또는 대문 밖을 가리키는 말이다. 그래서 아이들이 집안에서 시끄럽게 놀 때면 으레 "쩌 걸막에 가서 조까 놀아라"처럼 아이들을 밖으로 내쫓기도 하는 것이다. '걸막'은 '걸'과 '막'으로 이루어진 말이다. 이때의 '걸'은 '길거리'의 '거리'가 줄어든 것이 아닌가 한다. '거르막'에서 보이는 '거르'가 이러한 추측을 뒷받침한다. 그리고 '막'은 일정한 공간을 뜻하는 말로서 경사진 곳을 가리키는 '갈쿠막'에 포함된 '막'과 같다. 그렇다면 '걸막'은 〈동네 길이 있는 곳〉 정도의 의미가 될 것이니, '고샅'과 거의 유사한 의미를 나타낸다고 할 수 있다.

'걸막' 외에 전라도에서는 지역에 따라 '샐팍', '새팍', '색팍', '샘팍'과 같은 말도 있는데, 이것은 모두 대문이나 사립문 근처를 가리키는 말이다. 집안에서 대문에 이르는 공간이나, 대문 밖 근처를 가리키는 것이니 대문을 중심으로 한 주위의 공간을 모두 이르는 말로 이해된다. 따라서 대문 밖을 가리킬 때에는 자연히 '걸막'이나 '고샅'과 유사한 곳을 가리킬 수도 있겠다. 다만 '샐팍'은 어디까지나 대문이나 사립문이 공간의 중심이 된다는 점에서 길이 중심인 '고샅'이나 '걸막'과는 차이가 있다. 표준어에서 대문 앞의 뜰을 가리켜 '오래뜰'이라 한다. 여기서 '오래'는 '문'(門)의 옛말이니 대문 근처의 뜰을 가리키는 말인 셈이다. 이 오래뜰과 유사한 것이 바로 전라도말의 '샐팍'이다. '오래뜰'은 이미 고풍스러운 말이 되었으니 보다 현대적인 말로 '샐팍'의 의미를 살린다면 '대문께' 정도가 될지 모르겠다. '오래'는 〈한 동네에서 몇 집이 한 골목이나 한 이웃이 되어 사는 구역 안〉을 가리키기도 한다. 이러한 의미는 '문'을 뜻하던 '오래'가 그 의미를 확장시켜 좀 더 넓은 공간을 뜻하게 된 것으로 보이는데, 전라도말의 '샐팍'은 적어도 이러한 의미의 확장을 겪지는 않았다.

_『광주 MBC 저널』 2007년 5월호

마리, 물리

우리가 사는 집의 모양이나 구조는 지역에 따라 다르다. 기후가 다르고, 산물이 다르니, 자연히 집도 달라질 수밖에 없을 것이다. 한반도의 남부 지방은 대체로 일자 모양의 구조를 갖는데 '부엌-안방-대청-건넌방'의 차례로 되어 있다. 이런 구조에서 '대청'은 안방과 건넌방 사이에 있으면서 두 방에 거주하는 사람들의 거실 구실을 하고, 부엌은 안방 옆에 붙어 있어, 안방을 위한 난방을 하는 곳으로 쓰인다. 이런 구조에서는 특히 부엌에서 만든 음식을 안방에서 먹게 되므로 안방은 온 가족이 모여 식사를 하는 용도로도 쓰이는 것이다.

그런데 서남해 도서 지역의 가옥 구조는 이와 조금 다르다. 일자 모양을 갖는 점에서는 남부의 여타 지역과 다를 바 없으나, 방의 배열이 달라진다. 이 지역에서는 우선 방의 명칭이 다른 지역과 다르다. 안방을 '큰방'이라 부르고, 건넌방은 '모방'이라 한다. 대청에 해당하는 공간은 '마리'라 하고, 부엌은 '정지'라 한다. 여기에 창고 기능을 하는 '고방'이 덧붙을 수 있다. 이들 각 방의 배열은 대체로 '정지-큰방-마리'로 이어지고, '정지' 앞쪽에 '모방'이 붙어 있다. '고방'은 '마리' 앞에 붙는 수가 많다. 이런 구조는 '모방'과 '고방'이 앞쪽으로 약간 나와 있고 나머지 '정지-큰방-마리'가 약간 뒤로 물러 있으면서 일자 모양을 이루게 된다.

이러한 구조에서 흥미로운 것은 '마리'이다. 구조에서 보듯이 '마리'는 집의 맨 오른쪽에 위치하면서 '큰방'의 옆에 붙어 있다. '마리'는 대체로 바닥이 평평한 판자로 되어 있는 점에서 '대청'과 같지만 그 기능은 다르다. 대청은 거실로서의 기능을 하지만 '마리'에는 그러한 기능이 없다. '마리'는 곡식을 넣어 둔 항아리들이 놓여 있는 공간이다. 또한 여기에는 조상의 위패를 모시고 특히 집을 관장하는 '성주신'을 모시는 '성주동우'가 있는 곳이기도 하다. 그러니 대청이 열린 공간이라면 '마리'는 닫혀 있는 공간인 셈이다. '마리'의 바닥은 경우에 따라 판자 대신 흙이나 시멘트로 만들기도 하는데, 흙의 경우 '토마리'라는 말을 쓸 수도 있다. '마리' 앞에는 앞서 말한 '고방'이 있을 수 있는데, 이것은 표준어의 '광'에 해당하는 곳이다. 대체로 수확한 곡식이 가마니 형태로 보관되어 있는 곳이어서 '마리'의 공간을 보완하는 장소이기도 하다.

집 앞에는 마루에 해당하는 '물리'가 있다. '마리'와 '물리'는 아마도 그 기원이 같은 것으로 추정되는데, 기능이 달라지면서 언어도 분화를 보인 것으로 보인다. '마루'의 첫 음절에 대해 한반도의 대부분의 방언은 '마'나 '말'을 대응시키고 있는 반면 '물'을 대응시키는 방언은 경북과 전남의 일부 지역뿐이다. 전남의 서남해 도서 지역에서의 '물리'는 이 점에서 특이한 형이라 할 수 있는데, 기왕에 '마리'라는 독특한 기능을 하는 공간이 있어 '마'형을 선점하고 있기 때문에 이와 다른 기능의 공간으로서 '물리'라는 어형이 분화되어 간 것으로 보인다. 서남해 도서 지역이라도 곳에 따라 '물리' 대신 '토지'와 같은 형을 따로 쓰기도 하는데, 이 역시 '마리'라는 공간 때문에 형태적 분화를 보이기 위한 결과로 해석된다. 육지에서도 '마루'와 '대청'은 바닥이 모두 판자로 되어 있는 점에서 공통이지만, 어형은 다르다. '마루'는 순수 우리말을 쓰지만 '대청'은 한자어이기 때문이다. 이것 역시 '마루'와의 구분을 위해 '대청'이라는 한자어가 발달한 것으로 보이는데, 이러한 한자어의 발달은 마치 '마리'와 '물리', '마리'와 '토지'처럼 어형이 분화되는 것과 같은 현상이라 하겠다. 다만 서남해 도서 지역은 '마리'가 옛 형을 고수하는 반면 '물리'나 '토지'가 새롭게 변한 후대형이라는 점에서, 육지 지역의 경우와는 차이를 보인다.

_『전라도닷컴』 2006년 5월호

정제, 정지, 정게

서양식 건축, 또는 아파트 문화가 정착되면서 가장 많이 변한 것이 부엌과 화장실이 아닌가 한다. 전에는 방과 떨어져 있던 이 두 곳이 가장 가까운 자리로 옮겨 오게 된 것이 그 변화의 내용이다. 오늘날의 주방은 주부의 일손을 얼마나 덜어 주는지, 우선 동선이 짧고, 쭈그려 앉지 않아도 되므로 피로감도 적고, 게다가 단추만 누르면 언제라도 불을 켤 수 있으니, 그야말로 '이보다 더 좋을 순 없는' 세상이 되었다.

옛날의 부엌을 생각하면 늘 두 가지 풍경이 떠오른다. 하나는 나무를 때던 시골의 널따란 부엌이다. 한쪽에는 땔나무를 쟁여 놓는 나뭇간이 있고, 아궁이가 두서너 개 걸려 있다. 할머니나 어머니는 늘 아궁이 앞에 쭈그려 앉아 부지깽이를 뒤적이셨고, 매캐한 연기는 부엌 안을 항상 메우고 있었지만, 그래도 그 부엌 풍경은 언제나 따뜻한 기억으로 남아 있다. 겨울이면 화로 가득히 이글거리는 '잉그락불'(=불잉걸)을 담아 방안에 훈기를 더했으니, 부엌에 대한 따뜻한 추억은 상당 부분 이 화로 때문일지도 모른다.

또 하나의 기억은 도시에서의 부엌에 관한 것이다. 시골에서 도시로 이사 온 후의 기억일 텐데, 우선 부엌의 크기가 시골에 비해 무척 작았던 것이 특징이랄까. 더구나 땔나무 대신 연탄을 사용했으므로 연탄집게(때로는 '불집게'라고도 불렀다.)가 부지깽이를 대신한 부엌이었다. 그곳은 늘 어두웠고, 축축했으며, 연기 대신 언제나 연탄가스 냄새가 부엌 안을 휘젓고 있었다. 아! 연탄가스. 어느 날 아침 빙빙 도는 하늘과 함께 깨어, 아련한 목소리와 함께 억지로 김칫국물을 마시고, 메스꺼워해야 했던 그 시절. 얼마 전까지만 해도 우리가 겪어야 했던 부엌 풍경이다.

이런 옛 기억을 더듬으면서 '부엌'이란 말을 쓰면 전혀 실감이 나지 않는다. 그저 어린 시절 듣던 대로, 말하던 대로 '정제'라고 해야 그 시절의 맛을 제대로 느낄 수 있기 때문이다. 충남과 접해 있는 전라북도 북부 지역을 제외한 대부분의 전라도 지역에서 부엌은 '정제'나 '정지' 또는 '정게'라고 한다. 사실 이 말은 한자어 '정주'(鼎廚)에서 온 것이니, 표준말이 순수한 우리말을 쓰고, 사투리가 한자어를 쓰는 특이한 경우라 하겠다.

'정주'에서 변한 '정제'나 '정지'는 그렇다 치고, '정게'는 어떻게 된 것일까? 이것은 '정제'로부터 변한 말이다. 일반적으로 전라도말에서는 /ㄱ/이 /ㅈ/으로 변하는 언어 변화가 있었다. 흔히 구개음화라 하는 이 현상은 표준말 '길'을 이 지방 사투리로 '질'이라고 할 때 나타나는 변화이다. 그래서 많은 사람들이 /ㅈ/ 소리는 사투리 소리이고, /ㄱ/ 소리는 표준말 소리라고 잘못 알고 있다. 이런 잘못된 생각이 '정제'를 '정게'로 바꾼 것이다. 즉 '길'이 '질'로 되는 것처럼 이 지방 사투리 '정제'도 '정게'에서 온 것으로 잘못 알고, 표준말을 사용한답시고 '정게'라는 새로운 말을 만들어 사용하게 된 것이다. 언어학에서는 이러한 변화를 흔히 '과도수정'(hypercorrection)이라 부르는데, 이러한 변화에는 가능한 한 사투리에서 벗어나 표준말을 말하고자 하는 시골 사람의 심리가 강하게 담겨 있다. 이른바 언어적 열등감에서 비롯된 언어 변화인 셈인데, 이것은 물론 잘못된 것이다. 전라도 사투리 '정제'는 한자어 '정주'에서 왔으므로, 처음부터 /ㅈ/ 소리를 가졌던 것이다. 결코 '정게'에서 온 것이 아닌데, 일반 사람들이 이를 잘못 이해하고 지나치게 고쳐 버린 결과 '정게'와 같은 우스꽝스런 어형이 생겼다. 그러나 그 경위야 어쨌든 '정게'도 '정제'나 '정지'와 마찬가지로 귀중한 전라도 사투리의 하나인 것은 부인할 수 없는 사실이다.

_전라도닷컴 2001-03-03

시렁가래, 살강

사는 형편이 나아지면서, 집의 구조나 크기도 달라져간다. 민속박물관에 전시된 옛날의 방을 보면 어찌 그리 작은지, 저렇게 좁은 방에서 어떻게 살았나 싶을 정도이다. 박물관은 전시 공간이 작아서 그렇다손 치더라도, 옛날 잘 살았다는 양반의 전통 가옥을 가 보아도 방은 그다지 크지가 않다. 그러고 보니 과거 우리가 살았던 방들도 모두 요즘의 방에 비해 무척 작았던 것 같다. 그런데 여기에는 다 그럴만한 이유가 있다고 한다. 건축학자의 말에 의하면 옛날 우리네 방은 앉아서 두 팔을 벌려 닿을 만한 정도가 보통이었다고 한다. 그런 정도의 크기라야만 앉은 자세에서 크게 움직이지 않은 채 편히 생활할 수 있었다는 것이다. 사실 의자가 없이 방바닥에 앉아 생활해야 했던 시절에는 동선(動線)을 가능한 한 줄여야 했을 것이다. 그러다 보니 자연히 방의 크기는 작아지고, 이에 따라 방 안에 가구나 물건을 넣어 두는 일이 어렵기도 했다. 이 때문에 생겨난 것이 벽장과 시렁이다.

벽장은 방의 크기를 좁히지 않은 채 물건을 넣어 둘 수 있도록 벽에 구멍을 낸 것이고, 시렁은 벽 윗부분에 달아매어 놓은 일종의 선반이다. 시렁은 대나무나 통나무 두세 개를 가로로 길게 늘여서 벽에 붙여놓은 것인데, 커다란 이불 보퉁이나 옷 보퉁이 또는 가방 등을 올려놓는 데 제격이었다. 요즘 기차나 고속버스에 달려 있는 선반을 생각해 보면 쉽게 그 용도를 이해할 수 있을 것이다. 그러나 시렁과 선반은 그 물건의 모양과 쓰임새가 전혀 다르다. 선반은 받침이 판자로 되어 있어 작은 물건을 얹어 놓을 수 있지만, 시렁은 받침이 없이 단지 대나무나 통나무를 길게 늘어놓은 것이기 때문에 작은 물건을 얹을 경우 대나무나 통나무 사이로 빠져 나가 버린다. 그래서 시렁에 얹어 놓는 것은 아무래도 부피가 상당한 정도라야 했다. 이 시렁을 전라도말에서 '시렁' 또는 '실경'이라 한다. '시렁'은 전라도 서부 지역에서 주로 쓰이고, '실경'은 경상도와 접해 있는 동부 지역에서 쓰인다. 한편 '시렁'과 '실경'에 '가래'라는 말을 붙여 쓰기도 하는데, '가래'는 떡이나 엿 같은 것을 둥글고 길게 말아서 늘인 토막을 가리키므로, 여기서는 시렁에 쓰인 대나무나 통나무를 의미하는 것이다. 한편 전남의 완도 등지에서는 '시렁'이니 '실경'이니 하는 말은 없고 '선반'만이 쓰인다. 그래서 이곳에서는 '시렁'과 '선반'의 어휘적 구별은 없는 셈이다.

'시렁'과 어원이 같다고 추정되는 것으로 '살강'이 있다. 살강은 부엌 벽에 붙여 놓은 시렁이라 할 수 있는데, 여기에 그릇 같은 것을 얹어 놓는 것으로서 요즘 말로 하면 '찬장'에 해당한다. 이때 단지 대나무나 통나무만을 시렁처럼 늘어놓으면 그릇이 빠지게 되므로, 밑바닥을 대로 엮어 두는 것이 보통이다. 그러면 비록 물기가 덜 빠진 그릇이라도 시간이 감에 따라 자연히 물기가 없어지는 것이다. 이 살강은 전라도 말에서 '살강'과 '사랑'의 두 낱말로 쓰인다. 시렁의 경우와 같이 '사랑'은 서쪽, '살강'은 동쪽에서 쓰이는데, '사랑'이 쓰이는 지역은 전남의 진도, 신안, 무안이나 영광의 서해안 지역 등, 서해안에 가까운 지역에 한정되는 점이 특징이다. 지역에 따라서는 '정지실경'이나 '정지선반'이라고도 하는데, '정지'가 부엌을 가리키는 말임을 상기하면, 이 말이 생겨난 이유는 쉽게 이해된다.

'시렁'과 '살강'은 형태에서 보듯이 동일한 어원에서 나온 말이다. 아마도 동사 '싣다'(載)에서 온 것이 아닐까 추정해 볼 수 있는데, '싣다'

는 전라도말에서 '싫다'로 쓰인다. 예를 들어 '자동차에 물건을 싫고 간다'고 하지, 표준말처럼 '싣고 간다'고 하지 않는다. 그리고 '싫-'은 역사적으로 '슳-'과 관계 있을 것이고, 이 '슳-'에 접미사 '-엉'이 첨가되면 '실겅'이 되는 것이다. 이 '실겅'으로부터 /ㄱ/이 탈락되어 '시렁'이 된다.

'살강'은 '실겅'에서 단지 모음만을 변이시켜 만든 말이다. 우리말에는 모음을 달리 하면서 말의 뜻을 조금씩 다르게 만드는 방법이 발달하였다. 예를 들어 '적다/작다', '넘다/남다', '설(元旦)/살(歲)', '썩다/삭다' 등이 이러한 경우인데, '실겅'과 '살강'도 이처럼 모음만을 바꿔 의미차를 발생시킨 것이다. 이렇게 하여 생겨난 '살강'의 /ㄱ/이 탈락하여 '사랑'이 된다.

옛말에 '살강 밑에서 숟가락 주었다'고 하는 말이 있다. 살강 밑에서야 숟가락이 떨어져 있기 십상이고, 그래서 그 밑에서 숟가락을 줍는 일은 그다지 대단한 일도 아닌데, 별 일 아닌 것을 크게 자랑하는 사람을 빗댄 말이라 하겠다. 이밖에도 '살강 밑의 쥐새끼'처럼 자꾸 들락거리는 행위를 비유하는 말도 있기는 한데, 이러한 옛말들이 발달한 것은 살강이 그만큼 우리 전통 생활에 가까이 있었기 때문일 것이다.

_전라도닷컴 2001-01-13

바가치시얌, 두룸박시얌, 짝두시얌

오랜 가뭄 끝에 한 줄기 소나기가 쏟아지자 그 짧은 순간을 이용하여 꽃을 피우고 제 생명을 퍼뜨리는 아프리카 식물의 치열한 모습을 텔레비전을 통해 본 적이 있다. 자손을 잇고자 하는 본능의 처절함을 실감하기도 하였지만, 물과 생명의 관계에 대해 다시 생각하게 만드는 화면이기도 하였다.

물은 곧 생명이다. 지구 바깥, 물이 있었던 행성의 흔적에 사람들의 흥미가 끌리는 것은, 그곳에 물이 있었다면 생명도 있었을 가능성 때문이다. 기독교에서 영혼의 거듭남을 위해 치르는 세례 의식이 물로 이루어지는 점도 물과 생명의 관계를 상징적으로 보여 준다. 그런데 이처럼 생명인 물을 우리는 너무 소홀히 다루지는 않는지 되돌아 볼 일이다. 물이 결코 무한한 자원이 아닐진대, 그야말로 '물 쓰듯이' 낭비해서는 안 될 것이기 때문이다.

오늘날 수도꼭지만 틀면 물은 얼마든지 얻을 수 있다. 그러나 수도가 없었던 시절 물과 부엌은 상당한 거리가 있었다. 그래서 우리말에 '긷다'라는 말이 생겼을 것이다. '긷다'는 〈샘이나 우물, 또는 내에 가서 물을 퍼 오는 행위〉를 가리키는 말로서, 이런 동사가 있다는 사실이 과거에 물 얻기가 오늘날처럼 쉽지 않았음을 말해 준다.

우리말에는 '샘'과 '우물'의 두 낱말이 구분되어 쓰인다. '샘'(泉)이 저절로 솟아나오는 경우라면 '우물'(井)은 인공적으로 땅을 파서 물을 얻는 경우를 말한다. '우물'의 중세어는 '우믈'이지만, 서울 토박이말이나 평안도 방언에는 '움물'이라는 말이 쓰인다. 이 '움물'이 중세어 '우믈' 보다 어원을 잘 보여 준다. '움물'은 곧 '움'을 파고 물을 얻기 위해 만 든 시설을 말하기 때문이다. 여기서 '움'이란 '움막'이나 '움집'에 쓰이 는 '움'과 같은 것으로서, 땅을 파고 위를 거적 따위로 덮고 흙을 올려 더위나 추위를 막기 위해 만든 곳을 가리킨다. 결국 어원인 '움물'이 암시하듯 우물은 땅을 파고 물을 얻는 점에서, 인위적인 움 파기가 없 는 '샘'과 구별된다고 할 수 있다.

그러나 전라도말에서 '우물'이라는 말은 쓰이지 않는다. 천연으로 솟아나는 것이거나 인공적으로 만든 것이거나 모두 '새암', '시얌', '샘', '새미'와 같은 '샘' 계통의 말만을 사용한다. 굳이 사람이 인공으로 만 든 우물을 구분해서 부른다면 '두룸박시얌'처럼 부를 수는 있을 것이 다. 여기서 '두룸박'은 두레박을 가리키는 전라도말인데, 우물이 샘보 다 깊은 것이 보통이므로 두레박으로 물을 길어야 하기 때문에 붙여 진 이름이다. 반면 자연적으로 생긴 샘은 깊지 않으므로 바가지로 쉽 게 물을 퍼 올릴 수 있다. 그래서 '두룸박시얌'과 구분해서 '바가치시 얌'이라 부르기도 한다. 두레박은 전라도말에서 '두룸박', '타레박', '탈 박' 등 여러 어형이 쓰이기 때문에 '두룸박시얌' 외에도 여러 어형이 가 능하다.

'바가치시얌'과 '두룸박시얌'의 시대가 지나면, 물을 길어 올리는 데 기계가 사용되기 시작한다. 굳이 움을 팔 필요도 없이 파이프를 땅 속 에 박고, 기계를 손으로 작동하여 물을 끌어 올리는데, 이 기계를 영 어 발음대로 '펌프'라고 하지만, 전라도에서는 '뽐뿌'라고 부르는 것이 보통이다. 그래서 이 '뽐뿌'를 이용한 샘을 '뽐뿌시얌'이라 부르기도 하 고, 손잡이를 손으로 놀리는 모양이 마치 작두질하는 것과 비슷하다고 하여 '짝두시얌'이라 부르기도 하였다. 사실 '펌프'니 '뽐뿌'니 하는 영

어 이름을 그대로 쓰는 것보다는 작동 행태가 유사한 작두를 빈 '짝두
시얌'과 같은 말이 독창적이면서, 쓰기에도 편한 말이라 할 수 있다.

'짝두시얌'의 '짝두질'도 힘이 들기 때문에 사람의 힘이 전혀 필요 없
는 '자동뽐뿌'가 개발되었고, 이후 집집마다 수도가 들어오게 되었으
니, 특별히 가뭄이 심한 때를 제외하고는 물을 길어 올 필요가 없게 되
었다. 그래서 오늘날 우리말에서 물을 '긷다'라는 동사는 그 사용 빈도
가 극히 줄어들고, 그 대신 물을 '받다'라는 동사가 널리 쓰이게 되었
다. 이제는 물을 길어 와서 쓰는 것이 아니라, 수도나 '자동뽐뿌'에서
나오는 물을 그냥 받아 쓰면 되는 세상이 된 것이다. 이처럼 물 얻기
가 쉬워졌는데도, 산으로 들로 좋은 물을 찾아 떠나는 사람이 느는 것
은 또 무슨 역설인가?

_『전라도닷컴』 2003년 8월호

칭칭다리, 뽕뽕다리

물을 건너거나 높은 곳과 높은 곳을 이어주는 건축물을 흔히 '다리'라 한다. 그런데 이 '다리'의 뜻이 확대되면 물이 없어도, 또는 높은 곳과 높은 곳이 아니라도 '다리'라는 말을 쓰는 수가 있다. 전형적으로 '사닥다리'가 그런 예이다. '사닥다리'는 '사다리'의 또 다른 명칭인데, '사다리'와 '사닥다리'에 모두 '다리'가 쓰였다. 사다리는 원래 낮은 곳에서 높은 곳으로, 또는 높은 곳에서 낮은 곳으로 가기 위한 설비이다. 보통 사람의 걸음으로 올라가거나 내려갈 수 없는 위치의 이동을 위해 만들어진 물건이라는 점에서는 일반 다리와 같지만, 높낮이가 차이나는 두 지점을 이어주는 점에 차이가 있다.

'사닥다리'와 비슷한 방식으로 만들어진 전라도말에 '칭칭다리'나 '딸각다리'가 있다. 이 두 말은 모두 층계 또는 계단을 가리키는데, 층계나 계단이 모두 한자어인 반면, '칭칭다리'는 부분적으로 그리고 '딸각다리'는 모두 순 우리말로 되어 있는 점이 특징이다. '칭칭다리'의 '칭'은 '층계'의 '층'을 말한다. 즉 돌이나 나무 등으로 여러 층이 지어지게 단을 만들어서 높은 곳을 오를 수 있도록 만든 설비이니, '칭칭다리'란 곧 〈층이 지어진 다리〉란 뜻이다. 한편 '딸각다리'는 그 뜻이 '칭칭다리'와 같지만, 형태면에서 '딸각'이란 어근이 쓰인 점이 다르다. 왜 층계나 계단을 '딸각다리'라 했는지 분명하지 않은데, 계단을 오르면서 내는 소리를 형용한 데 그 이유가 있는지 모르겠다.

다리 가운데 '뽕뽕다리'라 부르는 것이 있다. 구멍이 뻥 뚫린 철판을

이어서 만든 이 다리는 아래가 훤히 내려다보이므로 건너기가 유난히
무서운 다리인데, 광주천의 상류인 남광주 부근에 이런 이름의 다리가
있었던 기억이 있다. 이 뽕뽕다리는 구멍이 '뽕뽕' 뚫렸기 때문에 붙은
이름인데, 그렇다면 이때의 뽕뽕은 구멍이 뚫려 있는 모양을 형용한
말로서 소리를 흉내낸 '딸각다리'와 대조되는 이름인 셈이다.

_『전라도닷컴』 2005년 6월호

3부

민속 문화

당골, 당골네
외약사내키
들독, 학독
고뿔차리, 개짐머리
하루거리에 걸리먼 소망을 할타야 되야
깐치동저구리

전라도의 말과 문화

당골, 당골네

인간은 원시 시대부터 신과 인간 세상 사이를 중개하는 특별한 존재를 필요로 하였다. 사람의 힘으로는 도저히 어쩔 수 없는 갖가지 재앙이나 질병, 공포 등으로부터 벗어나기 위해 신의 도움이 절실히 필요했을 텐데, 보통 사람들은 감히 신과의 직접적인 접촉이나 의사소통이 불가능하였기 때문에 이것이 가능한 특별한 사람이 필요했던 것이다. 이처럼 인간과 신의 사이에서 사람들의 문제를 신에게 호소하고, 신의 해답을 사람들에게 되돌려 줌으로써 인간의 문제를 해결해 주었던 이들은 여러 이름으로 불리어 왔다. 주술사(呪術師)라 하기도 하고, 샤만(shaman)이라 하기도 하는데, 우리나라에서는 무당이라 부르는 것이 보통이다. 그러나 전라도 지방에서는 무당 대신 '당골' 또는 '당골네'라고 부른다. '당골네'는 '당골'에 여성을 나타내는 접미사 '-네'가 붙은 것으로서 여자 무당을 가리키는 말이다.

당골은 무당과는 그 출발이 다르다. 대체로 한강 이북 지역에서 말하는 무당은 신이 내려 무당이 된 경우가 대부분이다. 어느 날 갑자기 자신의 힘으로서는 어쩔 수 없는 병(巫病)을 앓게 되고, 이 무병으로부터 벗어나기 위해 특정 무당에게 찾아가 내림굿을 받음으로써 할 수 없이 무당이 되는 것이다. 이런 무당을 강신무(降神巫)라 하거니와, 강신무는 신이 내린 사람이기에 신통력이 있고, 신과의 대화가 가능한 것이 특징이다.

반면 전라도 지역의 '당골'은 신이 내린 무당이 아니다. 당골은 대대로 당골 집안을 이루는 것이 특징이므로, 흔히 세습무(世襲巫)라고 한다. 다시 말하면 부모가 당골인 탓에 자식이 대를 이어 당골이 된 것이다. 이런 당골은 신이 내리지 않은 탓에 신통력은 강신무만큼 강하지 않다. 반면 집안 대대로 당골의 전통을 이어 받았기 때문에 굿을 하면서 부르는 노래나 춤 등이 뛰어난 것이 특징이라 하겠다. 전라도의 대표적인 음악인 판소리의 기원을 무악(巫樂)이나 무가(巫歌)로부터 발달한 것으로 보는 이가 많은데, 판소리를 잘하는 소리꾼 가운데 당골 집안 출신들이 적지 않은 것도 이러한 주장을 뒷받침하는 증거가 될 수 있을 것이다.

당골은 굿을 통해 한 집안이나 개인의 액을 풀어 주는 역할을 하는 것이 주된 기능이다. 그래서 당골은 일정 지역을 자신의 독점 권역으로 차지하고 있는 것이 일반적인데, 그 당골판 내에 사는 사람들은 언제든지 당골을 찾아 가서 집안의 문제를 하소연하거나 해결을 부탁할 수 있었다. 이런 탓에 전라도 무당을 가리키는 '당골'과 표준어의 '단골'을 같은 어원에서 온 것으로 보기도 한다. 즉 정해 놓고 거래를 하는 집이나 사람을 흔히 '단골'이라 부르는데, 이 '단골'이 바로 당골판 사람들이 즐겨 찾는 '당골' 무당과 다를 바 없다는 것이다. 당골판은 그 자손들에게 세습되는 것이 보통이다. 마치 요새 문제가 되는, 목사가 자신이 세운 교회를 자식들에게 세습하는 풍조처럼, 전라도의 당골들은 자신의 당골판을 자식들에게 물려주었던 것이다. 이런 세습 과정을 통해 당골들은 비교적 안정된 경제적 지위를 누리면서 일정한 수준의 무악이나 무가를 발전시킬 수 있었던 것으로 보인다.

오늘날 당골은 우리 주위에서 거의 찾아보기 어렵게 되었다. 이른바 미신 타파를 명분으로 우리 무속을 말살하려 했던 일제의 정책도 여기에 한몫을 하였지만, 그 외에도 새로운 의술이나 종교의 보급이

주요한 이유일 것이다. 과거 당골이 맡았던 역할의 대부분은 오늘날 의사와 종교인들이 대신 떠맡게 되었다. 세계에서도 유래를 찾기 힘들 정도로 급속히 팽창한 한국의 기독교나 서양 의술의 확대는 당연히 당골의 몰락을 초래하게 되었던바, 옛 시절의 당골 대신 점술가가 인기 있는 무속인으로 대접받는 것은 이러한 세태를 반영하는 것이다. 미래가 불확실할수록 점술에 의존하는 사람이 늘어가는 것은 당연한 일이니, 아무리 세상이 발달한다 하더라도 무속이 우리 생활에서 완전히 사라질 수는 없는 노릇이라 하겠다.

_전라도닷컴 2002-01-03

외약사내키

서양 사람들 가운데에는 왼손으로 글을 쓰는 사람이 많다. 우리가 보기에는 부자연스럽지만, 당사자는 아무렇지 않게 쓰는데, 정작 이렇게 쓴 글이 오른손으로 쓴 것과 크게 다르지 않은 것을 보면, 왼손으로 쓴다는 것이 그다지 염려할 일은 아닌 듯하다. 그러나 우리 문화에서는 왼손으로 밥을 먹거나 공을 던지거나 글을 쓰는 일은 거의 금기시 되어 있다. 아들이 왼손으로 글을 쓰는 것을 보고, 매를 때려 가며 오른손으로 쓰도록 훈련시켰다는 이야기를 아이의 아버지로부터 들은 적이 있다. 이 분이 말하는 이유인즉, 왼손잡이는 나중에 성인이 되어서 출세에 지장이 있다는 것이다. 남들과 다른 자세로 글을 쓰거나 행동을 하는 사람이 제대로 대접받겠느냐는 것이 이유이지만, 그 이유의 옳고 그름을 떠나, 우리 사회에서 왼손잡이를 위한 배려가 별로 없는 것은 분명한 사실이다. 자동차의 변속기는 언제나 운전자의 오른쪽에 달려 있고, 야구의 글러브나 골프채 같은 운동 기구도 왼손잡이용을 구하려면 몇 배의 시간과 노력이 필요하다. 이처럼 우리 주위의 모든 일이 오른손 위주로 되어 있는데, 이것은 물론 우리 사회에서 오른손잡이가 주류이기 때문이다. 따라서 왼손잡이는 언제나 주류에서 벗어난 존재일 수밖에 없는데, '왼손'이란 말 속에 우리의 이런 인식이 담겨 있기도 하다.

왼손에 상대적인 손을 '오른손' 또는 '바른손'이라고 하는데, '오른손'의 어원이 '옳은 손'임을 상기하면, 우리 조상 때부터 오른손을 쓰는 것은 '옳고, 바른' 일이라고 생각해 왔음에 틀림없다. 영어에서는 오른쪽을 right라고 하거니와, 이 right에는 〈오른쪽〉이라는 뜻 외에 〈옳다〉나 〈바르다〉의 뜻이 있는 것을 생각하면, 서양의 오른쪽에 대한 인식도 우리와 완전히 같음을 알 수 있다.

반면 '왼손'에 포함된 '왼'의 뜻은 매우 흥미롭다. '왼'은 원래 형용사 '외다'에서 온 말인데, 중세어에 보이는 '외다'는 〈그르다〉 또는 〈옳지 않다〉의 뜻을 가졌다. 그래서 15세기 문헌인 『남명집언해』라는 책에는 '올커나 외어나'와 같은 표현이 보이는데, 현대어로는 '옳거나 그르거나' 정도로 옮길 수 있을 것이다. 마찬가지로 15세기 문헌인 『금강경언해』에 보이는 '올ᄒ며 외요믈 간대로 보아'와 같은 말도 '옳고 그름을 마음대로 보아'의 뜻을 갖는다. 현대어에서 형용사 '외다'는 더 이상 쓰이지 않는 죽은 말이 되어 버렸지만, 부사로 바뀐 '외로'와 같은 표현은 아직까지 남아 있다. 예를 들어 '모로 가도 서울만 가면 된다'와 같은 속담에 있는 '모로 가도' 대신 '외로 가도'를 써도 같은 뜻의 속담이 된다.

이처럼 '외다'나 '외로'의 뜻이 〈그르다〉나 〈옳지 않게〉의 뜻임을 생각하면 '왼손'의 원래 뜻이 〈그른 손〉임을 쉽게 이해할 수 있게 되는데, 결국 예로부터 우리 조상들은 오른손을 쓰는 것은 바른 일이지만 왼손을 쓰는 일은 그른 일이라고 생각해 왔던 것이다. 영어에서도 왼쪽을 뜻하는 left는 원래 〈약하다〉나 〈가치 없다〉와 같은 의미로 쓰였다고 한다. 왼손이나 왼발은 오른손이나 오른발에 비해 약한 것이 사실이고, 그래서 더 가치 없게 느껴졌을지도 모르는데, 어떻든 영어의 경우에도 left가 right에 비해 부정적 의미를 포함하고 있는 점은 우리말과 크게 다르지 않은 셈이다.

전라도말에서 '왼손'은 '외약손'이라고 한다. '외약'의 '외'는 물론 형용사 '외다'의 어간일 텐데 여기에 붙는 '약'의 정체는 분명치 않다. 의미상으로 '쪽'을 가리키는 말일 가능성이 있으나 지금으로서는 그 어원이 확실하지 않다.

짚으로 꼬는 새끼는 오른쪽으로 꼬는 것이 보통이다. 그러나 특수한 경우에는 왼쪽으로 꼬기도 하는데 이를 표준말로는 '왼새끼'라고 하지만, 전라도에서는 '외약사내키'라고 부른다. '외약사내키'의 '사내키'는 '새끼'의 전라도 사투리인데, 전라도 지방에서는 '사내키' 외에도 '사챙이, 산내끼, 샌내끼' 등 여러 말들이 쓰이므로, '외약사내키' 대신 '외약사챙이'나 '외약산내끼'와 같은 전라도말도 가능할 것이다. 어떻든 '외약사내키'는 왼쪽으로 꼬아 만드는 점에서 일반 새끼와는 다른데, 이런 '외약사내키'는 잡귀의 침범을 막는 경우에 사용되는 것이 특징이다. 아기를 낳은 집 문 앞에 치는 금줄, 당제나 부락제를 치를 때 부정한 사람의 출입을 막기 위해 치는 금줄, 그리고 장을 담글 때 항아리 주위나 몸통에 두르는 새끼 등에 모두 '외약사내키'를 사용하는 것은 이런 이유에서이다. 이 외에도 정월 대보름날 소나 돼지의 목에 '외약사내키'를 감아 주면 더위를 타지 않는다고 한다. 또한 마을끼리 행하는 줄다리기용 줄에도 역시 '외약사내키'를 사용한다. 이처럼 왼쪽으로 꼰 새끼가 잡귀의 침범을 막는다고 생각한 것은 왼쪽 자체가 벽사(辟邪)의 상징이며 신성하다고 믿었기 때문이다.

한편 '왼새끼를 꼰다'와 같은 표현이 표준말에 있는데, 이는 〈일이 비비 틀리어 장차 어찌 될 지 알 수 없다〉나 〈비비 꼬아 말하거나 비아냥거리다〉와 같은 뜻을 갖는다. 새끼라는 것이 원래 비비 꼬아 만드는 것일 텐데, 굳이 왼새끼의 경우에 한하여 이러한 표현이 있는 것을 보면 오른새끼에 비해 특별한 무엇이 있다고 생각하였음을 알 수 있다.

_전라도닷컴 2002-01-21

들독, 학독

전라도말은 돌을 '독'이라 한다. 옛말에는 '돌'의 끝소리에 /ㅎ/이 붙은 '돓'이 쓰였다. 학자들은 이 /ㅎ/과 전라도말 '독'의 /ㄱ/이 서로 관련이 있는 것으로 해석한다. 마치 '위'(上)의 옛말인 '웋'이 전라도말 '욱으로'나 '욱에' 등의 '욱'과 역사적 관련이 있는 것과 같다.

어린 시절 돌을 길러 본 적이 있다. 돌을 기른다는 말 자체가 어불성설이지만 당시에는 돌이 자란다고 굳게 믿었었다. 기를 수 있는 돌은 겉이 반짝반짝 빛이 나는 돌이었는데, 이 돌을 우리는 '산독'이라 불렀다. 돌이 살아있다고 해서 붙여진 이름일 것이다. 이 돌에 물을 붓기도 하고, 때로는 물속에 담가 놓고서 매일매일 얼마나 자라는지 살펴보던 시절이 있었으니, 지금 생각하면 웃음이 절로 난다. 아마도 다른 돌과 겉모습이 특별하여 생명이 깃든 것으로 생각했던 모양이다.

전라도 사람들이 하는 표현 가운데 '들독같이 무겁다'라는 말이 있다. 예를 들어 "먼 애기가 이렇게 들독같이 무거운고?"는 아기를 안으려다 아기의 몸무게가 생각보다 무거운 것에 놀라면서 하는 말이다. '들독'(=들돌)은 옛 마을마다 하나씩은 있었던 돌인데, 모양이 둥그렇고 그 무게도 상당했다. 대개는 마을 안 당산나무 가에 있었는데, 이 무거운 들독을 들 수 있으면 어른 구실을 할 수 있다고 믿었었다. 때로는 마을을 지나는 나그네더러 이 들독을 들도록 하여, 들독을 들 수 있는 사람만 마을을 지나도록 허락하는 텃세를 부리기도 했다. 그리고 대보름이나 추석 등 명절에는 마을의 청년들이 모여 들독을 얼마만큼 높이 들 수 있는지를 겨루기도 하였다. 사람에 따라 무릎이나 가슴께까지 드는 경우도 있겠지만, 가장 완벽한 승리는 들독을 어깨 뒤로 넘기는 사람이 차지했다. 힘을 많이 필요로 하는 농사가 주된 일거리였던 시절의 풍속일 것이다.

마을 안에 들독이 있다면 집안에는 '학독'(=돌확)이 있다. 학독은 돌로 만들되 아가리가 넓고 깊이가 얕다는 점에서 '도구통'(=절구통)과는 다른데, 주로 보리쌀을 갈거나 김치에 넣을 고추를 갈 때 많이 사용하였다. 보리쌀이나 고추를 갈 때는 손아귀에 잡힐 만한 자그마한 돌이 필요하다. 닳고 닳아서 매끄럽게 변한 이 돌을 잡고 뱅뱅 돌리면서 보리나 고추를 갈았는데, 이 돌을 '폿독'이라고 부른다. 폿독을 사용하는 학독과 '도굿대'(=절굿공이)를 사용하는 도구통은 본질적으로 용도가 달랐다. 학독은 폿독으로 곡식을 가는 데 사용하지만, 도구통은 도굿대로 곡식을 찧는 데 사용했던 것이다.

표준말에서는 절구의 아가리부터 밑바닥까지를 '확'이라 하는데 이 '확'이 전라도말 '학독'의 '학'과 어원이 같은 것이다. 옛말에 '흑왁'이라는 말이 있었고, 경상도에서 '호박'이라 부르는 것을 보면 '흑박 > 흑왁 > 확 > 학'과 같은 단계적인 변화가 있었음을 알 수 있다. 그러나 표준말 '확'은 절구의 일부를 가리키는 점에서 전라도말 '학독'과 의미가 다르다. 절구와 학독은 그 용도나 모양이 전혀 다르기 때문이다. 그렇지만 전라도말에서도 '방애학'이라는 말이 있기는 하다. 이 '방애학'은 표준말 '방아확'에 대응하는데, 디딜방아의 방앗공이가 곡식을 찧을 수 있도록 땅 속에 오목하게 파인 돌을 가리킨다. 아마도 이 '방애학'처럼 곡식을 찧기 위해 만들어진 오목한 돌을 '확'이라 불렀던 것이 애초의 용법이었을 것이다. 그렇게 때문에 표준말에서는 절구의 아가리부터 밑바닥까지 찧는 부분을 지금도 '확'이라 부른다. 그런데 전라도처럼 곡식의 산출이 많은 고장에서는 곡식을 찧는 데 사용하는 도구통 말고도 곡식이나 고추 등을 가는 데 사용되는 특별한 확이 필요했던 것으로 추정된다. 이처럼 곡식을 갈기 위해서는 밑바닥을 단단한 돌로 만들어야 하므로 보통 나무로 만드는 도구통과는 그 재료가 달랐다. 그리고 높이가 낮아 사람이 허리를 굽혀 사용할 수 있고, 아가리가 넓적해서 가는 데 편해야 했다. 결국 도구통의 변형인 새로운 생활기구가 만들어지게 되었으니, 그것을 기왕에 있었던 '확'에 '독'을 결합하여 '확독'이라 불렀고, 그것의 소리가 단순화 되어 오늘날 '학독'이라는 전라도말로 나타나게 된 것이다.

_『광주은행 사보』 2007년 여름호

고뿔차리, 개짐머리

우리가 흔히 앓는 병으로 감기와 배앓이가 있다. 감기는 찬바람이 불 때면 몸의 저항력이 약해지면서 감기 바이러스가 기승하여 생기는 병이다. 열이 나기도 하고 머리가 아프기도 하며 때로는 몸살처럼 온몸이 뻐근하게 느껴지는 증상이 생기는데, 현대 의학으로도 감기 바이러스를 퇴치하는 약은 없다고 하니 그저 휴식을 취하면서 그때그때 증상에 따라 적당한 약을 먹는 수밖에 도리가 없다. 우리 조상들은 이러한 감기를 '고뿔'이라고 불렀는데, '고뿔'은 '곳블'에서 온 것이고 여기서 '고'는 '코'의 옛말이다. 그러니 '고뿔'이란 우리 코에 생긴 불이라는 뜻이다. 아마도 감기의 증상인 콧물이 흐르고 열이 나는 것 때문에 이런 이름이 붙었던 것으로 보인다. 전라도말로는 '고뿔'에 '차리'를 붙여 '고뿔차리'라 하기도 하는데, '차리'가 무슨 뜻인지는 분명하지 않다.

한편 '고뿔차리' 외에 전라도말에는 '개짐머리'와 같은 말이 더 있다. '개짐머리'는 어원적으로 '개좆머리'에서 온 말이다. '좆'은 남자의 성기를 비하해서 부르는 말이니 '개좆머리'는 개의 성기를 낮추는 말이다. 감기처럼 일상에서 흔하게 겪는, 병 같지 않은 병을 비하해서 불렀던 이름일 것이다. 이처럼 병을 하대하는 말과 대조적으로 어떤 병은 오히려 존대를 받기도 한다. 전라도말에서 천연두는 '손님'이라 부르는데, 이것은 천연두처럼 무서운 병을 마치 집을 찾아온 손님으로 생각해서 붙여진 이름이다. 손님으로 높이 부르면서 잠시 머물렀다가 쉬이 가시도록 바라는 간절한 마음이 이 말 속에 담겨 있는 것이다. 천연두처럼 무서운 병은 높이 부르고, 감기처럼 흔하디 흔한 병, 그리고 사람을 죽일 정도는 못 되는 사소한 병은 낮추어 부르는 것을 보면 강한 사람 앞에서 낮아지고 약한 사람 앞에서 높아지는 사람들의 얄팍한 모습을 보는 듯하다.

감기와 함께 우리가 쉽게 겪는 병으로서는 배앓이가 있다. 대부분 음식을 잘못 먹어서 생기는 이런 병은 날것을 많이 먹는 우리의 음식 습관 탓도 있을 것이다. 어린 시절 배가 아플 때면 할머니나 어머니가 배를 쓸어주어 낫곤 하였는데, 이른바 '약손'이란 이런 것을 두고 부르는 이름이다. 약손으로도 낫지 않는 경우, 마당에 있는 박하 잎을 따서 먹기도 하고, 때로는 소다를 먹기도 하였다. 박하 잎은 요즘 유행하는 이른바 '허브'의 한 종류인데, 일시적으로 통증을 가라앉히는 효과가 있었다. 소다는 알칼리이므로 소화액이 너무 많이 나와서 신트림이 생기는 경우 제산제 역할을 할 수도 있었으니, 배앓이도 증상에 따라 몇 가지의 민간요법이 있었던 셈이다.

배앓이 가운데 흔한 것은 과식에서 생기는 '체'(滯)이다. 동사 '체하다'는 음식을 먹은 후 음식이 소화되지 않고 위 속에 답답하게 처져 남아 있는 것을 가리키는 말인데, 순수한 우리말로는 '얹히다'라고 말한다. 아마도 음식이 위 속에 얹혀 있다고 느끼기 때문에 붙여진 표현일 것이다. 전라도말에는 표준말 '얹히다'에 대해 '영치다'가 있다. 표준말 '얹다'를 전라도에서는 '엱다'라고 하므로 그의 피동형은 '엱히다'가 될 것이다. 이 '엱히다'가 제대로 발음되면 '영키다'가 될 것이나 구개음화가 일어나 '영치다'로 발음된다.

체하게 되면 요즘에야 당연히 소화제를 사 먹지만, 옛날에는 따로 소화제가 없었으므로 소다를 먹어 보기도 하고 그래도 안 되면 따로 '체를 내는' 사람을 찾아가곤 했었다. 체를 낸다는 것은 체한 사람의 위 속에서 소화되지 않은 음식을 도로 밖으로 꺼내는 것을 가리킨다. 과식할 경우 자연스러운 구토를 통해 음식물을 밖으로 토해낼 수도 있었을 텐데, 이런 구토조차 힘들 경우 억지로 위 속에서 음식물을 끄집어내었던 것이다. 그러나 이런 체내는 일은 일종의 속임수였다. 실제로 사람의 위 속에서 소화되지 않은 음식물을 끄집어낸다기보다 미리 준비해 둔 고기 조각 같은 것을 환자의 입속에 집어넣었다가 꺼내는 속임수를 써서 마치 환자의 몸속에서 음식물을 끄집어내는 듯한 착각을 일으키는 것이다. 그러나 어쨌든 이런 속임수라 하더라도 체해서 고통을 겪는 사람에게는 심리적 위안이 될 수도 있었을 것이다.

체내는 일이 위 속에서 음식을 끄집어내는 것이라면 '체 내리는' 일은 반대로 음식을 위 속으로 집어넣는 것을 말한다. 체한 것을 음식이 위에 이르지 못하고 중간에 걸려 있는 것으로 생각해서 이런 말이 생겼을 것이다. 전라도의 옛 노인들에 따르면, 물버드나무 가지를 꺾어 그 껍질을 벗긴 뒤 잘 다듬고, 여기에 참기름을 발라서 미끌미끌하게 해 놓은 다음 끝에 솜을 감아 체한 사람의 위 속에 이르도록 깊숙이 집어넣었다고 한다. 마치 요즘의 위내시경을 하는 것처럼 이렇게 나뭇가지를 위까지 집어넣으면 중간에 걸려있던 음식이 위로 들어가리라고 생각했던 모양이다. 이런 것을 전라도말로 '칙짐질'이라 부르는데, 지금의 의학 상식으로 생각해 보더라도 대단히 위험했던 민간요법이 아닌가 한다.

_『전라도닷컴』 2007년 7월호

하루거리에 걸리면 소망을 할타야 되야

아침저녁으로 약을 챙겨 먹는 사람이 많다. 고혈압이나 당뇨와 같이 만성적인 병을 앓는 사람은 약이나 운동으로 꾸준히 관리하지 않으면 안 되기 때문이다. 이런 병을 가진 사람들은 일용할 양식처럼 약을 먹으면서 늘 감사한 마음을 갖기 마련이다. 만약 18세기나 19세기에 태어났더라면 진즉 생명을 다했을 텐데, 다행스럽게도 약이 발달된 현대에 태어나 제 수명을 지키면서 살고 있기 때문이다.

우리 조상들은 각종 약초들을 이용하여 약을 만들어 썼지만 그 약이란 것이 오늘날과 비교하면 아주 제한된 것이라서 20세기 전반만 하더라도 우리나라 남자들은 환갑을 넘기기가 어려웠다. 그래서 약으로 해결하지 못한 숱한 병을 치료하기 위해 무당을 찾기도 하고, 때로는 민간에서 전해오는 치료법에 의존하기도 했다.

예를 들어 몸에 두드러기가 생길 경우, 매캐한 냄새가 나도록 재를 태우고, 이 재를 뒷간에 가서 환자의 환부에 바른 뒤 그 자리를 빗자루로 여러 차례 쓸어냈다고 한다. 아마도 매캐한 재에 특별한 소독 효과가 있는 것으로 믿었던 모양이다. 아이들이 이발소에서 머리를 깎고 와서는 기계독에 걸리는 수가 많았다. 머리 깎는 기계에서 균이 옮아서 생기는 이 기계독에 걸린 머리는 머리카락이 동그랗게 빠지고 피부가 하얗게 변하는데, 약이 없던 시절에는 이런 자리에 담배설대에서 긁어낸 담뱃진이나 아니면 독한 마늘 조각을 발랐다고 한다. 독한 담뱃진이나 마늘에 살균 효과가 있다고 믿었을 것이다.

가장 우스꽝스러운 민간 처방은 학질에 걸렸을 때다. 학질은 하루씩 걸러 열이 나기 때문에 '하루거리'라고도 하는 것이지만, 이차세계대전 이후 '키니네'라는 약이 생겨 학질을 퇴치할 수 있었다. 이런 약을 알기 이전 우리 조상들은 독특한 요법을 시행하였는데, 전남 영광지역에서는 오줌을 뜻하는 '소매'와 항아리를 뜻하는 '항'이 결합한 '소망', 즉 오줌이나 똥을 받는 항아리의 가장자리를 환자의 혀로 핥으면 학질이 떨어진다고 믿었다. 오늘날의 상식으로는 생각만 해도 끔찍한 처방이라 할 수 있는데, 과연 무슨 근거로 이런 요법들을 행했는지 알 수가 없다.

찬 곳에 얼굴을 대고 자는 사람은 때로 입이 한쪽으로 비뚤어지는 병이 생긴다. 구와(口喎)라고 하는 이 병에 대해서 옛날 사람들은 동쪽으로 벋은 개복숭아 나무의 가지를 잘라서 거기에 끈을 달고 이것을 귀에 매달아 잡아당김으로써 얼굴이 돌아가지 않도록 했다고 한다. 왜 개복숭아 나무여야 하는지, 그리고 왜 나뭇가지가 동쪽으로 벋은 것이어야 하는지는 분명하지 않다.

이런 민간요법들은 모두 제대로 된 약이 없거나 개발되지 않았기 때문에 생긴 어쩔 수 없는 결과이다. 그러다가 20세기 들어 서양에서 좋은 약이 들어오기 시작하면서 민간요법은 자연히 사라지게 되었다. 특히 서양에서 들어온 약 가운데 페니실린은 약에 대한 우리의 생각을 완전히 바꾸어 놓았다. 페니실린 한 방이면 죽기 직전의 사람마저도 살려내는 일이 허다했으니, 이제 약은 단순히 병을 고치는 것이 아니라 생명을 건져 내는 마력을 가진 것으로 인식되기에 이른 것이다.

약에 대한 이런 생각의 일단을 우리는 건전지에서 찾을 수 있다. 우리나라 사람들은 건전지를 가리켜 '약'이라고 한다. 그래서 시계 약이 떨어졌다는 둥, 라디오 약을 갈아야겠다는 둥의 말을 하는 것이다. 서양말로는 배터리(battery), 한자어로는 건전지(乾電池)라 하는 것을 왜 '약'이라고 부르는 것일까? 마치 병이 들어 꼼짝도 못하는 환자가 약을 먹고 마음대로 돌아다니듯이, 죽은 시계나 라디오에 생명을 불어 넣어 주는 것이 다름 아닌 건전지이기 때문일 것이다. 그러니 '약'이란 애초에 사람의 병을 치료하다가, 나중에는 죽은 기계까지 살려내는 마법의 힘을 발휘하게 되었다. 약이 갖는 치료의 효과를 이렇게 과신했기 때문에, 오늘도 약국을 순례하는 사람이 그치지 않는 것은 아닐까?

_『산재의료관리사보』2007. 8. 20

깐치동저구리

설이다. 새로운 한 해가 시작되는 첫 날이다. 힘들었던 지난 해, 말
도 많고 탈도 많았던 묵은해를 훌훌 털고 깨끗한 몸과 다잡은 마음으
로 한 해를 다시 여는 첫 날인 것이다. 그래서 설날은 다른 어떤 명절
보다도 정갈한 날이다. 목욕하기 어려웠던 옛 시절에도 깨끗한 설을
맞기 위해, 동네 목욕탕은 며칠 전부터 묵은 때를 벗기려는 사람들로
발 디딜 틈이 없었고, 집안 구석구석 쌓인 먼지를 털어내고 닦아내느
라 온 식구가 부산하기도 하였다. 설 아침이면 집안 어른은 일찍이 대
문을 활짝 열어 손님 맞을 준비를 하였고, 아이들은 정성껏 차려 입은
설빔 차림으로 웃어른께 세배의 인사를 올렸으니, 명절 가운데서도 가
장 차분하고 예의를 갖춘 날이 이 날이 아니었던가 한다.

'설'의 어원에 대해서는 이러저러한 추측이 있지만, 국어학계에서
가장 정설로 꼽는 것은 '살'과 관련한 해석이다. 우리말에서 '살'은 나
이를 세는 말이다. 설을 쇠면 모두들 한 살씩 더 먹게 되는 것이니, 설
날이면 가장 흔히 듣는 말이 이 말이다. 세배하러 온 아이들에게는 으
레 "이제 한 살 더 먹었으니, 공부도 더 잘하고 동생하고도 사이좋게
지내야지"와 같은 덕담을 하게 되기 때문이다. 우리말에는 낱말의 모
음을 바꿔 의미의 차이를 유발하는 조어 방법이 있다. 예를 들어 '적
다'와 '작다'는 의미상 유사한 면이 있지만 그렇다고 완전한 동의어는
아니다. '적다'는 '많다'의 반대말이고, '작다'는 '크다'의 반대말이기 때
문이다. 즉 '적다'는 수량에 적용되는 말이고, '작다'는 크기에 적용되

는 말이다. 이러한 의미 차이는 물론 모음 / ㅓ /와 / ㅏ / 때문에 생겨난 것이지만, 두 낱말이 양과 크기의 '작음'을 표현하고 있는 점에서는 공통이다. '적다'와 '작다'가 일상의 대화에서 제대로 구분되지 못하고 혼동되어 쓰이는 일이 많은 것도 다 이러한 공통점 때문이다. '적다/작다'처럼 모음을 변이시켜 의미의 분화를 일으킨 낱말로는 '넘다/남다', '썩다/삭다' 그리고 전라도말의 '뿌수다(=부수다)/뽀수다(=빻다)' 등이 있는데, '설/살'의 변이도 같은 범주에 드는 말이다. 결국 '설'이란 한자로 말하면 歲를 의미한다고 할 수 있으니, 그 기원적인 의미는 우리말의 '해'와 같다고 하겠다.

설날에 입는 새 옷이나 새 신발을 가리켜 '설빔'이라 하는데, 이때 쓰인 '빔'은 옛말 '빗다'에서 온 것이다. 15세기 문헌인 『월인석보』에 보면 '죠 ㅂ ㄹ고 빗어 莊嚴ㅎ얫거든'과 같은 말이 나오는데 이 경우의 '빗다'는 〈꾸미다〉나 〈장식하다〉의 의미를 갖는다. 그래서 '설빔'이란 곧 설을 맞아 예쁘게 꾸미기 위해 입거나 신는 새 옷 또는 새 신발 등을 의미하게 되는 것이다. 설날에는 '설빔'이라고 하지만 추석에는 '추석빔'이라고 한다. 전라도말에서는 '설빔'이나 '추석빔'과 같은 말은 쓰이지 않는다. 그저 '설옷'이니 '추석옷'이니 하는 말로 충분하였다. 옛날에는 아이들 설빔으로 흔히 '때때옷'을 입혔다. '때때옷'은 '꼬까옷'이라고도 하는데, 알록달록 곱게 만든 아이의 옷을 가리키는 말이지만, 아이들이 주로 사용하거나 아이들에게만 쓰는 어린이용 말이다. 전라도말에서도 '고까'라는 말이 쓰이지만, 설빔으로 입는 알록달록한 옷만을 가리키지 않고 그냥 〈좋은 옷〉 또는 〈고운 옷〉과 같은 의미로 쓰인다. 그래서 "와, 우리 애기 고까 입었네"처럼 사용할 수 있는 것이다. 여자 아이들은 때때옷으로 색동저고리를 즐겨 입는다. '색동'의 '색'은 色이며, '동'은 저고리 소매에 이어 대는 동강의 조각을 의미한다. 그래서 '색동'이란 오색 천 조각을 잇대어 만든 저고리 소맷감을 가리키는 말이므로 '색동저고리'란 결국 이런 색동을 사용하여 소매를 만든 저고리를 뜻한다. 전라도말에서는 색동저고리 대신 '깐치동저구리'라는 말을 쓴다.

설날의 전날 즉, 섣달 그믐날을 표준말에서는 '까치설날'이라 한다. '까치 까치설날은 어저께고요, 우리 우리 설날은 오늘이래요'와 같은 동요에 보이는 '까치'가 바로 이 말이다. 섣달그믐과 까치가 무슨 관계가 있기에 '까치설날'이라는 말이 생겼을까? 사실 까치와 섣달그믐 사이에는 아무런 관계가 없다. 섣달그믐은 옛말에 '아춘설'이라 하였다. 이때의 '아춘'은 〈작은〉이라는 뜻이니 '아춘설'은 〈작은설〉이라는 뜻이었다. 즉 정월 초하루가 제대로 된 설날이라면 섣달그믐은 이보다는 못한 작은설이라는 뜻이니, 마치 크리스마스와 크리스마스 이브의 관계와 같다고 할 것이다. 15세기 말에 조카를 '아춘아들'이라 하였고, 질녀를 '아춘똘'이라 한 것에서도 우리는 이 당시의 '아춘'이 〈작은〉을 의미하였음을 알 수 있다. 이 '아춘'이란 말이 더 이상 쓰이지 않게 되자, '아춘설'의 '아춘'이 무슨 말인지를 모르는 사람이 늘게 되면서, 사람들은 이 뜻 모를 '아춘'을 기쁜 소식을 물어다 주는 '까치'와 관련시키게 된 것이다. '아춘'과 '까치'의 소리가 비슷한 것이 이 두 말을 관련시킬 수 있는 주된 근거이기도 하였다. 이런 이유로 '아춘설'은 후대에 '까치설'이 되어 오늘날까지 쓰이게 되었다.

이런 까치설날에 입는 색동저고리를 표준말로 '까치저고리'라고 한다. 그래서 '색동저고리'와 '까치저고리'는 그 의미에 있어서 같지 않다. 색동저고리가 색동을 대어 만든 저고리 일반을 가리킨다면, 까치저고리는 까치설날에 입는 색동저고리를 가리키는 말이니, 까치저고리는 결국 특정한 날에 입는 색동저고리를 의미함으로써 훨씬 제약된 의미를 갖는다고 할 수 있다. 전라도말에서는 '까치'를 '깐치'라고 하는 탓에 '까치설날'에 입는 저고리가 '깐치동저구리'가 된 것이다. 전라도 말에서는 표준말처럼 '색동저고리'와 '까치저고리'의 대립이 없이 언제나 '깐치동저구리'라는 한 낱말로 쓰이기 때문에, 전라도말의 '깐치동저구리'는 까치설날뿐 아니라 언제라도 입을 수 있는 색동저고리를 의미한다. 이것은 물론 원래 까치설날에 입었던 '깐치동저구리'가 그 의미를 확대하여 색동저고리에까지 쓰이게 된 것으로 보아야 한다.

그러나 우리말에는 까치설날과 무관하게 '까치'를 쓰는 수가 있다. 울긋불긋한 노을을 '까치놀'이라 하고, 오색이 들어간 태극부채를 '까치선'이라 하는 것이 그 예이다. 이것은 등이나 날개는 검고 배 색깔은 하얀 까치의 알록달록한 색깔을 울긋불긋한 색깔로 이해했기 때문이다. 그렇다면 표준말의 '까치저고리'나 전남 방언의 '깐치동저구리'도 까치설날과 관계없이 오색으로 만들어진 색동저고리의 울긋불긋함을 표현하기 위해 만들어진 낱말일 가능성도 없지는 않다. 결국 전라도 방언의 '깐치동저구리'는 까치설날과의 관련 여부에 따라서 두 가지 해석이 가능한 셈이다.

_『전라도닷컴』 2003년 1월호

4부

놀이 문화

일은 안 허고 뺀나 모실만 댕이냐?
나가서는 말 한 자리도 못 헌 것이
바꿈살이, 삼바꿈질, 동깨살이
도롱테, 궁글테
들깡달깡, 방애야방애야
산다이

전라도의 말과 문화

일은 안 허고 뺀나 모실만 댕이냐?

1960년대만 하더라도 저녁을 먹은 후의 집안 모습은 지금과 전혀 달랐다. 요즘에야 모두들 텔레비전 앞에 앉아 시간을 보내는 것이 예사지만, 그때는 텔레비전커녕 전기도 들어오지 않는 곳이 대부분이었기 때문에 마땅히 저녁 시간을 보낼 만한 거리가 없었다. 물론 라디오에서 흘러나오는 연속방송극(예를 들어 '강화도령' 같은)을 즐기는 수도 없지는 않았지만, 라디오 있는 집도 그리 흔치 않았던 터라, 대개는 동네 안의 적당한 집에 모여 이런 얘기 저런 얘기하면서 시간을 보내는 것이 보통이었다. 누구네 딸이 시집가게 됐다든가, 아무개가 노름하다가 큰돈을 잃었다든가, 이도 저도 아니면 그저 옛날이야기 잘 하는 노인네로부터 전해 오는 구수한 이야기 듣는 일로 기나긴 겨울밤을 보내곤 하였다. 물론 이렇게 사람이 모이다 보면 당연히 먹을거리는 챙겨 오는 것이 인사이고, 그래서 무나 고구마는 겨울철 농촌에서 흔히 먹었던 간식이기도 하였다. 이처럼 이웃집에 놀러가서 무료한 시간을 보내는 일은 한국의 전통 사회에서 중요한 놀이 문화의 하나였는데, 전라도말로는 이를 흔히 '모실' 또는 '마실'이라 하였다.

'모실'이나 '마실'은 옛말의 'ᄆᆞ술'에서 온 것이다. 'ᄆᆞ술'은 오늘날의 '마을'에 해당하는 말인데, 전라도말에서는 '마을'과 '모실/마실'이 구별되어 쓰인다. '마을'이 단순히 동네를 의미한다면, '모실/마실'은 이웃집이나 이웃 동네, 또는 그 이웃집이나 이웃 동네에 놀러가는 일을 가리키기 때문이다. 이 '모실'과 '마실'은 흔히 동사 '가다'나 '댕기다/댕이다'와 함께 쓰인다. 그래서 "일은 안 허고 뺀나 모실만 댕이냐?"라는 엄한 꾸지람도 가능한 것이다. 이런 '모실 댕이는' 일은 대체로 밤에 이루어지기 때문에 아예 '밤모실'이라는 말도 생겨나게 되었지만, 경우에 따라 낮에 이웃집에 놀러 가는 일도 '모실 간다'라고 말할 수 있다. 또한 지역에 따라 '모실 가는' 일을 부녀자에 국한하여 쓰기도 하고, 특히 행실이 좋지 않은 여자들의 행태를 가리킬 수도 있다. 여자들이 밤에 모실 다니는 일이 잦다 보면, 좋지 않은 소문도 일어날 수 있기 때문일 것이다.

이런 '모실' 문화와 관계 있는 전라도말로 '유제'라는 말이 있다. 이 말은 대체로 첫 음절을 길게 해서 '유:제'라고 발음하는데, 표준어의 '이웃'에 해당하는 말이다. 그래서 "집이 메누리 어디 갔다우?"라고 물었을 때, "응, 유제 모실 갔는갑만."이라고 대답할 수 있는 것이다. 이 '유제'는 '이웃'의 옛말 '이웆'에 조사 '에'를 붙인 '이웆에'에서 온 것이니, 그 어원을 따진다면 표준말의 '이웃에'에 대응해야 한다. 그런데 물론 '유제'가 〈이웃에〉의 뜻으로 해석될 때도 있지만, "멋이니 멋이니 해도 유제가 좋아야 혀."처럼 단순히 〈이웃〉의 뜻으로 해석될 때가 많다.

이처럼 우리의 전통 사회는 매일매일을 함께 이야기하고, 일하고, 부딪히며 살아가는 문화였으므로, 한 마을 내부의 결속은 오늘날의 아파트 문화와는 결코 비교할 수 없다고 하겠다. '유제'나 '모실'과 같은 낱말도 이러한 문화적 맥락 속에서 그 정당한 가치를 부여받아야 할 것이다.

우리는 이제 방 안에 앉아 지구의 저편에 있는 사람과 이야기하는 시대에 살고 있다. 과거처럼 물리적으로 가까이 있던 '유제'에만 '모실' 다니는 것이 아니라, 온 지구를 헤매며 '모실'을 다니는 것이다. 그러고 보니 지금의 인터넷이란 결국 예전의 '모실'을 대체한 새로운 문화 형태인 셈이다. 이들을 통해 정보가 교류되는 점에서도 그렇고, 이러한 교류가 또한 주로 밤에 이루어지는 것도 그렇다. 심지어 '모실'과 인터넷을 통해 때로 사랑과 불륜이 생겨나는 것마저도 그렇다. 그러니 인터넷을 통해 언필칭 '정보의 바다를 항해한다'는 말 대신 정보가 있는 곳으로 '모실 댕긴다'고 하면 어떨지?

_전라도닷컴 2001-01-22

나가서는 말 한 자리도 못 헌 것이

우리처럼 노래를 즐겨 부르는 민족도 없는 듯하다. 아프리카나 남
미의 사람들도 놀기를 좋아하지만, 이들은 대체로 춤을 즐겨하는 편이
다. 반면, 우리는 춤보다는 노래를 더 선호하는 경향이 있다. 춤을 추
라면 서로들 사양하지만, 노래 한 곡 부르라면 마이크 잡는 것을 마다
하지 않는 것이 우리이기 때문이다. 이제는 노래방이 생활에서 없어
서는 안 될 귀중한 문화 공간이 되어 버린 것도 이러한 우리네 성향을
반영한다.

표준어로 노래의 단위를 말할 때 '노래 한 곡'처럼 曲이라는 한자어
를 사용한다. 그런데 전라도에서는 '곡' 대신 '자리'라는 말을 흔히 쓴
다. 그래서 다른 사람에게 노래를 권할 때, "노래 한 자리 해 보씨요"
처럼 말하는 것이 보통이다. 이 '자리'라는 단위는 노래에만 쓰이는 것
이 아니라 이야기를 셀 때에도 쓰인다. "미국 갔다 온 이야기 한 자리
도 못 듣고 기양 왔구만"과 같은 말에서 이런 예를 볼 수 있다. 이 외
에도 표준말이라면 '말 한 마디'라고 해야 할 때에 '말 한 자리'라고 하
는 수가 있다. 예를 들어 "배깥에서는 말 한 자리 못헌 것이 집안에서
는 큰 소리여"처럼 쓰이는 것이다. 노래나 이야기 그리고 말이 모두
입으로 이루어지는 행위라는 점을 고려하면, 단위 명사 '자리'는 구연
이나 구술의 단위를 가리킬 때 쓰이는 것임을 알 수 있다. 그러면 구
연이나 구술의 단위에 '자리'라는 말을 쓰는 이유가 어디에 있을까?
'자리'라는 말의 어원을 살펴보면 혹시 그 근거를 찾을 수 있을지 모르

겠다.

'자리'는 흔히 어떤 물건이 놓인 장소나 공간을 가리키는 것으로 알려져 있지만, 그 원뜻은 이러한 추상적인 공간의 표시가 아니라 구체적인 물건을 가리켰던 말이다. 즉 〈왕골이나 골풀 등으로 짜서 사람이 앉거나 누울 수 있도록 만든 직사각형 모양의 물건〉을 말하는 것이니, 오늘날 '돗자리'라 하는 것이 바로 이 '자리'인 것이다. '돗자리'란 '돗'과 '자리'의 합성어인데, '돗'의 옛말은 '돔'으로서, '돔'만으로도 옛말에서는 오늘날의 '돗자리'와 같은 뜻을 가졌었다. 즉 처음에는 '돔'으로만 쓰이다가 같은 뜻을 갖는 '자리'와 합해져서 '돗자리'가 만들어졌던 것이다. '앉을 자리', '잠자리', '전쟁이 일어난 자리'와 같은 표현에 쓰이는 추상적인 의미는 바로 이러한 구체적인 물건을 뜻하던 '돗자리'의 의미에서 확대된 것이다.

'자리'의 의미가 이러한 변화를 겪은 것이 사실이라면, '노래 한 자리'나 '이야기 한 자리'의 '자리' 또한 이러한 의미 변화와 관계있을 것으로 추정된다. 노래나 이야기가 돗자리와 같은 구체적인 물건을 깔고 앉은 상황에서 벌어진 행위였다면, 그리고 그것이 추상적인 장소의 의미로 확대되었다면, '노래 한 자리'란 곧 노래가 불리는 장소나 상황, 또는 좀 더 정확히 표현한다면 '판'을 의미했을 터이므로, 이는 결국 노래로 이루어지는 판의 개수를 세는 단위로 정착된 것이라 할 수 있다. 흔히 이 '판'을 '마당'이라 부르거니와 '자리'란 그 의미면에서 '마당'과 크게 다르지 않다. 결국 '노래 한 자리'는 '노래 한 마당'이라 할 수 있고, 과거의 노래 중에는 '판소리'와 같은 것이 판을 이루는 전형적인 예이니, '판소리 한 자리'는 결국 '판소리 한 마당'과 같은 의미가 되는 셈이다.

노래뿐 아니라 이야기나 말도 모두 '자리'라는 단위 명사를 사용한 것을 보면, 옛 사람들은 노래나 이야기, 말 등이 모두 하나의 판을 이룬다고 생각했던 것 같다. 주위 사람들을 완전히 몰입시키는 구수한 옛 이야기나, 청중을 사로잡는 대중 연설은 노래와 마찬가지로 하나의 놀이판을 만드는 점에서 공통이기 때문이다.

_전라도닷컴 2001-12-17

바꿈살이, 삼바꿈질, 동깨살이

어린 아이들은 어른 흉내를 내면서 자란다. 끼리끼리 모여서 역할을 나누어 학교 놀이를 하거나 병원 놀이를 하는 것이 그런 예이다. 이런 놀이를 통하여 어린 아이들은 자연스럽게 어른들의 사회생활을 배우게 되고, 그래서 적응해 나가는 것이다. 이런 놀이 가운데서 가장 기초적이고 어떤 문화에서나 발견되는 것이 소꿉놀이다.

소꿉놀이는 아이들이 실제 살림을 꾸려 나가는 행위를 흉내 내는 것으로서, 밥을 짓고, 음식을 나누는 등 가족 내의 부모나 자식의 역할을 실제로 해 보는 놀이이다. 이런 놀이에는 당연히 밥을 짓고, 음식을 담는 여러 가지 그릇이나 소도구가 필요한 법인데, 대개는 사기그릇의 깨진 조각인 사금파리 등을 이용하는 것이 보통이었다. 이런 놀이 기구를 '소꿉'이라 하는 데서 '소꿉놀이'라는 말이 생기게 되었다.

전라도에서도 당연히 소꿉놀이가 행해졌기 때문에 이런 놀이를 가리키는 말도 따라서 생겨났는데, 흥미로운 것은 지역에 따라 여러 가지의 낱말 형태가 보인다는 점이다. 장흥, 영암, 진도, 고흥 등지에서는 '새금박질, 새금꽉질, 새금팔질, 새깜질' 등의 낱말이 확인되는데, 여기서 '새금박'이나 '새금꽉', '새금팔' 등은 모두 '사금파리'에서 온 것이다. 사기그릇의 깨어진 작은 조각을 의미하는 '사금파리'가 전라도에서는 흔히 '새금팔'로 쓰이므로 이 '새금팔'에 행위를 나타내는 접미사 '-질'이 붙어 '새금팔질'이 되었을 것이고, 이로부터 '새금박질', '새금꽉질', '새깜질' 등이 발달되었을 것이다.

진도, 강진, 해남, 완도, 신안 등지의 서남해 지역에서는 '삼바꼼질(진도), 삼바꿈(강진/완도), 삼바보지, 삼박질, 쌈바꿈, 삼방질' 등의 형태가 쓰이는데, 여기에 보이는 '삼바꿈'과 '새금팔'이 어원적으로 관련성을 가질 가능성은 있다.

또한 '바꿈살이', '빠꿈살이', '바꿈새기', '빠꿈새기'와 같은 낱말이 전라남도의 여러 지역에서 확인되는데, 이때의 '바꿈'은 서남해 지역의 '삼바꿈'의 '바꿈'과 같은 것일 것이다.

그밖에도 담양 지역에는 '함바까시, 함바꿈, 항가빠시, 항가빠치' 등이 쓰인다. 담양의 여러 형태에서도 '바꿈'의 형태가 확인되지만 그 정확한 구조나 어원은 분명하지 않다. 신안 지역에서는 '짝꿍보자, 각시보자' 등의 낱말이 쓰이고, 완도에서는 '꼬집'이라는 말도 보인다. 한편 광양에서는 '동깨미, 동깨살이, 동지깨미', 구례 지역에서는 '반조깨미(구례)'가 있는데, '반조깨미'는 '바꿈'과 광양의 '깨미'가 합성된 말로 보인다.

도롱테, 궁글테

1988년 서울에서 열렸던 올림픽의 개막식에서 가장 인상적이었던 것은 여러 사람의 예상을 뒤엎고 어린 아이 하나가 나와 굴렁쇠를 굴리고 가던 장면이었다. 모두들 요란한 무용이나 집단적인 쇼를 예상하고 있었던 터에, 아이 하나가 나와서 지극히 단순한 동작인 굴렁쇠를 굴리고 가는 이 장면에서 사람들은 예상을 뛰어넘는 파격을 경험하였으며, 아이의 순진무구한 동작과 굴렁쇠의 굴러가는 모습에서 올림픽의 오륜이 굴러가는 듯한 착각을 맛보았던 것이다.

이처럼 우리에게 신선한 충격을 주었던 굴렁쇠의 장면은 그러나 어린 시절에는 지극히 일반적인 놀이의 하나였었다. 오늘날처럼 다양한 놀이 문화가 발달되지 않았었기 때문에 대부분의 놀이 기구는 스스로 만들지 않으면 안 되었던 시절이었다. 나무로 깎아 만든 자치기, 팽이 그리고 종이를 접어 만든 딱지치기 등이 흔한 놀이였다면, 굴렁쇠는 철사나 쇠로 만들어야 했기에 조금은 고급스러운 놀이기구라고나 할까.

굴렁쇠는 철사로 둥글게 만들어 굴리는 것이 보통이지만, 때로는 자전거 바퀴 둘레의 둥근 쇠를 가지고 굴리는 수가 있다. 이런 굴렁쇠야말로 최상의 작품이지만, 대부분의 어린 아이들에게 이런 굴렁쇠는 그저 바라보는 것으로 만족해야 했던 때였다. 오늘날 롤러스케이트, 또는 인라인 스케이트는 스스로 바퀴를 굴려 자기 몸을 움직이게 만드는 놀이이지만, 굴렁쇠 놀이는 비록 자신의 몸을 움직이게 하지는 못해도 바퀴를 굴러가게 하는 점에서 비슷한 쾌감을 주는 놀이였던 것이다.

　전라도 지방에서는 굴렁쇠라는 말 대신 '도롱테' 또는 '동테'라는 말을 쓴다. '도롱테'는 표준어에서 〈사람이 밀거나 끌게 된 간단한 나무 수레〉를 뜻하는데, 방언에서는 〈수레의 바퀴나 자전거의 바퀴를 둘러싸고 있는 둥근 테〉를 가리킨다. 자전거의 둥근 테를 빼서 만든 이 굴렁쇠를 '도롱테' 또는 '동테'라고 불렀는데, 나중에 철사로 둥글게 말아 만든 것도 같은 이름으로 부르게 된 것이다. '도롱테'나 '동테' 외에도 전라도 지방에서는 '궁글테'라는 말도 쓴다. '궁글테'의 '궁글'은 〈구르다〉를 뜻하는 전라도말 '궁글다'의 어간에 해당하는 말이니 '궁글테'란 곧 〈구르는 테두리〉를 뜻하는 말이다.

들깡달깡, 방애야방애야

며칠 전 공원을 산책하던 중에 큰 나무 밑에서 시끄러운 소리가 들렸다. 조심스럽게 소리나는 곳을 찾아가 보니, 털이 보송보송한 새끼 새 한 마리가 짹짹거리고 있었는데, 그 우짖는 소리가 어찌나 요란하던지 공원 한 쪽이 쩡쩡 울릴 지경이었다. 아마도 높은 나무 어딘가에 둥지가 있을 터이고, 어미가 없는 틈에 세상 구경을 한답시고 날개를 퍼덕거리다가 그만 둥지 밖으로 떨어진 모양이었다. 전혀 낯선 세상으로 떠밀린 탓에 제 딴에는 두렵기도 할 것이고, 그래서 어미를 찾는다는 것이 그렇게 당차게 울었던 듯하다. 그 쩡쩡 울리는 소리가 제 한 몸을 충분히 보호할 듯하고, 조만간 어미 새의 화답도 있으려니 기대를 하면서 그 자리를 떠났다.

그렇다. 나는 새도 그렇고 달리는 사슴도 마찬가지여서, 어미 품을 떠나 험한 세상 밖으로 나오기까지는 여러 준비가 필요한 법이다. 제 스스로 먹이를 찾을 만큼의 힘도 있어야 하고, 무서운 적을 피할 수 있는 지혜도 갖추어야 한다. 사람도 그 점에서는 다른 동물과 하등 다를 바가 없다. 누워만 있던 갓난아기가 제 몸을 뒤집고, 곧 이어 기다가, 서서 제 힘으로 뛰어 다니기까지는 일 년 이상의 시간이 필요한데, 이토록 긴 시간도 자기 한 몸을 가누기 위해서는 반드시 거치지 않으면 안 되는 과정인 것이다.

그런데 갓난아기의 이러한 발달 과정을 도와 주는 놀이가 있다. 아기와 놀면서 자연스럽게 그들의 몸놀림을 유도해 주면, 몸의 근육도 단련이 되고, 서기까지의 시간도 줄일 수 있기 때문이다. 놀이를 통해 배운다는 것은 오늘날의 유아 교육에서 상식적인 이론이지만, 우리 조상들은 이미 경험으로 이를 체득했던 모양이다. 예를 들어, '짝짜꿍'이란 놀이가 있다. 손뼉을 치면서 아기를 어르는 놀이인데, 어른들의 손뼉 치는 동작을 아기가 따라하는 동안, 팔이나 손의 근육도 강해지면서, 어른과의 의사소통이나 인지 발달을 도와 주는 효과가 있는 것이다. 이런 놀이들은 우리나라 어느 지역에도 다 있는 것이지만, 놀이와 함께 어른들이 어르는 말은 지역에 따라 다르다. '짝짜꿍'의 경우, 전라도 지역에서는 '작자꿍작자꿍'이라 하기도 하고, 또는 '작장작장'이라 하기도 한다.

아기의 다리 힘을 기르기 위해서 아기의 양쪽 겨드랑이를 잡아 세우고 앞뒤나 좌우로 흔드는 놀이도 있다. 대체로 앞뒤로 흔들 때에는 '들깡달깡'이라 하고, 좌우로 흔들 때에는 '방애야방애야'라 한다. '들깡달깡'의 '들'은 안으로 들어오는 것을 뜻하는 동사 '들다'에서 온 것이고, '달깡'의 '달'은 아마도 밖으로 나가는 동사 '나다'에서 온 것으로 보인다. 원래의 어형을 그대로 유지한다면 '들깡날깡'처럼 되어야 할 터인데, 운을 맞추기 위해 '들깡달깡'으로 바뀐 것이다. '깡'은 그 어원이 무엇인지 확언할 수 없으나, '강'(江)이라 하여도 그리 크게 틀리지는 않을 것이다. 그래서 '들깡달깡'은 강물이 들고 나는 것을 형용하는 말로 해석할 수도 있고, 그렇다면 아기들의 몸을 앞뒤로 흔들면서 마치 강물이 들고 나는 것처럼 비유적으로 표현한 것이라 이해할 수도 있을 것이다.

좌우로 흔들 때에 쓰이는 '방애야방애야'는 아기의 발로 방바닥을 찧는 동작을 마치 디딜방아 찧는 것에 비유한 것이다. 지역에 따라서는 '방애야방애야' 대신 '불무야불무야'처럼 말하기도 하는데, '불무'란 대장간에서 바람을 불어 넣는 연장으로서 표준말로는 '풀무'라고 한다. 손잡이를 앞뒤로 잡아 당겼다가 집어 넣는 동작이 좌우로 움직이는 아기의 몸놀림과 비슷하다고 하여 이렇게 말하는 것이다. '방애야방애야'나 '불무야불무야'에 해당하는 표준말은 '부라부라'가 있다. '부라부라'의 '부라'는 대장간에서 풀무질을 할 때 불을 불라고 시키는 소리이다. 그래서 '부라부라'는 마치 전라도말의 '불무야불무야'처럼 대장간에서 풀무질할 때의 동작을 본따서 젖먹이의 몸놀림을 비유한 말이라 할 수 있다. 표준어에는 '부라부라' 외에 '부라질'이란 말도 있는데, 이는 몸을 좌우로 흔드는 동작 자체를 가리키는 것이니, 비단 젖먹이뿐 아니라 어른들의 몸동작에도 쓰일 수 있을 것이다. 군인들이 흔히 몸을 흔들면서 군가를 부르는데, 이때의 동작이 바로 '부라질'이다.

기던 아기가 제 힘으로 서는 때야말로 가장 놀라운 시기이다. 이때에는 아기를 붙잡던 손을 떼면서 흔히 '섬마섬마'라고 하다가, 마침내 아기가 제 힘으로 서면 그때는 '섰다'라고 외친다. 즉 '섬마섬마 섰다'가 하나의 말로 쓰이는 것이다. 표준말에는 '섬마섬마'란 말도 있지만, 이 외에 '따로따로 따따로'라는 말도 쓰인다. 아기가 제 홀로 서는 것을 표준어에서 '따로서다'라고 하는데, 이때의 '따로'를 이용한 말이다. '따로따로 따따로'도 역시 '섬마섬마 섰다'와 같이 앞의 '따로따로'는 손을 떼면서, 그리고 '따따로'는 마침내 아기가 제 힘으로 섰을 때 내지르는 감탄사라고 할 수 있다.

한 손의 집게손가락으로 다른 손바닥에 구멍을 파듯이 짓누르는 동작을 할 때는 흔히 '곤지곤지' 또는 '지께지께'라고 한다. '곤지곤지'의 '곤지'는 구식 결혼에서 이마에 연지로 찍는 붉은 점을 가리키는 것이니, 마치 곤지를 찍듯이 손바닥을 집게손가락으로 찍는다는 뜻에서 생긴 말이다. '지께지께'는 집게손가락의 '집게'를 가리킴에 틀림없다.

그밖에 아기의 손짓이나 어깨춤을 유발하는 놀이가 있다. 어른들이 '질라래비훨훨'이라고 하면서 어깨를 흔들거나 손을 내젓는 동작을 함으로써 아기의 손동작이나 어깨 동작을 이끄는 놀이가 그것이다. 이 때의 '질라래비'는 문맥으로 보아 나비와 같은 곤충류를 가리키는 것이 아닌가 한다.

_전라도닷컴 2001-10-18

산다이

전라남도의 서남해 도서 지역에는 명절이나 쉬는 때를 맞아 비슷한 나이 또래의 사람들이 모여서 음식을 먹고 노래를 부르며 노는 일이 있다. 물론 다른 지방에서도 음식을 먹으며 환담을 나누는 일이 흔히 있지만 함께 노래를 부르며 노는 일은 흔치 않은 것이 사실이다. 오늘날처럼 노래방이 발달한 경우라면 오랜만에 만난 가족이나 친척들이 노래방을 찾는 일이 없다고는 할 수 없지만, 서남해 도서 지역처럼 마을 사람들끼리 그것도 세대를 같이 하는 사람들끼리 모여 노래판을 벌이는 일은 결코 찾아보기 힘든 일이다. 이 지역에서는 이러한 노래판을 '산다이'라고 부른다. 그래서 '흑산도 산다이'니, '월향리 산다이'니 해서 지역 이름을 '산다이' 앞에 붙여 부르곤 한다. 이것은 이들 노래판이 지역에 따라 그 특색을 달리 하고 있다는 뜻이다. 민속학자에 따라서 이 '산다이'를 경기 지역의 놀이판 '산대놀이'의 '산대'와 관련시키기도 한다. 다만 산대놀이는 탈춤을 근간으로 하지만 전라남도 도서 지역의 산다이는 노래판이라는 점이 다를 뿐이다.

사실 전라도 지역은 한반도의 다른 지역과 비교할 때 탈춤보다는 노래가 발달한 곳이다. 판소리가 대표적인 경우이거니와, 판소리 말고도 '진도아리랑'이나 '강강수월래' 또는 '육자배기'처럼 민요가 발달한 것이 사실이다. 산다이는 이러한 남도의 노래가 발달할 수 있도록 그 터전을 만들어 준 노래판인 셈이다.

5부

생활 문화

부지땅, 비땅, 부작때기
박'과 '바가치'
더운디 냇같에 가서 메나 깜제 그냐?
미영 짜서 옷 맹글고
행감치고 에헴허고 점잔빼고 앙거 있기만 허먼 다가니?
너도나도 헐 것 없이 우허니 했제
솔가리로 불 때먼 징허니 잘 타
언능 기영 치고 가자
눈애피, 가심애피
떼롸서 빨래를 하니 징하게 힘들었소
써까리, 가랑니, 뚝니

전라도의 말과 문화

부지땅, 비땅, 부작때기

우리의 부엌은 방의 밖에 있는 것이 원래의 모습이다. 아궁이를 통해 불을 지핌으로써 방과 음식을 데울 수가 있었기 때문에, 불을 사용하는 부엌이 방과 함께 있는 것은 위험한 일이었다.

아궁이에 불을 지필 때, 옛날에는 흔히 부지깽이를 사용하였다. 땔감을 뒤적거려 불이 잘 붙도록 하는 것이 원래의 기능이겠지만, 그밖에도 부지깽이는 여러 용도로 쓰인다. 말 안 듣는 아이들 종아리 때리는 데도 쓰이고, 아궁이 속을 하염없이 뒤적이며 고된 시집살이를 삭이는 며느리의 한풀이하는 데도 쓰인다. 그래서 끝이 까맣게 탄 부지깽이는 그만큼 힘들었던 옛날의 아낙네 마음속을 그대로 드러내 보이는 듯하다.

표준말 '부지깽이'의 어원은 흥미롭다. '부지깽이'의 '부'는 '부엌'의 '부'와 마찬가지로 '불'에서 온 것이다. '부지깽이'의 두 번째 음절 '지'는 아마도 옛말 '딛-'에서 온 것으로 추정된다. 옛말 '딛-'은 〈불을 때다〉의 뜻을 가졌다. 오늘날에도 '불을 지피다'의 '지-'에 그 흔적이 남아 있으며, 제주도 방언에는 아직도 '딛-'이 '짇-'의 형태로 쓰이고 있으니, '부지깽이'의 '지'가 '딛-'에서 온 것은 틀림이 없는 듯하다.

'부지깽이'의 나머지 형태 '깽이'는 무엇일까? '깽이'는 원래 '깡이'였을 것이며 이것이 움라우트라고 하는 소리 변화의 원리에 따라 '깽이'로 바뀐 것이다. 움라우트는 '지팡이'를 '지팽이'로 바꾸는 변화를 말하는데, 한국어에 흔히 보이는 현상이다. 그렇다면 '깡이'가 남은 셈인데, 여기에서 핵심적인 형태는 '깡'이며 '이'는 단지 여기에 덧붙는 말일 뿐이다. '깡'의 의미는 '수수깡'을 생각하면 아마도 〈막대기〉 정도가 아니었을까 하는 추정이 가능하다. 따라서 우리의 어원 추정이 옳다면 '부지깽이'는 〈불을 때는 막대기〉의 뜻을 가졌던 말이므로, 의미적으로도 충분히 수긍이 가는 셈이다.

'부지깽이'에 대한 전라도말은 '부지땅'이 가장 대표적이다. 표준말의 '깡'에 대해 전라도말이 '땅'을 가진 것이 차이일 뿐이다. 이 '부지땅'에 접미사 '-이'가 붙어 '부지땅이'가 되고, 이것이 다시 움라우트를 겪어 '부지땡이'와 같은 말을 만든다. 이 '부지땡이'는 전라북도 지역에서 주로 쓰이고 있다. 한편 전라남도의 서남부 지역에서 '부지땅'은 가운데 소리 /ㅈ/이 탈락하여 '부이땅'이 되고 이것이 줄어들어 '비땅'으로 변해 쓰인다. '부지땅' 외에도 '부작대기'와 같은 형태가 쓰이기도 하는데, 이는 물론 '불'과 '작대기'가 합쳐서 된 말로서 '부지땅'과는 그 구조가 완전히 다른 것이다.

_전라도닷컴 2001-02-24

'박'과 '바가치'

순이 차차 뻗어나니, 산나무 가지 찍어 드문드문 손을 주어 지붕 위로 올렸더니 和風甘雨 好時節에 밤낮으로 무성하여 삿갓 같은 넓은 잎이 온 집을 덮었으니 비가 와도 걱정 없고 닻줄 같은 큰 넌출이 온 집을 얽었으니 바람 불어도 걱정 없어 흥보가 벌써부터 박의 힘을 보는구나.   _판소리『흥보가』

  늦은 여름 초가지붕 위로 올라가 둥실한 자태를 뽐내는 박 덩이를 보기만 하여도 그 풍요로움이 넉넉한데, 그래서 그런지 박은 지붕 위의 빨간 고추와 함께 한국인의 조촐하고도 담백한 정서를 보여 주는 상징적인 식물로 통한다. 그뿐만 아니라 박은 신라 시조인 박혁거세의 탄생 설화나 고전소설 「흥부전」에서 마음 착한 흥부에게 복을 가져다 주는 상징물로도 쓰여 왔기에 우리 민족의 전통적 정서와는 뗄 수 없는 관계에 있는 식물이다.
  박은 분류학상으로 박과에 속하는 식물이다. 같은 박과에는 수박, 참외 등이 포함되는데, 이런 식물들은 당분이 있어 과일의 구실을 하지만, 박의 속은 여러 가지 음식을 만들 수 있으므로 오히려 야채로 분류할 만하다. 박속을 파내어 길게 오려서 박고지를 만들기도 하고, 덜 익은 박을 잘게 썰어 김치를 담그거나 국을 끓여 먹기도 한다. 그밖에 박을 얇게 저미고 쇠고기를 섞어서 박나물을 볶아 먹는 요리도 발달되어 있다.

그러나 박은 무엇보다도 바가지를 만들어 쓰는 용도가 가장 일반적이다. '바가지'란 말 자체가 '박'에 접미사 '-아지'가 붙어 된 것인지라, 바가지가 박에서 온 것임을 낱말의 구조가 그대로 보여 준다. 바가지는 전라도말에서 흔히 '바가치'라 하는데 접미사 '-아지'와 '-아치'의 차이로 인해 표준말과 전라도말이 분화되었다.

바가지는 그 용도에 따라 다양한 모양을 띤다. 곡식 따위를 넣어 두는 커다란 바가지가 있는가 하면, 이보다 작은 바가지가 있어 쌀을 푸거나 곡식의 양을 되는 용도로 쓰인다. 전라남도 방언에서는 크기가 큰 바가지를 '함박', 이보다 조금 작은 것을 '쪽박'이라 구별한다. '함박'은 大의 뜻을 갖는 '한'에 '박'이 결합된 '한박'에서 온 말이니 원래의 뜻은 〈큰 박〉인 셈이다. 반면 '쪽박'은 '쪽박'에서 온 말로 이때의 '쪽'은 〈조각〉의 의미를 지닌다. 박의 한 조각을 가지고 만든 바가지라는 뜻일 터인데, 이 말은 전라도뿐 아니라 표준어를 비롯한 여러 방언에 그대로 쓰인다. 흔히 거지가 동냥할 때 사용하는 바가지로 이 쪽박을 쓰기 때문에 '쪽박을 차다'나 '동냥을 못 줄망정 쪽박까지 깨면 되겠는가?'와 같은 말들이 관용적으로 쓰이게 되었다.

장항아리에서 장을 푸거나, 아니면 술독의 술을 거르거나 뜰 때 사용하는 아주 작은 바가지는 손잡이로 쓰이는 귀가 달려 있는 것이 특징이다. 표준어에서는 이를 '종구라기'라 하거니와 전라남도 방언에서는 이것을 가리켜 '쫑구래기', '쫑구래미' 또는 '종가리' 등 여러 가지 말이 쓰이는데, 이 말들은 모두 같은 어근인 '종굴'에 접미사 '-아기', '-아미', '-아리' 등이 결합하고 여기에 된소리되거나 움라우트 등 약간의 소리 변화가 일어나 분화된 것이다. 전라도말에서는 아주 부지런히 일하는 사람을 '쫑구래미 같다'고 비유하곤 하는데, 이는 작은 몸집으로 부산히 움직이는 종구라기의 행태를 본뜬 것이다. 한편 진도의 「강강술래」노래 가사에 '함박, 쪽박 시집가니 종가리 나도 가'라는 구절이 있다. 큰 바가지들이 시집을 간다고 작은 바가지마저 덩달아 시집을 가고 싶어 하니, 시집을 가고자 하는 여자들의 속내가 생생하게 표현된 것이 재미있다.

종구라기는 손으로 잡을 수 있는 귀가 달린 조롱박으로 만든다. 이런 조롱박을 전라도 방언에서는 '조랑박'이라 하는데, '조랑박'의 '조랑'은 작은 것이 많이 매달려 있는 것을 형용하는 부사 '조랑조랑'의 '조랑'에서 왔을 가능성이 크다. 조롱박으로 만든 바가지 가운데 종구라기보다 더 길쭉하고 호리병 모양으로 된 바가지는 표준어에서 '표주박'이라 한다. '표주박'은 중국말 瓢子(piaozi)에 우리말 '박'이 결합된 합성어이다.

이밖에도 박의 종류를 가리키는 표준어로는 '뒤웅박'이 더 있다. '뒤웅박'은 박을 쪼개지 않고 꼭지 근처에 구멍만 뚫어 속을 파낸 바가지를 가리키는 말로서 주로 종자 따위를 모아 두는 데 사용한다. '여자 팔자는 뒤웅박 팔자'라는 속담이 있는데, 한번 깨지면 다시 회복할 수 없는 뒤웅박처럼 여자의 팔자도 한번 망가지면 돌이킬 수 없음을 비유적으로 표현한 것이다.

분류상 박과에 속하는 식물에는 앞에서 든 '박, 수박, 참외' 외에 '호박, 오이, 수세미, 동와' 등이 더 있다. 그런데 우리말은 '박, 수박, 호박'의 세 가지에만 '박'이라는 말을 결합시켜 '오이, 참외, 수세미, 동와'와는 다른 것으로 구별한다. 식물 분류학처럼 과학적인 기준으로 본다면 이들이 모두 한 범주에 속하겠지만, 보통 사람들의 분류 기준은 식물 분류학의 기준과 다를 수 있음을 위의 낱말들이 보여 주는 것이다. 이러한 사실은 중국말을 비교해 보아도 확연히 알 수 있다. 중국말에서 수박은 西瓜, 호박은 南瓜, 참외는 甜瓜, 오이는 黃瓜, 수세미는 絲瓜, 동와는 冬瓜 등으로 부른다. 이 모든 식물 이름이 瓜를 포함하고 있는 것은 중국 사람들이 이들 식물들을 한 종류로 이해하고 있다는 뜻일 것이다. 그렇다면 중국말의 분류는 식물학상의 분류에 매우 가까운 셈이다. 다만 중국말은 박을 葫芦(hulu)로 부름으로써 다른 박과의 식물과 달리 瓜를 결합시키지 않았다. 중국인들은 박과의 여러 식물들을 한데 분류하면서 정작 박은 따로 고립시켜 놓은 셈이다.

이처럼 그 이름 붙이는 방식을 보면 해당 민족이 사물을 어떻게 바라보고 해석하는지를 짐작할 수 있다. 말에는 그 민족의 정신과 세상에 대한 해석 방식이 반영되어 있다고 하는 주장이 있는데 아마도 이런 경우를 두고 하는 말일 것이다.

_『광주은행 사보』 2007년 봄호

더운디 냇같에 가서 메나 깜제 그냐?

　장마 끝에 찾아온 무더위를 흔히 '찜통더위'라고 한다. 찜통 속에 앉아 있는 듯 후텁지근하고 뜨거운 더위라는 뜻이다. 그런데 더위가 이같이 항상 습한 것만은 아니다. 중국의 수도 베이징은 여름 기온이 늘 30도를 넘는다. 베이징에서 서쪽으로 가면 위구르족이 주로 사는 신장위구르 자치구가 있는데 이곳의 더위는 베이징보다 더하다. 손오공과 삼장법사 일행이 불전을 얻기 위해 서역으로 여행하는 이야기를 다룬 중국 소설「서유기」(西遊記)에 나오는 화염산 근처를 돌아본 적이 있었는데 그때 그곳의 수은주가 45도를 가리키고 있었다. 45도. 우리나라에서는 도저히 생각할 수도 없는 기온이었지만, 그래도 그곳은 후텁지근하지 않고 메마른 더위라서 따가운 햇살을 피해 그늘 속에만 앉아 있으면 견딜 만했다. 가만히 있어도 등에서 땀이 줄줄 흐르는 우리의 더위와는 질적으로 다른 열기였기 때문이다. 이러한 사막의 열기, 대륙의 더위에 익숙한 사람들은 우리나라의 '후텁지근하고 끔끔한' 더위를 견뎌내지 못한다. 우리의 더위는 물기를 가득 담은 습한 더위이기 때문이다. '무더위'의 '무'가 곧 '물'이니, 우리의 더위는 뜨거운 김을 쐬는 것처럼 물기가 많은 더위인 것이다. 그래서 '찌는 듯한 더위'니 '푹푹 찐다'라는 말이 생겨났다. '찌다'란 물을 끓여 올라오는 더운 수증기로 음식을 익히는 것을 뜻하는 말이므로 우리의 더위가 얼마나 습한 것인지를 짐작할 수 있을 것이다.

　그런데 이런 습하고 찌는 듯한 무더위는 우리보다 일본이 더하다.

일본은 온통 바다로 둘러싸인 섬나라이니 우리에 비해 습기가 더 많을 것은 당연하기 때문이다. 그래서 일본의 여름은 에어컨이 없으면 하루도 살 수가 없고, 에어컨이 없던 시절에는 하루에도 몇 차례씩 목욕을 하지 않으면 안 되는 곳이었다. 일본의 목욕 문화란 이러한 일본의 습한 기후에서 생겨난 자연스러운 결과이다.

그런데 우리는 일본처럼 목욕 문화가 발달하지 못했다. 일본은 집집마다 목간통이 있지만 이런 목간통을 갖추지 못한 우리 조상들은 얼마나 힘든 여름을 지냈을까. 그렇지만 우리 조상들도 나름대로 여름을 견디는 비결이 없었던 것은 아니다. 그 가운데 하나가 '목물'이다. 목물은 팔다리를 뻗고 엎드린 사람의 목에서 허리 위까지 찬물을 부어 씻어 주는 것인데, 웃통을 벗어도 지장이 없는 성인 남자들이 주로 즐겨했던 목욕 방식이었다. 전라도말로는 이런 목물을 '등물' 또는 '허리막'이라 부른다. 표준말 '목물'은 목에 초점을 맞추지만, '등물'이나 '허리막'은 등과 허리를 강조한다. 실제 물을 끼얹어 보면 목보다는 등이나 허리에 뿌리는 것이 용이하니 '목물'보다는 '등물'이나 '허리막'이 더 정확한 표현이라 하겠다. '허리막'의 '막'은 아마도 한자어 沐에서 온 것으로 보인다.

어른들이 목물을 선호한다면 발가벗어도 부끄러울 것 없는 어린아이들은 냇물이나 개울에서 물놀이를 즐기는 것을 좋아한다. 이처럼 냇물이나 강물 또는 바닷물에 들어가 몸을 담그고 씻거나 노는 이런 놀이를 표준말로는 '미역 감다'라고 하는데, 이 '미역'은 한자어 沐浴에서 기원한 것으로 해석하는 것이 보통이다. 전라도에서는 이 '미역'을 줄여서 '멱' 또는 '멕'이라 한다. 그래서 '미역 감다'는 전라도에서 '멕 감다'가 되어야 하지만, 사람들은 이것을 잘못 분석하여 '메 깜다'로 말하는 수가 있다. 목욕하지 않으려는 아이에게 어머니가 "메 좀 깜아야'라고 호통을 칠 때 '멕'은 다시 '메'라는 새로운 형태로 변하여 쓰이고 있는 것이다. 그래서 표준어 '미역'은 '미역 > 멱 > 멕 > 메'와 같은 변화를 겪어 전라도에서 '메'로 정착하였다.

'메'를 감을 때는 '허리막'과 달리 벌거벗은 채 알몸으로 물속에 들어가야 한다. 옛날이야 요즘의 수영복처럼 몸을 가릴 변변한 옷이 없었기에 그저 아랫도리를 홀랑 벗고 물놀이를 즐겨야 했으니 '메' 감는 일은 여자 아이들이 하기 어려운 놀이였던 셈이다. 이처럼 알몸이 되도록 옷을 모두 벗는 것을 표준어에서는 '벌거벗다'라고 하지만, 전라도에서는 '꾀벗다'라는 말을 흔히 쓴다. '벌거벗다'의 '벌거'는 원래 '붉어'이며 이것은 '붉다'(赤)와 기원을 같이 한다. 벌거벗은 상태를 가리키는 '적나라'(赤裸裸)나 맨손을 의미하는 '적수'(赤手)에서 보듯이 한자 赤은 〈아무 것도 걸치지 않다〉라는 의미를 가져 '벌거벗다'의 '벌거'와 같은 뜻임을 보여 준다.

그런데 전라도말 '꾀벗다'는 '벌거벗다'와 전혀 어원을 달리한다. '꾀벗다'의 '꾀'는 우리말 '고의'에서 유래했기 때문이다. '고의'는 〈남자가 입는 여름 홑바지〉를 가리키는데, 이 '고의'는 때로 '괴'로 줄어들기도 한다. 예를 들어 고의의 허리를 접어서 여민 사이, 즉 고의와 속옷 사이를 의미하는 '고의춤'을 때로는 '괴춤'이라 줄여 부르는 것이 이를 뒷받침한다. 벌거벗는 것은 사람의 부끄러운 부분을 드러내는 것을 의미한다고 할 때, 남자들은 아랫도리를 벗는 것만으로도 벌거벗었다고 할 수 있으므로, 고의를 벗는 것이 곧 벌거벗은 상태가 되는 것이다. 결국 전라도말 '꾀벗다'는 '고의벗다 > 괴벗다 > 꾀벗다'와 같은 변화를 겪었으며 이 '꾀벗다'는 다시 '깨벗다'처럼 변하여 쓰이기도 한다.

'꾀'를 벗은 아이를 '꾀복쟁이'라 하는데, 이것 역시 〈괴를 벗은 아이〉라는 뜻의 '괴-벗-장이'에서 온 것이니 '꾀복쟁이'의 '복'은 동사 '벗-'

에서 기원한 것임을 짐작할 수 있다. 어린 시절 '꾀'를 벗고 함께 몰려 다니며 놀았던 허물없는 친구를 가리켜 '꾀복쟁이 친구'라 하는데, 한자어 '죽마고우'(竹馬故友)가 바로 이에 정확히 일치하는 말이다.

_『광주 MBC 저널』 2007년 9월호

미영 짜서 옷 맹글고

추석을 '한가위'라고도 한다. '한가위'란 〈한 가운데〉라는 뜻이니 가을이 한창인 때, 즉 仲秋라는 말이다. 그래서 추석을 '중추절'(仲秋節)이라고도 하는 것이다. 추석 명절을 쇠는 것은 우리 민족의 오랜 전통이었다. 이미 신라 시대에 '가배'(嘉俳/嘉排)라는 행사로 이 명절을 즐겼던 기록이 있다. '가배'는 신라 유리왕 때에 궁중에서 하던 놀이로서, 일종의 길쌈 내기 대회였다. 음력 7월 16일부터 한 달 동안 나라 안의 여자들을 모아 두 편으로 갈라, 왕녀 둘이 각각 한 편씩 거느리고 밤낮으로 베를 짜서 그 많고 적음을 견준 뒤, 진 편에서 추석에 음식을 내고 춤을 추고 노래를 부르며 여러 가지 놀이를 즐겼던 행사였다. 이 '가배'가 바로 '한가위'의 '가위'와 기원을 같이 하는 말이다.

'가배'의 놀이에서 엿볼 수 있듯이 길쌈은 국가적인 사업이었다. 추석 무렵이면 날씨가 서늘해져서 밤이면 이불을 덮지 않으면 안 된다. 추석이 지나면 곧 겨울이 닥치고 그러면 두툼한 겨울옷을 꺼내야 할 것이다. 그런데 고대에는 오늘날처럼 옷감이 다양하지 않았다. 무명을 짤 수 있는 목화가 고려 말에서야 비로소 한반도에 들어온 것을 생각하면, 그 이전 삼국 시대 사람들이 이용할 수 있었던 옷감은 고작해야 삼베와 비단뿐이었음을 짐작할 수 있다. 비단은 궁중 사람들이나 입을 수 있었고, 일반 서민들은 삼베로 기나긴 겨울을 날 수밖에 없었다. 그런데 삼베란 구멍이 숭숭 뚫린지라 겨울옷을 만들기에는 적당하지 않은 옷감이다. 그렇다면 남은 선택은 동물의 가죽이나 털을 이용하는 것뿐이다. 그런데 가죽이나 털은 그 양이 많지 않기 때문에 누구나 얻을 수 있는 것은 아니었으므로, 이런 것들을 생각하면 우리의 조상들이 얼마나 추운 겨울을 지내야 했던 것인지를 어렴풋이 짐작할 수 있다. 더불어 길쌈에 온 나라가 그토록 힘을 기울였던 이유를 이해하게 된다. 길쌈은 곡식을 거두는 일만큼이나 생존의 필수적인 요소였던 것이다. 그렇다면 문익점이 목화를 들여온 것이야말로 우리의 의생활에서 가장 혁명적인 사건이었던 셈이다. 목화가 들어옴으로써 비로소 솜을 얻게 되고, 솜을 넣은 옷으로써 가죽이나 털 없이도 따뜻한 겨울을 지낼 수 있게 되었기 때문이다.

'목화'는 한자로 木花라 쓰지만 정작 현대의 중국 사람들은 '면화'(棉花)라는 말을 쓴다. 그런데 고려 말 문익점이 목화를 한반도에 들어올 무렵, 중국에서는 '목면'(木棉)이라는 말을 썼던 것으로 추정된다. 다시 말하면 중국 사람들은 목화를 가리켜 애초에는 '목면'(木棉)이라고 하다가 나중에 '면화'(棉花)로 바꿔 부르게 된 것이다. 중국의 옛말이 '목면'이었음은 우리말 '무명'을 통해 알 수 있다. '무명'이란 중국말 '목면'(木棉)의 중국식 발음이기 때문이다. 중국 사람들이 한자 木棉을 mumian으로 읽는데, 이것을 그대로 받아들여 '무명'이라고 부르게 된 것이므로, 우리말 '무명'을 통해 고려 시대의 중국말이 木棉이었음을 짐작하게 된다.

그런데 흥미로운 것은 현대 우리말에서 '무명'은 더 이상 솜을 얻을 수 있는 나무, 즉 목화를 가리키지 않는다는 점이다. 국어사전을 찾아보면 '무명'은 〈무명실로 짠 피륙〉을 가리킨다고 되어 있다. 이것은 우리말 '무명'에 의미의 변화가 있었음을 암시한다. 처음에는 중국말 木棉처럼 〈솜이 자라는 나무〉를 가리키다가 나중에 〈무명실로 짠 베〉를 가리키는 것으로 그 의미가 바뀐 것이다.

그러나 전라도말에서는 이러한 의미 변화가 일어나지 않았다. 그래서 표준말 '무명'과 어원을 같이 하는 전라도말 '미영'은 솜 나무를 가리킬 뿐, 무명실로 짠 피륙을 뜻하지는 않는다. 미영에서 얻은 베는 '미영베'라고 하기 때문이다. 그래서 "옛날에는 미영을 많이 숭겄는디 인자는 안 숭거."처럼 말하기도 한다.

전라도말 '미영'과 표준말 '무명'은 기원이 같다. '미영'이나 '무명' 모두 옛말 '믜명'에서 온 것이기 때문이다. '믜명'의 첫 음절 '믜'가 중부 지방에서는 '무'로 바뀌었지만 전라도에서는 '미'로 바뀐 차이가 있다. 여기에 덧붙여 '명'의 /ㅁ/이 전라도에서는 사라졌다. '믜명 > 미영'과 같은 변화는 '긔명 > 기영'에서도 확인할 수 있다. 전라도에서는 설거지할 그릇을 가리켜 '기영'이라 하고, 개수통을 가리켜 '기영통', 설거지할 때 쓰는 물을 '기영물'이라 한다. 이때의 '기영'은 옛말 '긔명'(器皿)에서 온 것인데, '믜명 > 미영'처럼 모음 /ㅣ/와 반모음 /ㅣ/ 사이에 있는 /ㅁ/이 탈락하였다.

전라도말 '미영'이 솜을 얻을 수 있는 나무를 가리키는 것은 고려 말기의 중국말 '목면'(木棉)의 의미를 그대로 유지한 탓이다. 표준말 '무명'은 원래의 의미에서 변하였지만, 전라도말은 원래의 의미를 그대로 고집하여, '미영'은 중국말 '목면'(木棉)과 마찬가지로 솜이 자라는 나무를 가리킨다. 이렇듯 '미영'이 나무를 가리키면서, 미영에서 얻은 솜은 '미영솜', 미영솜으로 짠 실은 '미영실', 미영실로 짠 베는 '미영베' 등과 같은 새로운 이름을 얻게 되었다. 즉 '미영-미영솜-미영실-미영베'와 같은 지극히 자연스럽고 체계적인 낱말의 조직을 얻게 된 것이다. 반면 표준말은 '목화-목화솜-무명실-무명'과 같이 형태적으로 관련성이 없는 낱말들로 짜여진 복잡한 조직을 낳게 되었다.

_『광주 MBC 저널』 2007년 10월호

행감치고 에헴허고 점잔빼고
앙거 있기만 허먼 다가니?

바닥에 앉아서 생활하는 것이 우리 전통의 모습이다. 물론 옛날에
도 의자가 없었던 것은 아니지만, 지금과 달리 의자는 높은 관직에 있
던 사람이나 사용할 수 있었던 것으로서, 보통의 평민들과는 무관한
용품이었다. 근자에 서양식 생활환경을 갖추다 보니, 집집마다 의자
없는 집이 없게 되었고, 웬만한 집이면 거실마다 소파 한 세트씩은 놓
고 살게 되었는데, 어찌된 영문인지 기껏 비싼 소파를 들여다 놓고도,
몸은 어느새 소파에 기댄 채, 엉덩이를 거실 바닥에 붙여 앉아 있는 경
우가 많다. 방바닥에 앉아 생활하는 오래된 습관이 소파를 들여 놓았
다고 해서 하루아침에 바뀔 리가 없다는 것을 그제서야 깨닫고 실소
를 금하지 못하는 것이다. 다리가 짧은 상이나, '앉음뱅이책상' 그리고
'손재봉틀'이 나오게 된 것도 모두 이러한 생활 습관 때문이다.

바닥에 앉아서 생활하는 우리 전통 때문에 앉는 것과 관련된 말들
이 발달한 것은 당연한 일이다. 어른들 앞에서는 무릎을 꿇고 앉는 것
이 우리의 전통 문화이다. 무릎을 꿇어 자기 몸을 낮추는 것은 상대에
대한 존경을 표현하는 한 방식이다. 물론 존경과 함께 경우에 따라서
는 상대에게 항복을 뜻하는 수도 있다. 그래서 벌을 주는 선생님들이
나, 화가 나서 야단을 치는 어른들은 흔히 상대를 무릎 꿇리는 수가 있
는데, 이것은 상대방에게 고통을 주기 위한 것이기도 하지만, 상대를

신체적으로 굴복시키기 위한 뜻이 숨어 있기도 하다. 전라도말에서는 무릎 꿇고 앉는 것을 '물팍 꿇고' 앉는다고 말한다. '물팍'은 '무르팍'에서 온 말일 텐데, 전라도말에서는 '무릎'이 쓰이는 예는 없고 여기에 접미사 '-악'이 결합된 '물팍'만이 쓰인다.

무릎을 꿇고 오랫동안 앉아 있으면 발이 아프고, 심지어는 피가 통하지 않아 저리기까지 한다. 이럴 때는 흔히 '편히 앉아라'는 말을 듣게 되는데, 이 말은 곧 무릎을 꿇어 충분히 예의를 갖추었으니, 이제 무릎을 풀어 편안히 앉으라는 뜻이다. 편히 앉는 방법 중의 하나는, 한쪽 다리를 오그리고, 다른 쪽 다리는 그 위에 포개어 얹어 앉는 방법이 있는데, 이를 표준어에서 '책상다리'라고 한다. 아마도 책상 앞에 앉아 있을 때 주로 이런 자세를 취하기 때문에 붙여진 이름일 것이다. 불교에서는 이런 자세를 가부좌(跏趺坐)라 하는데, 가부좌에는 결가부좌(結跏趺坐)와 반가부좌(半跏趺坐)의 두 종류가 구별된다. 결가부좌는 오른발을 왼쪽 넓적다리에 올려놓은 뒤 왼발을 오른쪽 넓적다리 위에 놓고 앉는 것을 말하며, 반가부좌는 오른발을 왼쪽 넓적다리에 올려놓는 것은 결과부좌와 같지만, 왼발을 오른쪽 무릎 밑에 넣어 앉는 점이 다르다. 책상다리라 하면 결가부좌보다는 반가부좌의 자세를 가리키는 것이 보통이다. 전라도에서는 '책상다리'라는 말 대신 '양반다리'라는 명사를 쓰는 사람도 더러 있지만, 대개는 '행감치다'라는 동사를 사용한다. '양반다리'는 물론 가부좌하는 모습이 옛날의 점잖은 양반을 상기시키기 때문에 붙여진 이름일 터이지만, '행감치다'의 어원은 분명하지 않다. "행감치고 에헴허고 점잔빼고 앙거 있기만 허먼 다가니?"라는 말은, 그래서 아무 일 하지 않고, 점잖은 체 앉아만 있는 사람을 흉볼 때 흔히 쓰인다.

'행감치고' 앉는 것보다 더 편안히 앉을 경우, 전라도말에서는 '폭삭

허니 앙근다'는 말을 쓴다. 전라도말에서 '폭삭허다'는 표준말의 '푹신
하다'에 해당하는 형용사이다. 그래서 "이불이 폭삭헝께 잠이 잘 오드
라"와 같이 말하기도 하는데, 결국 '폭삭허니' 앉으라는 말은 엉덩이를
땅바닥에 붙이고 발을 뻗어 편안히 앉으라는 뜻이다. 기차 여행을 하
다 보면, 입석표를 갖고 타는 사람이 처음에는 벽에 기대어 서 있다가,
나중에는 바닥에 신문지를 깔고 그야말로 '폭삭허니' 앉아 있는 모습
을 보게 된다. 이처럼 '폭삭허니'는 자기 집에서처럼 아무 거리낌 없이
편히 앉아 있는 자세를 가리키는 전라도말인 것이다.

_『전라도닷컴』 2003년 6월호

너도나도 헐 것 없이 우허니 했제

　운전을 하다가 신호등이 없는 네거리를 지날 때면 무척 조심스럽다. 서로 먼저 진행하려다가 잘못해서 충돌할 수도 있기 때문인데, 이럴 때면 대개 저돌적으로 자동차의 머리를 먼저 들이미는 사람이 통행의 우선권을 쥐는 수가 많다. 겁 없이 진입하는 차량을 보고, 대부분의 차들은 부딪칠까 무서워 멈칫거리는 수가 많기 때문이다. 그뿐만 아니다. 그런 무모한 차가 네거리를 먼저 통과하게 되면, 그 차의 뒤에 서 있던 차들도 덩달아 그 차를 따라 네거리를 건너간다. 행여나 다른 차가 끼어들세라 앞차와의 간격을 두지 않으려고 맹렬히 네거리를 횡단하는 것이다.

　그런데 똑같은 상황에서 미국의 자동차들은 전혀 다르게 행동한다. 신호등이 없는 네거리라면 으레 '우선멈춤'(STOP)의 표지판이 각 방향마다 세워져 있을 뿐만 아니라, 아스팔트 바닥에도 쓰여 있는 점이 우리와 다르다. 그러니 이런 네거리에 다다른 차들은 우선 멈추지 않으면 안 된다. 일단 멈춘 뒤에 사방을 돌아보면서, 네거리에 도착한 순서대로 길을 통과하도록 되어 있는 것이다. 만약 동시에 두 대 이상의 차가 똑같이 도착했다면 오른쪽 차부터 움직이는 것이 규칙이다. 이런 상황이니, 우리처럼 앞차를 따라 네거리를 횡단하는 일은 상상할 수도 없다. 모든 차가 일단 멈춘 다음에, 순서대로 통행하도록 되어 있으니, 앞차가 움직인다고 해서, 뒤차가 무작정 따라 갈 수는 없기 때문이다. 이런 교통 규칙이 단지 법규에만 있는 것이 아니라, 일상적인 운전 습관에 그대로 적용되는 점이 또한 우리와 다른 점이라 하겠다.

미국의 경우 '도착한 순서'라는 객관적 기준이 있다면, 우리는 저돌적이고 위협적인 자세를 보여야만 우선권을 행사할 수 있으니, 순전히 자의적이고 주관적 기준이 적용되는 셈이다. 이른바 정글의 법칙이 적용된다고나 할까. 또한 미국은 자동차 한 대마다 스스로 판단해야 하는 개별적 선택이 적용된다면, 우리는 앞차의 선택을 함께 공유하는 집단적 선택이 적용되는 점이 다르다. 이러한 운전 행태는 비단 자동차를 모는 경우에만 나타나는 것은 아닐 것이다. 우리의 생각이나 행동의 바탕을 이루는 문화의 한 부분일 텐데, 아마도 이런 문화 행태를 우리는 '덩달아 문화'라고 부를 수도 있을 것이다. '덩달아 문화'는 결국 개인보다 집단적 사고나 행동을 중요시하는 우리 문화의 특성을 그대로 반영하는 셈이다.

'덩달아 의식'이나 '덩달아 문화'는 우리말에도 그 자취를 남기고 있다. '친구 따라 강남 간다'라는 속담이 이런 예에 속할 것이고, '덩달아'와 같은 부사, 또는 '너도나도'나 '너나 할 것 없이' 등의 관용적 표현들도 모두 집단적 행동 양식을 보여 주는 낱말이다. 이밖에도 "친구들 가는데 묻어서 따라 갔다"와 같은 예에 쓰인 동사 '묻어서'도 이런 예에 속한다.

전라도말이라고 해서 특별히 다를 것은 없다. 표준어에서 언급된 '덩달아', '너도나도', '너나 할 것 없이'와 같은 말들이 다 쓰일 수 있기 때문이다. 여기에 전라도말에는 '우허니'라는 말을 덧붙일 수 있다. '우허니'는 표준말의 '우르르'처럼 떼를 지어 함께 행동하는 모양을 가리키는 부사인데, 예를 들어 "너도나도 헐 것 없이 우허니 양식을 했제"처럼 쓰일 수 있다. 누가 양식을 해서 돈을 벌었다고 하니까, 곁에 있던 사람 모두가 같은 사업에 뛰어들었다는 뜻이다. 이런 경우, 십중

팔구는 모두가 피해를 보기 십상이니, 개성을 무시하고, 무작정 남을 따라 하는 '덩달아 문화'의 전형적인 폐해가 이런 데에서도 드러나는 셈이다.

_『전라도닷컴』 2004년 7월호

솔가리로 불 때먼 징허니 잘 타

하늘을 나는 수많은 새 가운데 우리와 가장 친숙한 새가 있다면 그
것은 참새가 아닐까? 울타리나 마당 가, 아니면 초가집 지붕 위 또는
처마 밑으로 시도 때도 없이 날아다녔던 참새야말로 늘 우리 곁에서
볼 수 있었던 새였기 때문이다. 그렇다면 나무는 어떠한가? 마을 안
당산나무로 쓰이는 느티나무나 팽나무처럼 거목을 이루는 나무도 있
긴 하지만 그래도 우리의 삶 속에 가장 깊숙이 자리 잡고 주위에서 가
장 흔하게 볼 수 있는 나무라면 소나무를 들지 않을 수 없다. 소나무
는 한반도 어느 산에서나 볼 수 있고, 계절을 가리지 않고 늘 푸른 모
습을 우리에게 보여 준다. 소나무가 갖는 미덕은 한두 가지가 아니다.
소나무는 땔나무로도, 바닷가의 바람을 막아 주는 방풍림을 이루는 나
무로도 훌륭하다. 그뿐인가? 모진 바람과 세월을 견디면서 휘어지고
구부러질지언정 품위와 위용을 잃지 않는 소나무의 멋진 자태는 다른
어느 나무보다도 보기에 좋다. 그래서 그런지 소나무는 죽은 사람의
무덤을 지키는 지킴이 역할까지 의젓하게 수행하기도 한다.

전라도에서 소나무는 '솔'이라 부른다. 물론 이 말은 표준어에도 있
는데 전라도 토박이들은 나무라는 말을 붙이지 않고 그냥 '솔'로 쓰는
수가 많다. 굳이 나무를 강조하려면 나무를 뜻하는 '낭구'를 붙여 '솔
낭구'라고 하는데, 이때 /ㄹ/이 그대로 유지되는 점에서 '소나무'처럼 /
ㄹ/이 탈락하는 표준어와는 차이를 보인다.

소나무는 잎이 좋다. 바늘처럼 날카로운 솔잎은 그늘을 만들기에는

부족하나 말라 떨어진 솔잎은 땔감으로 요긴하게 쓰였다. 이런 솔잎을 표준말에서 '솔가리'라 하는데, 전라도에서는 지역에 따라 '가리'라 하기도 하고 경상도와 가까운 전라도 동쪽 지역에서는 '갈비'라 한다. 아마도 '갈비'가 원래의 형이고 이로부터 /ㅂ/이 탈락되어 '가리'가 생겼을 것이다. 솔잎을 왜 '갈비'라 불렀는지는 모르나 솔잎의 모양을 자세히 보면 짐작이 가지 않는 바도 아니다. 잎의 가운데를 중심으로 양쪽으로 뻗어 나있는 솔잎은 마치 동물의 갈비뼈 모양을 연상시키기 때문은 아닐까? 땔감이 귀했을 시절에는 이 솔가리를 지게에 한 짐 져서 오는 마음이 그렇게 '오질' 수가 없었다고 한다. 이런 나무를 '가리나무' 또는 지역에 따라 '갈퀴나무'라 하기도 하는데 갈퀴로 긁어서 모으는 나무이기 때문에 붙은 이름이다.

먹을 것이 없었던 시절에는 이른바 초근목피(草根木皮)로 연명하지 않으면 안 되었는데, 이때 목피 즉 나무껍질로 흔히 쓰였던 것이 바로 소나무다. 소나무의 껍질을 벗겨 안쪽의 하얀 부분을 긁어내면 그것이 바로 '송기'(松肌)다. 송기는 달짝지근한 맛이 있어 그대로 먹거나 아니면 쌀가루와 섞어 떡을 만들어 먹기도 하였다. 전라도에서는 이 송기를 '송키' 또는 '송쿠'라고 한다. 송키는 먹는 데 쓰일 뿐만 아니라 물을 들이는 데도 사용하였다고 한다. 나이 드신 어르신들의 증언에 따르면 어렸을 적, 어머니가 캐오는 송키의 그 달짝지근한 맛을 맛보기 위해 하루 종일 기다렸던 기억이 있다고 하였다.

소나무에는 기름 성분이 있는 '송진'(松津)이 있다. 일제 강점기에는 비행기용 연료로 쓴다는 이유로 이 송진을 캐 오도록 사람들을 괴롭히곤 했었다. 송진이 많이 엉긴 소나무의 가지나 옹이 부분을 '관솔'이라 하는데 관솔이 있는 소나무는 나중에 나무가 마르면 이 부분이 쏙 빠져서 구멍이 생기므로 목재로서는 그다지 좋은 것은 아니다. 관솔처럼 나무 가운데 딱딱한 부분을 형성하는 옹이를 전라도에서는 '꾕이'라고 부른다. 전라도말 '꾕이'는 비단 나무의 옹이만을 가리키는 데 쓰이지 않고 손바닥에 생기는 못을 칭하기도 한다. 그래서 일을 많이 하여 손바닥에 못이 박히는 것을 두고 전라도말로는 '꾕이가 백혔다'로 표현한다.

소나무는 여러 그루가 무더기로 자라서 밭을 이루는 것이 보통이므로 흔히 '솔밭'이라 부른다. 그런데 전라남도의 신안이나 진도 등 일부 지역에서는 '솔밭'의 /ㅂ/을 약화시켜 '솔왇'으로 부르는 수도 있다. 제주도에서도 같은 발음이 확인된다. 지역에 따라서는 '솔밭' 대신 '솔밑'이라는 말도 쓰인다. '솔밑'은 소나무 밑을 가리키지만, 때로는 솔밭을 뜻할 수도 있다. 글쓴이의 고향에서도 냇가 근처 소나무가 많이 모인 곳을 가리켜 거의 고유명사처럼 '솔미테'라 불렀던 기억이 있다. 전라도말에서는 '밑'을 흔히 '미테'처럼 처격 조사 '에'를 붙여 말하는데, 그 결과로 '솔밑'을 '솔미테'라 불렀던 것이다. '솔미테'는 시원한 그늘과 솔의 향이 있으므로 더운 여름철이면 사람들이 즐겨 찾는 곳이기도 하다. 우리에게 '파나소닉'(Panasonic)의 상표로 유명한 일본 기업 '마쓰시다'는 창업주의 성을 따서 붙인 이름인데, 이 '마쓰시다'가 바로 松下, 즉 솔밑이다.

이처럼 소나무는 땔감이나 주린 배를 채워 주는 식량으로, 그리고 아름다운 향과 시원한 그늘, 멋진 자태로 우리의 삶을 풍요롭게 했던 귀중한 나무였다. 이런 나무가 요즘 들어 재선충과 같은 병충해로 죽어간다고 하니 안타깝기 그지없다. 그토록 오랜 세월을 꿋꿋이 버텨 왔던 소나무가 하필 우리 세대에 와서 절멸의 위기를 맞는지 모를 일이다. 아마도 우리가 인간의 역사 속에서 가장 혹독한 시절을 살고 있기 때문은 아닐까?

『광주 MBC 저널』 2007년 6월호

언능 기영 치고 가자

날이면 날마다 하는 일 가운데 그 수고가 잘 드러나지 않는 것이 설거지다. 집안의 설거지는 주부가 도맡아 하는 것이 보통이므로, 다른 가족들은 으레 무관심하게 되기 때문이다. 그러다 보니, 습진 때문에 고생하는 주부들도 늘고, 심한 경우에는 손의 근육에 이상이 오는 수도 있다. 식기 세척기라는 기계도 나왔으나, 밥그릇처럼 속이 움푹 팬 그릇을 닦는 데에는 효과가 크지 않을 뿐만 아니라, 매일 하는 설거지를 기계에 의존하는 것도 무엇해서, 어쩔 수 없이 오늘도 주부들은 개수대 앞에서 물과의 싸움을 벌이게 된다.

설거지를 하는 행위를 가리켜 '설거지하다'라는 동사를 쓰기도 하지만, 표준말에는 이밖에 '부시다'라는 말이 더 있다. '부시다'는 평안도 사람들도 흔히 쓰는 말로서 옛말에는 '부쇠다'나 '부싀다' 등으로 쓰였던 말이다. 물론 이 말은 전라도말에서는 전혀 쓰이지 않는 말이기 때문에, '부시다'라는 말의 존재를 아는 이조차 드물 것이다.

설거지는 현행 맞춤법에 의하면 '설거지'라고 쓰지만 어원적으로는 '설다'와 '겆다'라는 두 낱말이 결합된 말이다. 옛말의 '설다'는 오늘날의 '설거지하다'와 같은 의미를 가졌다. 즉 〈그릇을 씻다〉의 뜻으로 쓰였는데, '다 자시믈 기다려 뫼룰 설고'와 같은 예가 『가례언해』에 보인다. 현대어로는 '다 드시는 것을 기다려 밥그릇을 씻고' 정도로 옮길 수 있을 것이다. 한편 '겆다'는 그 의미가 확실하지 않으며 중세의 옛말에는 이 '겆다'의 /ㄱ/이 탈락되어 '설엊다'로 쓰인 예가 확인되기도 한다.

전라도말에는 '설거지'라는 말도 있지만, '기영 치다', '기영 설겆다'
라는 표현을 더 많이 쓴다. 여기서 '기영'은 '기명'(器皿)이다. '기명'은
〈살림살이에 쓰는 온갖 그릇〉을 가리키는 한자말인데, 전라도 사람들
은 식기류에 이 말을 사용하여 온 것으로 보인다. '기명'의 /ㅁ/이 전
라도말에서 사라져서 '기영'이 되었는데, 이것은 마치 '무명'을 전라도
에서 '미영'으로 말하는 것과 같은 것이다. '기영'과 '미영'에서 우리는
똑같은 /ㅁ/의 탈락을 관찰할 수 있기 때문이다. '기영'이 '기명'에서
온 것이라면, '기영 치다'의 '치다'는 '치우다'의 전라도 사투리라 하겠
다. 따라서 '기영 치다'는 〈밥그릇에 남아 있는 찌꺼기를 치우다〉와
같은 의미로 해석된다. '기영'은 '기영 치다'나 '기영 설겆다' 외에도 개
숫물을 의미하는 '기영물'이나 개수대를 뜻하는 '기영통'이란 말에도
들어 있다.

한편 전라도말에는 '기영 치다' 외에 '뒷개 치다'라는 말도 쓰인다.
'뒷개'의 '뒷'은 물론 '뒤'를 가리키는 말이니 음식을 먹고 난 뒤를 뜻할
것이나, 이 말에 붙는 '개'의 어원은 확실치 않다. '뒷개'가 〈음식을 먹
고 난 뒤의 찌꺼기〉 또는 〈음식을 먹고 난 뒤의 그릇〉 정도를 뜻하는
것으로 미루어 '개'가 〈찌꺼기〉나 〈그릇〉 등을 의미하는 것은 아닐까
하는 추정을 할 수 있을 뿐이다. 표준말에서 '개숫물, 개수대, 개수통'
등에 나타나는 '개수'는 '개'와 한자어 水가 결합한 것인데, 이때의 '개'
가 전라도말 '뒷개'의 '개'와 같은 것이 아닐까 추정해 본다.

_『전라도닷컴』2005년 3월호

눈애피, 가심애피

　여름철이면 눈병이 유행할 때가 많다. 눈병은 전염성이 강한 것이 특징인데, 옛날에도 이처럼 남에게 옮기기 쉬운 눈병이 있었으나, 그 당시에는 '눈병'이란 말 대신 '눈애피'란 말이 흔히 쓰였다. 그래서 "눈애피 옮을라 조심해라"와 같이 썼던 것이다. '눈애피'란 말을 언뜻 들으면 눈에 피가 고이는 병이거나 아니면 눈에 핏발이 생긴 것으로 오해할 수 있으나, 원래는 '눈아프-'에 접미사 '-이'가 결합된 '눈아픠'에서 발달한 말이다. 즉 '눈아픠'가 '눈아피'로 되고 이것이 다시 '눈애피'로 변한 것일 뿐, 눈에 서는 핏발과는 아무런 관계가 없는 말이다.

　표준어에서는 '앓다'라는 자동사를 써서 '귀앓이, 배앓이, 가슴앓이'와 같은 단어를 만든다. 그러나 전라도말은 '아프다'라는 형용사를 사용하여 '눈애피, 가심애피' 등의 낱말을 만들었다. 물론 '아프다'도 그 기원은 '앓다'에서 파생된 형용사이지만, '병'(病)에 대한 순수 우리말 표현으로 표준말의 '앓이' 대신 전라도말의 '애피'가 사용되는 것이 특별하다고 하겠다.

　전라도말에는 표준말의 '귀앓이'나 '배앓이'에 대한 '귀애피'나 '배애피' 등의 말은 없다. 그 대신 '가슴앓이'에 대해서는 '가심애피'라는 말을 쓴다. 그러나 표준어의 '가슴앓이'가 식도와 위의 윗부분이 쓰리고 아픈 증상을 가리킬 뿐만 아니라 그것이 약간 추상화 되면서 〈안타까워 마음속으로만 애달파하는 일〉을 의미하는 데 반해, 전라도말 '가심애피'에는 후자의 뜻이 없어 차이를 보인다.

떼롸서 빨래를 하니 징하게 힘들었소

작년 여름 태풍이 별로 불지 않는다 했더니, 그 탓인지 전국적으로 가뭄이 심한 모양이다. 일부 지방에서는 먹을 물조차 없는 형편이라고 하니, 생활의 고통이 이만저만 아닐 것이다. 과거의 예를 보면 물 부족은 섬 지방이 특히 심하였다. 섬의 특성상 마땅한 저수지가 없는 곳이 많다 보니, 조금만 가물어도 육지에서 마실 물을 배로 공급해야 했다. 그래선지 이런 곳에서는 샘에서 물을 퍼오는 행위에 대한 특별한 낱말이 생기기도 하였다. 예를 들어 전남의 진도 지역에서는 샘에 물이 고이는 족족 훑어 퍼내는 동작을 가리켜 '떼루다'라는 말을 사용한다. "여자들은 밤새 잠을 안 자고 물을 샘에서 떼라 날렸소."라는 말은 '여자들은 밤새 잠을 자지 않고 물을 샘에서 고이는 족족 훑어 날랐소.'라는 뜻이다. 마찬가지로 "떼라서 이케 빨래를 하니 아주 기양 징하게 힘들었소."는 '물이 고이는 족족 훑어서 이렇게 빨래를 하니 아주 그냥 징그럽게 힘들었소'라고 번역할 수 있다.

물이 풍부한 지방에서는 샘에 항상 물이 넘친다. 그러니 그런 곳에서는 샘 가득히 차 있는 물을 바가지로 뜨거나 푸면 그만이다. 그러나 샘에서 조금씩 물이 솟아나오는 곳이라면 이야기가 달라진다. 물을 기다리는 사람은 많고 물은 그야말로 병아리 눈물만큼씩 솟으니, 언제 샘에 가득 물이 차기를 기다릴 것인가? 사람들은 당연히 샘 바닥에 물이 약간씩 고일 때마다 족족 바가지로 훑어서 물동이에 부어 채울 수밖에 없었을 것이다. 이런 상황이기에 물이 넉넉한 곳이라면 필요 없는 의미 영역, 즉 〈샘 바닥에 물이 고이는 족족 훑어내다〉라는 뜻을 표현하기 위한 낱말이 따로 필요했을 것이며, 진도에서는 이런 의미로 '뗴루다'라는 말을 만들어 냈던 것이다. 그러고 보면 '뗴루다'는 물 부족이 심했던 전남의 섬 지역 사람들의 어려웠던 삶의 단편을 읽어 낼 수 있는 열쇳말인 셈이다.

진도에는 '뗴루다'와 대립되는 의미 영역에 '찰찰이'란 말이 쓰이기도 한다. 예를 들어 "거그다 인자 찰찰이 붓고는 물 붓고 쫗는 거여."라는 말은 절구에 곡식을 가득 넣고 쫗는 경우를 말한다. 여기서 '찰찰이'는 넘칠 정도로 가득한 모양을 나타내는 말로서 표준말의 '철철'과 그 의미가 흡사하다. 그러나 '철철'은 물이 넘치도록 흐르는 모양을 나타내지만, 진도의 '찰찰이'는 물뿐만 아니라 곡식에도 적용되는 말이며, 넘치도록 흐르는 것이 아니라 넘칠 정도로 가득 찬 모양을 나타내는 점에서 다르다. 그렇다면 '철철'보다는 오히려 '찰랑찰랑'과 유사하다고 하는 편이 나을 것이다. 표준말의 '찰랑찰랑'은 가득찬 물 따위가 넘칠 듯이 흔들리는 모양을 형용하기 때문이다. 사실 '찰랑찰랑'은 '찰찰'이라는 말에 '랑'이라는 접미사를 붙여 만든 말이기 때문에 진도의 '찰찰이'와 그 기원이 같다고 할 수 있다. 그러나 '찰랑찰랑'과 달리 '찰찰이'는 물 따위의 액체뿐만 아니라 곡식 등에서 쓰일 수 있는 점에서 차이를 보인다.

어쨌든 진도와 같이 물이 부족한 섬 지역에서 물동이 가득 물을 '찰찰이' 채우기 위해서는 샘 바닥의 물을 항상 '뗴롸야' 했던 것이 과거의 삶이었다. 요즘에는 섬에도 저수지와 지하수를 이용하여 마실 물을 해결하기 때문에 이런 사정은 옛이야기가 된 지 오래다. 그런데 올해 다시 가뭄이 들었다 하니, 한동안 잊고 지냈던 동사 '뗴루다'라는 말을 새삼스레 다시 꺼내서 사용해야 할 상황이 온 것인지도 모르겠다.

_『전라도닷컴』 2009년 5월호

써까리, 가랑니, 뚝니

　얼마 전 이웃집 아이가 다니는 초등학교 양호선생님으로부터 전화가 왔다. 그 집 부모와 연락이 닿지 않아 그러니, 지금 당장 아이를 집으로 데려 가라는 것이다. 무슨 일인가 싶어 학교를 찾아갔더니, 3학년과 5학년 학생인 두 자매가 모두 학교 양호실에 머무르고 있었다. 이유를 들어 본즉, 아이들 머리에서 서캐가 발견되었기 때문에, 다른 학생들에게 옮길 가능성이 있어 급히 격리시켰다는 것이다. 그러고 보니, 이곳 약국에 진열된 약품 가운데 이(lice)를 없애는 약들이 유난히 많았던 기억이 났다. 미국처럼 위생 수준이 높은 나라에서도 이가 드물지 않게 발견된다는 것이 우습기도 하였고, 그러면서 이 때문에 시달렸던 어린 시절이 문득 떠올랐다.
　몸에 이가 있으면 가려운 것이 특징이다. 자기도 모르게 자꾸 손이 가고, 그렇게 긁다 보면 급기야는 옷을 벗어 이 사냥을 하게 된다. 옷을 뒤집어서 이가 있을 만한 곳을 수색하는데, 대체로 옷의 솔기 속에 숨어 있는 수가 많아서 이곳부터 뒤지는 것이 상책이다. 뒤지다가 이라도 발견하면, 그 자리에서 두 엄지손톱 사이에 끼워서 으깨어 죽이는 것이 보통인데, 이가 굵을 경우 손톱으로 누르게 되면 '뚝' 소리와 함께 시원스럽게 터지는 통쾌감이란 이루 말할 수가 없다. 그것은 마치 오랫동안 괴롭혀 오던 원수에게 복수하는 심정, 그와 하등의 다를 바가 없는 것이다. 옷 속에 살아남은 이가 한 마리라도 남아 있으면 다시 새끼를 치게 되므로, 남김없이 샅샅이 잡아내야 하는데, 이 때문에 '이 잡듯이 뒤진다'라는 말이 생겨나게 된다. 이런 말이 생겨날 정도이면 옛날에 이를 잡는 일이 얼마나 일상적인 일이었는지를 짐작할 수 있을 것이다.

이와 관련된 몇 가지 낱말이 있다. 우선 이의 알은 '서캐'라고 따로 부르며, 서캐에서 깨어난 지 얼마 되지 않은 새끼를 '가랑니'라고 한다. '가랑니'의 '가랑'은 '가랑비'나 '가랑눈'에 쓰인 '가랑'과 같은 것이다. 모두 〈크지 않고 잘다〉의 의미를 갖는 점이 공통이다. 전라도말에서 '서캐'는 '써까레' 또는 '써까리'라고 부른다. 한편 '가랑니'는 전라도말에서도 그대로 쓰이지만 '가랑니'보다 큰 이를 가리켜 '뚝니'라고 부르는 것이 재미있다(광양에서는 '톰방니'라 한다). 아마도 죽일 때 '뚝' 소리가 날 정도로 크기 때문에 붙은 이름이 아닐까? '써까리'나 '가랑니'는 너무 작아서 손톱으로 눌러 죽일 수 없는 것이 사실이다.

옷 속에 숨어 있는 이는 옷을 뒤집어 찾아내지만, 머리카락 속에 들어 있는 이는 손으로 뒤져서 찾기가 쉽지 않다. 이럴 때에는 빗을 사용하는데, 얼레빗보다 빗살이 더 촘촘한 참빗이 이런 용도로는 적당하다. 머리를 참빗으로 훑어 낸 뒤에 꼼꼼히 살펴보면 빗살 사이에 이가 끼어 있는 수가 있기 때문이다. 한편 서캐처럼 작은 것은 참빗으로도 찾기가 힘들다. 이때 쓰이는 것이 '서캐훑이'라는 빗인데, 이것은 참빗보다도 빗살이 훨씬 촘촘한 것이 특징이다. 전라도말에서는 표준말의 '서캐훑이'에 대응하는 말로서 '쎄홀치'라는 말이 있다. 이때의 '쎄'는 '써까리'를 가리키는 말이고, '홀치'는 '훑이'가 구개음화된 것이다. 그러고 보면 '쎄홀치'란 서캐만을 훑기 위한 전용 빗인 셈이니, 이런 도구가 만들어질 정도로 이의 횡포가 심했던 시절이 얼마 전까지만 해도 있었던 것이다.

이의 시달림으로부터 해방된 지가 언제부터인지 정확한 기억은 없으나, 어떻든 1970년대 이후, 위생 수준이 높아지고 살충제 등의 사용이 계속되면서 이는 우리의 주변에서 사라진 것으로 알고 있었다. 그런데 사라졌던 이가 근자에 아이들 머리카락 속에서 부활했다는 소식을 접하면서, 한편으로 그 끈질긴 생명력에 감탄하게 된다. 없어도 되는 것일수록 그 생명이 모진 법이라는 역설을 새삼스레 깨닫게 되는 것이다.

_『전라도닷컴』 2002년 8월호

6부

장례 문화

시상 베렜다
다리, 밤다리, 숭에놀이
초분, 독다물
하나부지 산소에 뙤를 써야 허겄습디다

전라도의 말과 문화

시상 베렸다

죽는다는 것은 누구에게나 무서운 일이다. 어린 시절 내가 없는 이 세상을 생각하면 두렵고 견딜 수 없어, 어른이 될 때쯤이면 죽지 않는 약이 나올 수 있으려니 하는 기대로 이 두려움을 떨쳐버리곤 했었다. 다 커서야 이런 바람이 헛된 것인지를 깨달았지만, 세상 이치를 알만 한 나이가 되었음에도 죽음에 대한 공포는 여전하기만 하다.

죽음을 표현하는 말은 여러 가지가 있다. '죽다'와 '사망하다'는 가장 전형적인 것이지만 이외에도 '돌아가시다', '세상을 뜨다' 등은 죽음에 대한 우리 조상들의 철학을 담고 있는 말이다. '돌아가시다'는 천상병 이 시 「歸天」에서 '나 하늘로 돌아가리라./아름다운 이 세상 소풍 끝내 는 날/가서, 아름다웠더라고 말하리라'고 표현했던 바로 그것이다. 이 제는 이런 은유가 굳어져서 회귀의 의미는 느껴지지 않은 채 '죽다'의 높임말로만 기능한다. '세상을 뜨다'는 살았던 세상을 떠나서 다른 세 상으로 옮아간다는 것을 말하니 윤회의 사상을 담고 있는 말이다. 전라 도말에서는 이밖에도 '시상 베린다'는 말이 쓰인다. 세상을 뜬다고 하 면, 죽는 이의 의지가 개입됨이 없이 자연스럽게 세상을 떠난다는 느낌 이 강하지만, 세상을 버린다고 했을 때에는 "에이, 이놈의 몹쓸 세상" 하면서 이승의 고단한 삶을 던져 버리는 의도적인 느낌이 강하다.

죽음은 대개 느닷없이 찾아오는 것이 보통이다. 그리고 세상을 떴 든 아니면 세상을 버렸든, 죽음의 자리에는 사람들이 북적거려야 한 다. 죽음의 슬픔이 너무도 큰 것이기에 남겨진 유족들만으로는 크나 큰 슬픔을 감당하도록 내버려 둘 수가 없기 때문이다. 그래서 죽음의 자리에 함께 하기를 권하는 초대장이 나타나게 되었다. '부고'(訃告)가 바로 그것인데, 지금이야 부음을 전하기 위해서 전화나 신문, 이메일, 휴대폰의 문자 메시지 등이 이용되지만, 옛날에는 사람들이 일일이 집을 방문하여 글로 쓴 부고를 돌렸다. 부고는 흉한 소식인지라 집 안에 들여 놓지 않고 대문이나 돌담 또는 울타리의 나뭇가지 사이에 꽂아 놓곤 하였다. 그래서 한참 지난 부고가 대문께나 울타리 사이에 흉물스럽게 꽂혀 있던 기억이 있다. 우리 조상들은 죽음뿐 아니라 죽음을 알리는 소식 그 자체를 무섭고 흉한 것으로 여겼던 것이다.

어느 집에 초상이 나면 온 동네 사람들이 달려들어 서로 돕는 것이 우리들의 옛 풍속이었다. 동네마다 위친계가 있어 부모의 초상이 나면 서로 일을 나눠 맡기도 하고, 상여도 함께 메곤 하였던 것이다. 지금은 장례예식장에서 모든 일을 맡아 해 주지만, 옛날에는 동네 사람들이 하나하나 거들어 주었는데, 시체를 담는 '널'을 마련하는 일부터 그러하였다. 늙으신 부모를 모시는 자식들은 미리미리 널을 준비해서 집안 한쪽에 보관해 두는 수도 있지만, 널이 갖는 흉한 느낌 때문에 이를 꺼려하는 수가 많았으므로, 막상 초상이 나면 동네 사람들이 가까운 산에 가서 소나무를 베어서 널을 만들었던 것이다. 따라서 초상을 치르는 한쪽에서는 널을 만드는 톱질과 대패질이 함께 이루어졌다.

'널'은 원래 〈판자〉를 의미하는 말이다. 그래서 16세기, 아이들에게 한자를 가르치기 위해 최세진이 만든 학습서인 『훈몽자회』(訓蒙字會)에는 한자 板을 일러 '널 板'이라 하였다. 널뛰기를 할 때 사용되는 판자 역시 '널'이라 불리는 것을 보면 '널'은 원래 용도에 상관없이 단지 〈판자〉를 가리켰음을 알 수 있다. 다만 오늘날에는 판자를 가리키기 위해서는 '널'만으로 부족하고 여기에 한자어 '판' 또는 '판자'가 합해진 '널판'이나 '널빤지'가 흔히 사용되므로, '널' 홀로는 〈관(棺)〉이나 〈널뛰기용 판자〉를 가리키는 말로 좁혀 쓰이게 되었다.

지금도 마찬가지이지만 망자의 집안 형편에 따라 널의 두께, 나무의 종류도 달라진다. 부유한 집안이면 두꺼운 나무에 옻칠까지 칠해진 널을 사용하지만, 그렇지 못한 형편이라면 그저 얇은 판자면 족하였다. 이런 널을 전라도말로는 '빈재기'라 부른다. 그런데 망자에 따라서는 빈재기도 미처 준비할 형편이 되지 못하는 수가 있다. 이럴 때에는 대를 삼으로 엮어 만든 대발이 이용되었다. 시체를 대발로 싸서 지게에 얹어 운반하였는데, 이런 송장을 전라도에서는 흔히 '대발송장'이라 부르며, 표준말로는 '지게송장'이라 한다. 아마도 이승을 떠나 저승으로 가는 길이 가장 험한 경우가 이런 경우일 것이다. 대발송장이나 지게송장은 당연히 상여를 얹지 못하지만, 빈재기 널을 쓰는 경우에도 상여를 얹어 운구하지 못하는 경우가 많다. 상여야 돈이 웬만큼 있는 집안에서 쓰는 것이고 보면, 가난한 집에서는 상여 없이 널 그대로 운구하는 수가 태반이었기 때문이다. 이런 경우에는 널을 하얀 한지로 싼 뒤, 끈으로 묶어 운반하였는데, 이를 '흰둥'이라 하였다. 화려한 꽃상여는 온 동네 사람의 배웅 속에 거리제를 지내고 마을을 떠나게 되지만, 대발송장이나 지게송장, 그리고 흰둥은 마지막 가는 길의 초라함 때문에 변변한 거리제조차 지내지 못하고, 사람들이 잠든 밤을 타서, 혹은 동네의 뒷길을 따라 저승의 길로 향하였던 것이다.

_『전라도닷컴』 2007년 6월호

다리, 밤다리, 숭에놀이

서남해 도서 지역에서는 장례를 치를 때, 상여를 메고 가는 상여꾼들이 망자의 가족, 친척들을 상여 위에 올려놓고 망자가 저승 가는 데 필요한 노자를 보태라고 두들겨 패는 풍습이 있는데, 이를 '다리'라 한다. 또한 슬픈 초상집의 분위기를 위로하기 위해 밤에 동네 사람들이 북을 치면서 부르기 좋은 노래와 춤, 상여소리 등을 하고 이에 따라 상가에서는 여러 차례 술과 밥을 내 놓기도 한다. 이러한 다리는 주로 밤에 열리므로 '밤다리'라고 한다. 밤다리에는 전문적인 소리꾼이 초청되어 오기도 하는데, 이 사람은 육자배기나 단가 또는 춘향전이나 심청전과 같은 소리를 하는 수가 많다.

'밤다리'가 밤에 상가를 위로하기 위한 떠들썩한 노래판이라면, '숭에놀이'는 밤다리를 포함하면서 시간상으로는 낮과 밤에 행하는 노래판 전체를 가리키는 말이라 할 수 있다. 이 판은 출상 전날이나 출상 당일, 그리고 매장하는 당시에까지 행하는데, 실제 민속학자의 관찰에 의하면 전남 신안 하의도의 부속섬인 능산도에서는 오전 10시부터 오후 4시까지 '숭에놀이'가 행해진 예가 있었다고 한다. 이 숭에놀이는 밤다리와 마찬가지로 동네의 남녀 노장청년층들이 머리에 흰 수건을 쓰고, 밤에는 상가에서 불을 피우고 놀기도 하고, 낮에는 동네 앞 바닷가나 장지에서 노래와 춤을 추기도 한다. 이때는 물론 북이나 장고, 경쇠와 같은 악기가 동원되기도 하는데, 동네 사람들은 육자배기 등을 부르고 굿거리장단에 맞추어 살풀이춤을 추기도 하는 것이다.

초분, 독다물

오늘날 온 나라의 산이 묘지로 바뀌어 가는 상황에서 매장보다 화장을 권하는 시류가 퍼지고 있지만, 서남해 도서 지역에서는 일찍부터 '초분'이라는 독특한 장례 제도가 있었다. 옛날에는 왕대를 쪼개서 줄로 엮어 만든 '발삼' 위에 시신을 놓아두었으나, 근래에는 산에서 돌을 옮겨 와 바닥에 깐 뒤 그 위에 시신이 든 관을 올려 놓고 그 위를 다시 이엉으로 덮어 둔다. 그러다가 3, 4년이 지나 육탈(肉脫)이 되어 뼈만 남게 되면 이 유골을 다시 매장하는 것이다.

시신을 바로 땅에 묻지 않고 이처럼 초분이라는 중간 절차를 거치는 것은, 음력 정월에 땅을 파게 되면 동네 젊은이들이 죽어 나가게 된다는 믿음 때문이거나, 또는 정월이나 섣달 또는 특정한 날에 죽은 이는 반드시 이런 초분을 해야 한다고 생각하기 때문이다. 혹은 잡아 놓은 묏자리에 들어갈 운이 그 해에 맞지 않아 적당한 해를 기다려야 하는 등의 이유가 있기도 하다. 이런 초분은 밭의 가장자리나 마을의 변두리 지역 또는 따로 지정된 곳에서 행하는데, 정해진 장소는 흔히 '초분골'이라 불리기도 한다.

어른이 죽으면 초분을 하지만 돌림병 등으로 아이가 죽거나, 정월에 아이가 죽으면 초분 대신 '독다물'이라는 독특한 장례를 치르기도 한다. 이것은 죽은 아이를 돌로 눌러 두거나 옹기에 넣어 두는 방식을 가리키는데, '독다물' 대신 '독다말' 또는 '독담'이라고도 부른다.

하나부지 산소에 뙤를 써야 허겄습디다

바둑판 모양으로 잘 깎인 외국의 축구장을 부러워하던 시절이 얼마 전이었는데, 월드컵 개최와 함께 우리나라에도 이러한 잔디 구장이 여럿 생겨나게 되어 뿌듯한 느낌을 감출 수 없다. 우리나라의 축구 수준이 뒤진 이유 가운데 잔디 구장이 없다는 점이 자주 지적되곤 하였는데, 이제는 더 이상 이런 핑계를 대기가 어렵게 되었다. 다만 몇몇 축구 전용 구장뿐만 아니라, 일반 학교 운동장에도 잔디가 깔린다면 얼마나 좋을까 하는 엉뚱한 생각을 해 보게 된다. 사방 천지가 잔디나 풀밭으로 뒤덮인 미국에 머무르고 있는 요즈음, 이런 생각이 결코 비현실적인 것만은 아니라는 믿음이 마음 한 편에 있는 것도 사실이다.

표준말에서 잔디와 관련된 말은 두 가지가 있는데, '잔디'와 '떼'가 그것이다. '잔디'는 산과 들에서 자라는 볏과의 식물로서, 무덤, 언덕, 정원, 제방 따위에 심어서 흙이 무너지지 않도록 하는데 주로 이용하는 식물을 말한다. 반면 '떼'는 흙을 붙여서 뿌리째 떠낸 잔디를 가리킨다. 흙을 붙여서 뿌리째 떠낸 잔디란 새롭게 잔디를 입힐 때 사용되는 잔디를 말한다. 예를 들어 새 무덤을 쓰려면 반드시 다른 곳에서 자란 잔디를 뿌리째 떠서 무덤 위에 입혀야 한다. 이럴 경우의 잔디를 '떼'라고 부르는 것이다. 그래서 무덤에는 잔디를 입힌다고 하지 않고 보통은 떼를 입힌다고 한다. '떼'가 동사 '뜨다'나 '입히다'와 주로 어울리는 이유도 '떼'가 갖는 이런 특수한 의미 때문이다.

'잔디'와 '떼'는 얼핏 보아 형태적으로 아무런 관련이 없는 것처럼 보이지만, 옛말을 보면 '잔디'의 '디'와 '떼'가 같은 기원에서 온 것임을 알 수 있다. 15세기 문헌인 『두시언해』에 '잔디'의 옛말 '젼뛰'가 보이고, 17세기 문헌 『동국신속삼강행실도』에 '뛰'가 확인되므로 이를 통해 '젼뛰'가 '젼'과 '뛰'로 이루어진 복합어라는 사실은 분명해진다. 이런 문헌의 증거를 통해 역사적으로 '뛰 > 뙤 > 떼 > 띠 > 디'와 같은 변화를 생각할 수 있다. 전라도 방언의 '뙤'나 '쐬', 함경도, 강원도, 평안도 방언의 '잔띠', '쨤띠', '잔떼'는 이 변화의 가능성을 뒷받침한다. 특이한 것은 표준어의 경우 '뛰'가 홀로 쓰일 경우는 '떼'로, 복합어로 쓰일 때에는 '디'로 변했다는 사실이다. 그리고 형태 변화와 함께 의미의 차이까지 생긴 것이 흥미롭다.

만약 '잔디'의 옛말 '젼뛰'를 '젼'과 '뛰'의 두 말로 분석할 경우, 오늘날의 의미 해석과 달리 옛말에서는 '뛰'가 기본 낱말이고 이로부터 생겨난 '젼뛰'가 이차적 파생어인 셈이다. '뛰'를 기본 낱말로 생각할 경우 옛말 '뛰'가 현재와 같이 뿌리째 떠낸 특수한 잔디만을 가리켰을지 의심스럽다. 오히려 '젼뛰'의 '젼'이 '뛰'를 수식하는 구성상, '뛰'가 일반적인 의미를 가리키고, '젼뛰'가 특수한 의미를 가리켰을 가능성도 있기 때문이다. 이를 뒷받침하는 용법이 전라도 방언에서 찾아진다.

전라도 방언에서 '잔디'는 잘 쓰이지 않고 '뙤'가 주로 쓰인다. 이 '뙤'는 표준어 '잔디'와 '떼'의 두 가지 의미를 모두 갖는다. 그래서 "하나부지 산소에 뙤를 써야 허겄습다"는 후자의 용법이지만, "이 짝은 뙤가 잘 큰디 쩌 짝에치는 기양 죽어 불어라우"는 전자의 용법이다. 이러한 전라도 방언의 '뙤'의 용법을 보면 옛말에 포함된 '뛰'가 넓은 영역의 잔디를 가리켰을 가능성도 없지는 않다.

우리 문화에서 잔디는 주로 죽은 이들을 위한 것이었다. 무덤을 만들고, 그 주위를 단장할 때, 어김없이 등장하는 것이 잔디이기 때문이다. 언젠가 중국 신장 지방을 여행하던 중에, 황량한 사막 한 가운데에서 사람의 무덤을 만난 적이 있었다. 사막인지라 돌무더기로 무덤 표시를 해 놓은 것이 인상적이었는데, 이런 무덤과 비교해 보면, 잔디(떼)를 입힌 우리의 무덤은 죽어서도 우아함을 잃지 않고 있는 점이 특색이라 하겠다.

아파트에 사는 현대인들은 대부분 넓은 마당이 있는 주택에 살고 싶은 소망을 품고 산다. 그리고 그 마당에 잔디가 깔려 있다면 더 말할 나위가 없다. 잔디는 그래서 좁은 공간에서 부대끼며 살아가는 도시민들의 소망의 상징이기도 하다. 아마도 요즈음 골프에 대한 수요가 폭발적으로 늘어나는 것도, 골프장에 깔린 널따란 잔디밭의 매력 때문이 아닐까. 그렇다면, 잔디는 이제 죽은 이들만의 전유물이 아니라, 살아 있는 사람들의 삶에 여유를 주는 청량제 구실까지 하게 된 셈이니, 하잘것없는 잔디에서도 우리는 세상의 변화를 찾을 수 있는 것이다.

7부

관계 문화

장개가 갖고 금방 제금내 노먼 쓰가니?

아이를 부르는 말

택호(宅號)

'-실이'와 '-손'

동숭에지섬

아재비, 아잡씨, 아잠

덜거리총각

아짐씨

대사 치니라고 자네가 질 욕봤네

애기가 아시를 탕께 차꼬 몰라져

전라도의 말과 문화

장개가 갖고 금방 제금내 노먼 쓰가니?

　나이 서른이 넘도록 부모 집에 얹혀사는 사람이 는다고 한다. 우리 나라뿐 아니라 일본에서도 이러한 '기생족'이 늘어난다고 하니, 두 나라의 경제가 무척 어렵기는 어려운 모양이다.

　사람은 인생의 사분의 일 이상을 독립하기 위한 준비에 보낸다. 다른 동물에 비교하면, 지나치게 긴 세월이 아닐 수 없다. 물론 인간의 사회가 동물의 사회와 비교할 수 없을 정도로 복잡하고 정교할 뿐만 아니라, 사람만이 갖는 역사의식 때문에 과거의 삶에 대한 지식, 공간적으로 떨어진 곳에 대한 준비도 다 갖추려다 보니 그만큼 시간이 많이 필요한 것은 이해가 가기도 한다. 그러나 어쨌든, 이십 년 이상을 자식을 돌봐야 하는 부모 편에서 보면 여간 힘든 일이 아니다.

　서양의 아이들은 우리보다 훨씬 이른 나이에 독립을 서두른다. 대체로 고등학교를 졸업하면 집을 나가는 것이 보통이다. 부모가 사는 곳에서 대학을 다니더라도 굳이 집에서 다니려 하지 않고, 학교 기숙사나 아파트를 따로 얻어 생활하려고 한다. 또는 부모 곁을 떠나기 위해 일부러 집에서 먼 학교를 택하는 수도 있다. 클린턴 전 미국 대통령의 딸(이름이 '첼시'였던 것으로 기억된다.) 역시 부모로부터 벗어나기 위해 부모가 있는 동부와 가장 먼 곳인 서부 캘리포니아의 스탠포드 대학을 택하지 않았던가? 반면 우리들은 가능한 한 부모의 그늘에서 벗어나려 하지 않는다. 직장이나 학교가 집과 멀리 떨어져 있을 경우에는 할 수 없이 집을 나가게 되지만, 그렇지 않다면 집에서 통학이나 통근을 하는 것이 보통이다. 대체로 한국의 부모들은 자식을 자신의 통제 안에 두려 하고, 자식 또한 이런 부모 뜻에 순응하는 것이 효도의 길이라고 여기기 때문일 것이다.

과거 전통적 농경 사회에서 부모로부터의 독립은 오직 결혼을 통해서만 가능했다. 결혼을 했더라도 큰아들은 당연히 부모와 함께 살아야 했고, 작은 아들들만이 따로 나가 살 수 있었다. 결혼과 함께 따로 나가 사는 일을 '분가'라 하는데, 분가를 하더라도 부모 곁에 집을 얻는 것이 보통이고, 또한 농사철이면 서로 도와 가며 일을 했기 때문에, 물리적으로 또는 정신적으로 완전한 독립을 이루었다고 보기는 어려웠다.

과거의 분가는 대체로 부모가 가진 전답의 일부를 물려받으면서 이루어졌다. 즉 상속이 분가와 동시에 행해졌다고 할 수 있다. 물론 재산이 많은 양반의 경우에는 상속이 따로 있기도 했다. 그러나 부모의 전답을 물려받으면서 분가해 나가는 경우는 어느 정도 재산이 있을 때에 가능한 일이고, 아무 것도 없는 살림이라면 방 하나 얻어서 나가 사는 것이 고작이었다.

이처럼 결혼을 통해 부모로부터 독립하여 제 살림을 차려 나갈 때, 전라도에서는 흔히 '제금나다'라고 하며, 분가시킬 경우에는 '제금내 놓다'라고 한다. 그리고 따로 살림을 차려 나가서 하는 생활을 '제금살이'라고도 한다. 그래서 자식을 결혼시키는 사람더러 흔히 "장개가 갖고 금방 제금내 놓으면 쓰가니? 및달이라도 디꼬 살아야제."와 같은 충고를 하기도 한다. 이 말 속에서 우리는 새 사람을 맞으면서 기존의 가족적 유대가 깨질까 염려하는 부모의 속내를 읽을 수 있다.

'제금'은 순수한 우리말로서, '분가'(分家)와 같은 한자어와 구별된다. 이 '제금'은 옛말에서 '제여곰'이란 말로 쓰이는데, 그 뜻은 〈제각기〉 또는 〈각자〉이다. 그래서 세종 때의 문헌인 『석보상절』에 나타나는 '제여곰 前生에 닷곤 因緣으로'와 같은 문장은 '각자 전생에 닦은 인연으로'와 같은 뜻이 될 것이다. 이 '제여곰'이란 말이 후대에 들어 '제곰'으로 바뀌고 전라도말에서는 '제금'으로 변하게 된다. 전라도말에서도 '제금'이 〈각자〉의 뜻으로 쓰일 때가 있다. 예를 들어 "국은 한테다 푸지 말고 국그럭에다 제금 퍼라."라고 할 때의 '제금'이 이러한 경우이다. 그러고 보면 '제금'은 원래 〈각자〉를 의미하다가 전라도말에 와서 〈각자〉와 더불어 〈분가〉의 의미를 따로 갖게 된 것임을 알 수 있다.

'제금' 안에는 〈자기〉를 의미하는 '제'가 들어 있다. 이 '제'는 전라도말에서 흔히 '지'라고 발음되는데, "지가 멋이가니 큰소리여?"라든가 '지절로' 등에서 보이는 '지'가 바로 그것이다. 그래서 '제금'을 어떤 사람들은 '지금'이라고 말하기도 한다.

_전라도닷컴 2001-04-10

아이를 부르는 말

부모가 아이를 낳으면 이름을 지어 호적에 올려야 한다. 그러나 이러한 공식적 이름 말고 집안에서만 부르는 이름이 따로 있는 수가 있다. 아이가 너무 순해서 '순동이', 제일 어리다 하여 '막내'나 '막동이' 등으로 부르는 것이 그 예이다. 이런 속명은 '순동이'처럼 아이의 성격을 반영하거나 '첫째', '막내'처럼 차례를 따라 짓게 되므로 한자어가 아닌 순수한 우리말로 짓는 것이 보통이다. 물론 이러한 비공식적 호칭이 공식적 이름으로 호적에 등재되는 수도 있어 첫째는 '일남', 둘째는 '이남' 등으로 적히기도 한다.

전라남도의 진도 지역에서도 아이의 차례를 따라 속명을 짓는 방식이 있기는 하나, 그 구체적인 방법은 육지와 판이하게 다르다. 육지라면 으레 '첫째, 둘째, 셋째,...' 등과 같이 순서를 따지되 '-째'와 같은 차례 접미사를 사용할 것이다. 그런데 진도에서는 우선 아이의 성별을 구별하여, 사내아이면 '-바', 계집아이면 '-단'이나 '-심'과 같은 접미사를 붙인다. 그래서 사내아이의 경우 '큰놈, 두바, 시바, 니바, 오바' 등의 이름을 사용하고, 계집아이라면 '큰년, 작은년, 시단이/시심이, 니단이/니심이, 오단이/오심이'와 같은 이름을 부르게 된다. 장남과 장녀를 각각 '큰놈'과 '큰년'으로 부르는 것이 특별하고, 다섯째 아이를 '오바', '오단이', '오심이' 등 한자어 '오'(五)를 써서 부르는 것도 흥미롭다. 아마도 '다섯'은 음절이 길기 때문에 피한 것으로 보인다.

진도에서는 차례 외에 외가의 지명을 따라 아이의 이름을 부르는 방식도 널리 쓰인다. 다음은 진도 의신면에 거주하는 무당 채정례의 증언이다.

> 인자(=이제) 낳아 논 애기할라(=아기조차) 옴이 돼 갖고, 그것
> 못 낫고 애기가 죽어 부렀지라(=버렸지요). 구월에 낳았는데 삼
> 월 달에 죽었어라. 칠 개월만에. 그런 때는 죽청서 시집을 가믄,
> 죽청이 대삿골 그랬거든. 가이나(=계집아이) 나면(=낳으면) 대
> 단이, 대심이, 머이마(=사내아이) 나면 대바 그랬어라. 그랑께
> 대심이라고 이름얼 지었지라.
>
> _채 정례의 「"에이 짠한 사람" 내가 나보고 그라요」

채정례는 '죽청'이라는 곳에서 시집을 왔는데 이 '죽청'은 한자어로서 순수 우리말로는 '대삿골'이다. 이 '대삿골'에서 시집온 여자가 딸을 낳으면 '대심이', '대단이', 아이를 낳으면 '대바'라고 불렀음을 위 구술은 증언하고 있는 것이다. 여기서 보듯이 아이의 성별에 따라 '-바'와 '-단/심'의 접미사가 구별되어 쓰이는 점은 앞에서와 같으나, 이 접미사들이 차례가 아닌 아이의 외가 지명에 붙는 점이 특징이다.

한편 진도군 조도에서는 남자 아이의 속명을 나타내는 접미사로 '바'가 아닌 '수'가 쓰인다. 이 지역에서는 아이 이름을 천하게 지으면 오래 산다는 믿음에서 남자 아이들을 접미사 '-수'를 붙인 '똥수, 개똥수' 등으로 불렀다. 이 '-수'는 '돌쇠, 마당쇠' 등에 나타나는 표준어의 '-쇠'와 같은 것이다. 그런데 이 접미사가 아이들의 외가 지명에 결합되어 아이들의 속명을 형성하기도 한다. 예를 들어 '오름'이라는 마을에서 시집온 부인이 낳은 아이가 사내아이이면 '오름수'라 하고, 계집아이이면 '오름단'이라 부르게 된다. 그래서 자연히 이 아이를 낳은 어

머니는 '오름수네' 또는 '오름단네'라 불리게 되는데, 이것이 곧 일종의 택호 역할을 하게 된다. 한편 신안의 하의도에서는 아들의 경우 '-수'를 쓰는 것은 조도와 같지만, 딸에게는 조도의 '-단' 대신 '-니'를 쓴다. 그래서 뒷개가 친정인 여자가 낳은 딸은 '뒷갯니'라 부르고 그 여자의 택호는 '뒷갯니네'가 되는 것이다.

_『광주은행 사보』2006년 봄호

택호(宅號)

택호란 혼인한 성인을 부르는 속명이다. 어른의 이름을 함부로 부르지 못하는 우리의 문화 때문에 이름을 대신하는 호칭법이 발달했으니, 이것이 택호이다. 남자는 벼슬 이름이나 처가의 지명을 따라서, 그리고 여자는 벼슬이 없으니 오직 친정의 지명을 따서 택호를 지었다. 여자의 택호를 지을 때에는 '-댁'이란 접미사를 붙였으니, 그래서 '광주'에서 시집온 부인네는 '광주댁'이라는 택호를 얻었다.

전라도 지방에서도 택호의 방식은 서울이나 중부지방과 크게 다르지 않으나 몇 가지 점에서 차이를 보인다. 우선 '택호'의 발음이 다르다. 표준어는 [태쾨라고 발음하지만 전라도말에서는 [대괴라고 발음한다. 宅을 '댁'으로 부른 데다, /ㅎ/ 발음이 묵음화 되어 '댁오'가 되다보니 이렇게 발음하게 된 것이다. 또한 여자 택호의 경우, 접미사 '-댁'을 붙이는 점은 같으나 이때 '-댁'의 발음이 [떡]으로 소리 나는 것이 다르다. 그래서 표준어 '광주댁'은 전라도 지방에서 '광주떡'이라고 불리게 된다. 이것은 '댁'의 방언형이 '덕'인 데다 중간에 사이시옷이 개재된 탓이다.

택호는 전통적으로 계층에 따라 그 양상이 다르다. 여자의 친정 지명을 이용하는 택호가 상민이나 양반에서 사용되었던 것이라면 천민 계층에서는 첫 아이의 이름을 이용한 택호가 발달하였다. 예를 들어 첫 아이 이름이 '갓난이'라면 '갓난이네'와 같은 택호가 생겨났던 것이다. 친정 지명이 아닌 아이의 이름이 이용되고, 접미사가 '-댁'이 아닌

'-네'가 사용된다는 점에서 양반의 택호와 차이를 보였다.

물론 전라도 지방에서도 천민 계층에서는 이러한 호칭법이 발달했었다. 그런데 흥미로운 것은 아이의 이름을 이용하는 호칭법이 계층에 따라서 달라지기도 했지만, 지역에 따라서도 달라진다는 사실이다. 아이의 이름과 접미사 '-네'를 사용하는 택호 방식은 전라남도의 섬 지역에서 널리 사용되었기 때문이다. 예를 들어 전남의 진도군 지산면 고야리는 순 우리말로 '괴들'이라 부르는데, 이 '괴들'에서 시집온 여자가 아들을 낳으면 '괴들바', 딸을 낳으면 '괴들단이'라고 불렀다. 그럴 경우 그 아이 어머니는 마땅히 '괴들바네엄매', 또는 '괴들단네엄매'라고 불리고, 간단히 '괴들네'라 불리기도 했다. 마찬가지로 진도 조도에 있는 관매도라는 섬에서 시집온 여자를 흔히 '볼매수네'(또는 '볼매단네')라고 부른다. 이때의 '볼매'는 관매도의 '관매'(觀梅)라는 한자어 명칭이 있기 이전의 우리 고유의 지명이다. 즉 옛날부터 이 섬은 '볼매섬'이라 불리었고, 아마도 일제시대에 이것을 한자어로 바꾸면서 '관매도'라 칭하게 되었을 것이다. 그러나 토박이들은 아직도 이 섬을 '볼매'라고 부르는데, 여기서 흥미 있는 것은 '볼매'에서 시집온 여자가 낳은 첫 아들을 흔히 '볼매수'라고 부른다는 점이다.(딸인 경우는 '볼매단'이라 한다. 그리고 신안의 하의도에서는 '볼맷니'처럼 '-니'를 쓴다) 아이의 이름이 외가의 지명에 접미사 '수'를 결합함으로써 결정되는 것이 특징이라 하겠다. 이때 붙는 '수'라는 접미사는 사람을 칭하는 것으로서, 다른 지역어의 '보'와 같다. 예를 들어 '꾀보'라는 말 대신 '꾀수'라는 말도 있고, '똥보' 대신 '똥수'라는 전라도말도 있기 때문이다.

그런데 한 동네에서 혼인이 이루어지는 경우에는 친정과 시댁의 동네가 같으므로, 해당 동네 이름을 따기가 어렵다. 이런 경우 진도에서는 단순히 '동네바' 또는 '동네단이'라고 불렀고, 그 어머니는 '동네바

네엄매', '동네단네엄매'라고 부르거나 아니면 '동네네' 또는 '동네수네' 등의 택호를 사용하였다. 전남 신안의 하의도에서는 이런 경우 '본토수네', 이웃한 신의도에서는 '한몰수네'라 부른다. '한몰'은 '한 마을'의 방언형이니 같은 마을에서 시집온 여자라는 뜻을 나타내기에 적당하다고 하겠다. 광양과 같이 전남의 내륙 지방에서는 '제동때기'라는 표현을 쓰기도 하는데, 접미사 '-때기'는 표준어 '-댁'에 대응하는 것이며, 여기에 재귀대명사 '제'에 한자어 洞이 결합한 '제동'에 결합하여 섬 지역과는 차이를 보이고 있다. 한편 경남 통영에서는 洞 대신 공간명사 '곳'을 사용한 '제곳에댁'이라는 말을 쓰고, 특히 속되게 말할 때는 '맷돌댁'이라 하기도 한다. 제 동네에서 제 동네로 시집가는 여자를 제 자리를 맴도는 맷돌에 빗댄 말이라 하겠다.

_전라도닷컴 2001-08-29

'-실이'와 '-손'

　아이가 자라면 어른이 된다. 우리말의 '어른'은 원래 '얼운'에서 온 말이고, '얼운'은 다시 동사 '얼우다'에서 파생된 명사인데, '얼우다'가 지금의 말로 하면 〈혼인하다〉의 뜻이니, 결국 '어른'은 그 기원이 〈혼인한 사람〉이란 뜻이 된다. 어른을 영어로 'grown-up'이라고 할 때, 그 뜻은 〈다 자란 사람〉이라는 말이고, 한자어 '성인'(成人) 역시 〈완성된 사람〉이라는 뜻이니, 영어는 생리적인 측면에서, 한자어는 생리와 인격적인 측면에서의 완성을 전제로 한다. 그러나 우리말의 '어른'은 혼인이라는 사회제도를 전제로 하므로 비록 나이가 어려도, 그리고 아직 독자적인 생활 능력이 없더라도 결혼만 하면 어른이 될 수 있었던 것이 우리의 전통이었다.

　남자든 여자든 결혼한 어른은 그 이름을 함부로 부를 수 없는 것이 또한 우리 문화의 전통이었다. 그래서 결혼하면 결혼 전의 이름을 대신하는 새로운 호칭법이 필요하게 된다. 예를 들어 여자가 시집을 가면 친정집 어른들은 처녀 적의 이름을 그대로 부를 수가 없다. 혼인을 했으니 엄연한 어른이 된 처지라 그냥 이름을 부를 수는 없기 때문이다. 이때 사위는 성을 따서 '김서방, 이서방'으로 부르는데, 딸 역시 시댁의 성을 따서 '김실이, 이실이'라고 부르는 것이 전라도 지방의 문화이다. 이때의 '실이'란 집을 뜻하는 한자어 室에 접미사 '-이'가 합해진 말로서 '김실이'란 곧 〈김씨 집으로 시집을 간 사람〉이란 뜻이다.

　표준말에서도 이와 같은 경우 '집'이라는 말을 쓴다고 한다. 즉 전라도에서 '김실이, 이실이'라고 부르는 것을 서울에서는 '김집, 이집'이라고 불렀다는 것이다. 그러나 이러한 호칭법은 거의 사라져 현재의 서울 지방에서는 찾아보기 힘들게 되었으므로, 아직까지 활발히 사용되는 전라도 지방의 '-실이'와는 차이를 보인다.

이밖에 남자 동생이나 남자 조카 등이 장성해서 결혼했을 경우 이를 대접해서 부를 때에는 접미사 '-손'이 사용되기도 한다. 이 '-손'은 동생이나 조카의 처가 지명에 결합하는 것이 보통이다. 글쓴이의 당숙은 처가가 광주시 근처의 양지마을인데, 글쓴이 아버지는 이 사촌동생을 늘 '양지손'이라고 불렀다. 국어사전에서는 이 '손'을 가리켜 〈손아랫사람을 '사람'보다는 낮추고 '자'보다는 좀 대접하여 이르는 말〉이라 하여, 그 예로 '그 손', '젊은 손'을 들었다. 그리고 '손'이 가리키는 또 다른 의미로 〈지방에 따라서는 한집안에서 손아랫사람의 택호 아래에 쓰기도 한다〉고 하면서 '평택 손이 왔다'를 예로 들고 있다. 후자의 예가 전라도 지방의 용법과 같은 것인데, 다만 전라도 지방에서는 전자의 예인 '그 손', '젊은 손'과 같은 쓰임은 확인되지 않는다.

동숭에지섬

표준말 '올케'는 오빠나 남동생의 부인을 모두 가리키는 말이지만, 전라도말에서는 이를 구분해서 오빠의 부인은 '오라부덕', 남동생의 부인은 '동상아덕'이라 하는 것이 보통이다. 그런데 전남 신안 지역에서는 '오라부덕' 대신 '오라부성'이라는 말을 쓴다. '오라부덕'의 '덕' 대신 '성'이란 낱말을 쓰는 것이 특이한데, 전라도에서는 전통적으로 '언니' 대신 '성'이라는 낱말을 사용해 왔다. '성'은 물론 '형'에서 온 말로서, 표준말에서는 남자의 친족어 명칭으로 쓰이는 것이지만, 전라도에서는 여자들도 이 말을 사용하였던 것이다. 그런 이유로 신안에서는 오빠의 부인을 '오라부성'이라 부른 것으로 보인다.

전남 진도 지역에서는 남자 동생의 부인을 가리켜 '동상아덕' 대신 '동숭에지섬'이라 한다. 여기서 '지섬'은 표준말의 '지어미'와 어원을 같이하는 말이다. '지어미'는 원래 '짓'과 '어미'의 합성어인 '지서미'에서 변화한 말인데, 이때의 '짓'은 '집'과 사이시옷이 합해진 말이니 〈집의〉라는 뜻이다. 따라서 '지어미'는 〈집의 어미〉라는 뜻이 된다. 전라도 진도 지역의 '지섬'은 '짓-엄'으로 분석되는 것으로서 '어미'를 '엄'으로 말한 것일 뿐 의미는 '지어미'와 동일하다. 따라서 진도 지역의 '동숭에지섬'이란 곧 '동숭-에-지섬'으로서 〈동생의 지어미〉란 뜻이다.

'집의'를 뜻하는 '짓'은 옛말에서도 확인되는데, 『석보상절』에 '그 짓 ᄯᆞ리 ᄢᆞᆯ 가져 나오나ᄂᆞᆯ'과 같은 예가 보이고, 이것은 '그 집의 딸이 쌀가지고 나오거늘'처럼 옮길 수 있다. 한편 중앙아시아 고려말에서는 '올케'를 '올지세미'라 하는데 이 '올지세미'는 '올'과 '지세미'가 결합한 말로서, '올'은 '오라비'에 해당하고 '지세미'는 '지어미'이므로 〈오라비의 지어미〉곧 '올케'의 의미가 된다. 따라서 '올지세미'의 구조는 전라도말 '동숭에지섬'과 비슷하다고 하겠다.

_『전라도닷컴』 2007년 3월호

아재비, 아잡씨, 아잠

신안군 하의도에서는 시동생을 가리켜 '씨아재비'라 하며 호칭으로 쓸 때에는 '아잡씨' 또는 '아자씨'라 부른다. '씨아재비'의 '아재비'는 옛말 '아자비'에서 온 말로서, '아자비'는 '앚-아비'로 분석되며, 이때의 '앚'은 〈작은〉이라는 뜻이다. 따라서 '아자비'는 원래 '작은아버지' 즉 숙부를 가리키는 말이었다. 한자 叔을 일러 '아자비 숙' 또는 '아재비 숙'이라 하는 것이 이를 뒷받침한다. 옛말 '아자비'는 전남의 육지 지역에서 /ㅂ/이 탈락되어 '아재'로 쓰이므로 시동생은 '시아재'라고 하는 것이 보통이다. 그런데 하의도에서는 '씨아재비'라고 함으로써 옛말 '아자비'가 고스란히 남아있는 것이다. 하의도에서는 손위 시아주버니를 가리킬 때 한자어 '시숙'(媤叔)을 사용함으로써 손아래 시동생인 '씨아재비'와 구별한다. 일반적으로 한자어가 고유어에 비해 높임의 뜻을 갖는데, 이 경우는 단순한 말맛의 차이가 아니라 친족 관계상의 상위 계층을 나타내고 있는 점이 흥미롭다.

하의도에서는 또한 여자들이 동네의 남자 어른을 부를 때 '아잡씨'라는 말을 사용한다. '아잡씨'와 '아자비'는 형태적으로 구분된다. '아자비'가 '앚-압-이'로 이루어졌다면 '아잡씨'는 '앚-압-씨'로 이루어졌기 때문이다. 이때의 '압'은 아버지를 가리키는 기원적인 형태이다. 육지말에서 '아비'와 '압씨'는 말맛이 다른 말이다. '아비'는 보통 움라우트의 변화를 겪어 '애비'로 발음되는데, '아버지'보다 낮추는 느낌이 있지만 부모가 며느리나 손자들 앞에서 아들을 지칭할 때 흔히 이 말을 쓰므로 아주 낮춘다고는 할 수 없다. 예를 들어 "애비 어디 갔니?"라고 묻는 것이 전형적인 예이다. 그러나 '압씨'는 이보다 더 낮추는 느낌을 준다. "느그 압씨가 누구냐?"라고 어린애에게 묻는다면 이 말을 하는 사람은 화가 나 있거나 아니면 상대의 아버지를 매우 비하하는 경우이다. 육지의 '압씨'가 주는 이러한 비하의 말맛은 그러나 하의도의 '아잡씨'에서는 찾아 볼 수 없다. 하의도의 '아잡씨'는 여자들이 동네의 남자 어른들을 부를 때 사용하는 일상적 용어이기 때문이다.

하의도의 전통적인 친족어 명칭 가운데 형부를 '아잠'이라 부르는 말도 특이하다. 한국어 전체에서 '형부'(兄夫)에 대한 순수한 우리말을 찾아볼 수 없다는 사실을 고려하면, 하의도의 '아잠'은 매우 독특한 낱말인 셈이다. '아잠' 역시 옛말 '아자비'에서 온 것으로서, '아자비'에서 접미사 '-이'가 결여된 '아잡'(앗-압)의 /ㅂ/이 /ㅁ/으로 바뀐 것인데, 그 지칭 범위도 시동생이나 숙항의 항렬에서 형부로 바뀐 차이가 있다. 처제의 관점에서 형부는 언니의 남편이니 오빠와 유사한 관계라 할 수도 있다. 그런 점에서 '아잠'의 끝소리 /ㅁ/이 오빠를 가리키는 하의도말 '오람'의 끝소리와 같음은 결코 우연이 아니다. 아마도 오빠와 형부의 유사한 친족 관계로 인해 그 형태마저도 부분적으로 유사하게 바뀌었을 것이다.

_이기갑 2011b

덜거리총각

　기혼자와 미혼자를 구별하는 것은 대부분의 민족들에서 흔히 볼 수 있는 문화적 양태이다. 서양 사람들의 경우, 대개는 손가락에 결혼반지를 끼고 있기 때문에 이런 반지의 있고 없음에 따라 기혼자와 미혼자를 쉽게 알 수 있다. 결혼한 인도 남자는 머리에 터번을 쓰고, 결혼한 인도 여자는 이마에 빨간 점을 찍어 누구나 기혼자와 미혼자를 쉽게 구별할 수 있다. 우리의 전통 문화에서도 결혼하지 않은 총각과 결혼한 어른들은 머리 모양을 달리 하여 한눈에 알아볼 수 있었다. 즉 결혼하지 않은 총각들은 머리를 땋아서 길게 늘였지만, 일단 결혼을 하면 긴 머리를 짧게 자르고, 상투를 틀었던 것이다. 여자의 경우도 마찬가지이다. 처녀들은 댕기를 따서 길게 늘이지만, 시집을 간 여자들은 낭자머리와 같이 머리를 위로 틀어 올려 비녀를 찌른 쪽을 찐 머리를 하였던 것이다. 이렇게 누가 봐도 쉽게 미혼과 기혼을 구별하도록 한 것은 결혼을 함으로써 비로소 제대로 된 사람 즉 어른이 될 수 있었기 때문이다. 결혼을 하기 전까지는 결코 사람으로서의 제대로 된 대접을 받을 수 없었던 것이 우리 문화의 특색이기도 하였다.

　결혼하지 않은 총각 또는 처녀들의 댕기머리를 흔히 '떠꺼머리'라 하고, 이런 머리를 한 총각을 '떠꺼머리 총각'이라 부르는데, 전라도에서는 '덜거리 총각' 또는 '덜머리 총각'이라는 말을 쓴다. 그래서 "전에 한 사람이 어찌코 옹삭하든지 장가도 못 들고 덜거리 총각으로 늙어져 갈 형편이 되았어."와 같이 쓰인다. 따라서 표준어의 '떠꺼머리'가 전라도 방언에서 '덜머리'로 대응함을 알 수 있는데, 여기서 '떠꺼'와 '덜'의 의미는 분명하지 않다. 혹시 〈때가 올라 몹시 찌들거나 때가 덕지덕지 묻다〉를 뜻하는 표준어 '덖다'와 관계가 있을지 모르겠다. 참고로 '덖다'는 평북방언에서 '덜다'로 나타나지만 정작 전라도 방언에서는 이런 말이 쓰이지 않는 것이 이런 해석의 약점이기는 하다.

아짐씨

'씨'(氏)라는 말은 이름에 붙어 그 사람을 대접하는 느낌을 준다. "김
영희 어디 갔어?"라고 하는 것보다 '김영희씨'처럼 '씨'를 붙이면 "어디
갔어요?"로 말해야 한다. 그만큼 '씨'는 김영희라는 여자를 대접하여
이르는 말맛을 준다. 그러나 '씨'를 붙여 대접하더라도 그 대접의 정도
는 그다지 큰 것은 아니어서, 동료나 아랫사람에게 사용하는 것이 보
통이고, 윗사람에게는 사용할 수 없다. 예를 들어 '형씨'와 '형남'은 엄
청난 차이가 있는 것이다. 한편 이 '씨'는 성에 바로 붙여 '김씨'나 '박
씨'처럼 쓸 수 있는데 이런 호칭은 오직 상대가 남자일 때만 가능하며,
대체로 노동자 계층 또는 아랫사람을 부를 때 쓴다.

그러나 이러한 '씨'의 용법은 전라도말의 전통적인 것은 아니다. 전
라도에서는 남자로서 계층이나 나이가 아래인 사람을 부를 때에는 전
통적으로 '씨' 대신 '샌'을 써서 '김샌'이나 '박샌'처럼 불렀다. 이 '샌'은
기원적으로 '생원'(生員)이 줄어든 말로서, '생원'은 원래 소과(小科)인
생원과(生員科)에 합격한 사람을 가리키는 말이었으나 나중에는 그 의
미가 확대되어 나이 많은 선비를 가리키게 되고, 전라도말에서는 그저
어른 남자로서 계층이나 나이가 아래인 사람을 가리키는 말로 전락하
여 쓰이게 되었다.

전라도말에서는 동일한 형태의 '씨'가 친족 명칭에 쓰이는 수가 있
는데 이 '씨'가 어원적으로 한자 氏에서 온 것인지는 분명하지 않다.
예를 들어 '엄씨', '압씨', '함씨', '하나씨'와 같은 낱말들의 '씨'가 바로

그것이다. '엄씨'는 어머니의 비칭이며 '압씨'는 아버지의 비칭이다. 마찬가지로 '함씨'는 할머니, '하나씨'나 '하납씨'는 할아버지의 비칭인 것이다. 이처럼 '씨'가 포함된 말이 비하의 말맛을 품고 있기 때문에 상대를 대놓고 부르는 경우에는 사용되지 않고 단지 남에게 그 사람을 가리키는 용법, 즉 지칭으로서 쓰이는 것이 일반적이다. 예를 들어 "느그 엄씨는 어디 갔다냐?"라는 말을 아버지가 아이들에게 했다면 이때는 그 아버지가 자기 아내에 대해 무척 화가 나 있는 상태일 것이다. 마찬가지로 "꼴뵈기 싫웅깨 느그 압씨한테나 가 불어!"라고 할 때에도 아이들 또는 남편에게 화가 나 있는 엄마의 말로 제격이다.

전라도말에서 '씨'는 친밀감을 나타내는 친족어로도 쓰인다. 이런 예로는 '애기씨', '성수씨', '지수씨', '아짐씨' 등이 있다. '애기씨'는 표준말의 '아기씨'에 대응하는 전라도말로서 손아래 시누이를 가리킨다. '애기씨'의 '애기'와 '씨'는 서로 녹아 붙어서 이런 경우의 '씨'를 떼어 내면 전혀 다른 뜻이 된다. 이에 반해 '성수씨'와 '지수씨'의 '씨'는 분리되어 '성수'나 '지수'로도 쓰일 수 있지만 '씨'를 붙이면 형수나 제수에 대한 각별한 정이 더 느껴지는 듯하다.

'아짐씨' 역시 '아짐'과 '씨'로 분석되는 말로서 '아짐'은 전라도에서 대체로 숙모 항렬의 친척을 가리킨다. 또는 형수를 부를 때에도 '아짐'을 쓰는 수가 있다. 그러나 경우에 따라 그 의미가 확대되어 친척이 아니더라도 한 동네에서 오래 산 이웃 아주머니를 가리킬 수도 있고, 아니면 그냥 시장에서 장사하는 아주머니를 가리킬 수도 있다. 그런데 이런 '아짐'에 '씨'를 붙이면 친척보다는 시장이나 가게의 아주머니를 친근하게 부르는 말로 쓰여, "아짐씨! 여그 막걸리 한 되만 더 주씨요!"라고 할 수 있는 것이다. 다만 진도에서는 이 '아짐씨'가 처남댁과 같은 친족명으로 쓰이는 점이 내륙의 다른 지방과 다르다.

전남의 진도에서는 오빠를 가리켜 '오랍씨'라고 한다. '오랍씨'는 기원적으로 '오랍'과 '씨'가 결합된 것이지만 진도에서는 두 말이 녹아 붙어 사용된다. '오랍씨'의 '오랍'은 '오라비'와 같은 어원을 갖는다. '오라비'나 '오랍'은 '올-아비' 또는 '올-압' 등으로 분석되는 것으로서 이때의 '올'은 홀로 오빠를 뜻하며 여기에 붙은 '아비'나 '압'은 아버지와 어원이 같지만 여기서는 남성을 나타내는 표지로 쓰였다. '올'이 단독으로 '오라비'를 가리키는 예로는 함경도말의 '올지세미'를 들 수 있다. '올지세미'는 '올'과 지어미를 뜻하는 '지세미'가 합해진 말로서 〈오라비의 지어미〉 즉 손위 올케인 것이다. 신안에서는 '오랍'이 아닌 '오람'형이 쓰이는 수가 있다.

'씨'로써 친근감을 나타내는 용법은 주로 남자가 여자를 지칭할 때 사용되는 것으로서 '성수씨', '지수씨', '아짐씨' 등이 이런 예이다. 한편 여자가 남자를 지칭할 때에는 잘 사용되지 않으나 '오랍씨'처럼 친근한 관계의 동기간에는 사용될 수 있다. 여자가 여자를 가리키는 경우는 '애기씨'처럼 손아래 시누이를 가리키는 용법에 국한된다. 마지막으로 남자가 남자를 지칭하는 경우에 '씨'가 사용되는 경우는 별로 없다. 다만 '자네씨'와 같은 말이 손위 남자가 손아래 남자를 대접해서 부를 때 사용되는 수가 있기는 하다. 그러나 이 경우의 '씨'가 친족 명칭에 붙는 '씨'와 같은지는 불분명하다. 아마도 '자네씨'의 '씨'는 '형씨'의 '씨'와 같이 한자어 氏에서 온 말일 가능성이 크다.

이처럼 전라도말의 친족어에 쓰이는 '씨'는 상대를 비하하거나 친밀감을 표현할 때 쓰인다. 비하와 친밀감이란 정도의 문제이다. 친밀한 정도가 심해지면 비하의 지경에까지 이를 수 있기 때문이다. 따라서 전라도말의 '씨'가 갖는 비하와 친밀감은 같은 현상으로 이해할 수 있는데, '씨'의 이런 쓰임은 다른 방언에서는 좀처럼 찾아보기 어려운 것으로서 전라도말만의 독특한 쓰임으로 해석될 수 있을 것이다.

_『광주 MBC 저널』 2007년 7월호

대사 치니라고 자네가 질 욕봤네

갓 결혼한 부부들이 고심하는 것 가운데 호칭 문제가 있다. 결혼 전부터 오랫동안 사귀어 온 사이라면 기왕의 호칭을 당분간 사용할 수도 있겠지만, 그런 과정 없이 결혼한 경우이거나, 아니면 상당 기간 사귄 사이라 하더라도 남들이 보는 앞에서 배우자를 불러야 할 경우, 못내 주저되는 바가 없지 않기 때문이다. 오래된 부부처럼 '여보'라고 부르면 너무 노숙한 느낌이 들 것이고, 아이가 없으니 '아무개 엄마'나 '아무개 아빠'와 같은 호칭도 불가능하다. 근자에는 흔히 '자기'라는 말을 쓰기도 하는데, 여자라면 들어줄 만하지만, 남자가 이런 말을 쓴다면 어쩐지 낯간지러운 느낌이 드는 것도 사실이다.

전라도 남편이라면 아내에 대한 특정한 호칭 없이 그저 '어이'라고 부르는 수가 많다. '어이'라는 부름말은 '야'보다 상대를 높이는 표현이다. 그래서 '어이'와 어울리는 인칭 대명사로는 '자네'가 알맞다. "대사 치니라고 자네가 질 욕봤네"라고 말한다면, 집안의 큰일을 치르느라 고생한 아내를 위로하는 남편의 말로 제격이다. 물론 아내가 남편에게 '자네'라는 말을 쓰기는 어렵다. '자네'는 상대를 어느 정도 대접하는 느낌이 있지만, 기본적으로 아랫사람에게 쓰는 말투이기 때문이다. 적어도 전라도의 경우, 남편과 아내는 평등한 관계에 있지 않아, 남편은 아내에게 '자네'라고 부르면서 '허소'할 수 있지만, 아내는 남편에게 '허씨요'처럼 높임의 말을 써야 한다.

부부 사이의 이런 불평등한 관계는 지방에 따라 조금씩 그 정도에 차이가 있는 듯하다. 예를 들어 중부 지방의 부부라면, 부부끼리 '여보'라고 부르는 것이 보통인데, '여보'의 어원은 '여기 보오'이다. 그것은 '여보게'처럼 아랫사람을 부르는 말의 어원이 '여기 보게'인 것과 같다. 이처럼 '여보'에는 기원적으로 '-오'라는 어미가 포함되어 있는데, 이 어미는 손아랫사람에게 사용하는 전라도말의 '-소'보다 상대를 대접하는 느낌이 더하다. 전라도말에도 이 '-오'가 있는데, 예를 들어 문밖에 인기척을 느꼈을 때, "거그 누군가?"라고 하는 경우와 "거그 누구요?"라고 하는 것 사이에는 높임의 차이가 있다. '거그 누군가?'가 '허소'에 해당한다면 '거그 누구요?'는 바로 어미 '-오'를 사용한 말이다. 그래서 중부 지방의 부부가 서로를 '여보'라고 부른다면, 이것은 서로를 대등하게 대우하는 느낌을 준다. 물론 중부 지방에서도 남편이 아내에게 반말하는 수가 없는 것은 아니지만, 적어도 전라도 지방과 비교한다면 상대적으로 더 대등한 표현을 쓰는 것이 사실이다.

한편 경상도에서는 남편이 아내에게 '해라'를 하는 것이 보통이다. 예를 들어 "우째 이카노?"와 같은 경상도말을 전라도말로 고친다면 "어째 이러냐?" 정도로 옮길 수 있는 말인데, 전라도라면 감히 사용할 수 없는 말이지만, 경상도 남편들은 서슴없이 이런 말을 아내에게 사용한다. 이런 점을 보면 경상도 남편들은 다른 지역에 비해 아내를 낮추는 정도가 심함을 알 수 있는데, 그러나 과거의 경상도 남편은 이와 달랐다. 예를 들어 17세기 경상북도 달성 지역의 말로 쓰인 편지 글에, '자내도 병든 ᄌᆞ식들 ᄃᆞ리고 혼자셔 근심ᄒᆞᄂᆞᆫ 줄 닛디 몯 ᄒᆞ되 ᄇᆞ리고 멀리 나오니 아마도 과게 사ᄅᆞᆷ을 그ᄅᆞ 밍그ᄂᆞᆫ 거시로쇠'(=자네도 병든 자식들 데리고 혼자서 근심하는 줄 잊지 못하지만, 버리고 멀리 나오니 아마도 과거가 사람을 그릇되게 만드는 것일세.)처럼, 과거를 보기 위해 집을 떠난 남편이 집을 지키고 있는 아내를 걱정하는 편지 속에 '자내'

라는 말이 사용되고 있다. 이를 보면 적어도 17세기 경상도 남편의 말은 오늘날 전라도 지역의 남편의 말투와 완전히 같았음을 알 수 있다. 아마도 17세기 이후 오늘에 이르는 동안 경상도 지방에서는 아내에 대한 말투가 현저히 낮아졌음에 틀림없다. 어쨌든 오늘의 말만을 기준으로 한다면, 경상도 부부의 불평등 정도가 가장 심하고, 그 다음이 전라도, 그리고 중부 지방인 셈이다.

오늘날 젊은 부부들 가운데 서로에게 '해라'를 하는 수가 많다. 특히 오랜 기간 연애한 사이라면 이런 말을 쓸 가능성이 많아진다. 이런 말투는 남편과 아내의 관계가 과거와 달리 완전히 평등해졌음을 반영하는 것이어서 언뜻 보아 언어의 민주화가 진일보한 감이 없지 않다. 그러나 과거의 양반들이나 점잖은 남편이 아내를 대접하면서 '하오'를 사용했던 것을 상기하면, 이러한 평등은 이른바 하향 평준화라 할 수 있다. 서로를 낮춤으로써 대등한 관계를 확보하는 것이니, 평등은 얻었으되, 상대에 대한 존중을 잃어 버린 아쉬움이 있는 변화라 하겠다.

_전라도닷컴 2001-11-16

애기가 아시를 탕께 차꼬 몰라져

우리말에서 손아래의 형제를 '동생'이라 하는데, 이 말은 한자어 同生에서 온 것이다. 그런데 同生은 원래 〈손아래 형제〉를 가리키는 말이 아니었다. 〈손아래 형제〉를 뜻하는 한자에는 따로 弟와 妹가 있고, 현대의 중국어도 남동생을 弟弟, 여동생을 妹妹라고 하는 것을 보면, 한자어 同生으로써 〈손아래 형제〉를 나타내는 것은 순전히 우리말 고유의 용법인 셈이다.

옛말에 '동생'은 '동싱'으로 나타나는데, 이 '동싱'은 홀로 쓰이기보다는 '동싱아ᅀᅵ', '동싱형', '동싱형뎨' 등과 같은 복합어를 구성하여 쓰이는 것이 보통이었다. 한자 同生의 본뜻은 〈같은 부모에게서 태어나다〉이다. 만약 이 뜻을 '동싱아ᅀᅵ'에 적용해 보면 〈같은 부모에게서 태어난 아우〉 즉 〈친아우〉란 뜻을 나타낸다. 마찬가지로 '동싱형'은 〈친형〉, '동싱형뎨'는 〈친형제〉를 가리킨다. 실제로 옛 문헌에서 '동싱'은 바로 이러한 뜻으로 쓰였다. 이로 보면 '동싱'은 〈같은 부모에게서 태어나다〉라는 뜻에서 〈손아래 형제〉로의 의미 변화를 겪은 셈이다.

그렇다면 옛말에서 어떤 말이 〈손아래 형제〉를 나타냈을까? 그것은 바로 현대어 '아우'의 전신인 '아ᅀᆞ'였다. '아ᅀᆞ'는 나중에 '아우'로 바뀌어 현대에 이르지만, 그 세력은 점차 약화되는데, 이것은 새로 세력을 얻게 된 '동싱'과의 싸움에서 힘을 잃은 결과이다. '동싱'이 원래의 뜻에서 벗어나 〈손아래 형제〉라는 새로운 뜻을 얻게 되고, 그러면서 같은 뜻을 가졌던 '아ᅀᆞ'와 경쟁 관계에 놓이게 된다. 이 치열한 세력 싸움은 '동싱'의 승리로 끝나고, 경쟁에서 진 '아ᅀᆞ'는 힘을 잃고 점차 사람들의 말 속에서 사라져가게 된 것이다. 오늘날 대부분의 지역에서 '아우' 대신 '동생'을 쓰는 것은 이 때문이다.

전라도에서도 '동생'이란 말이 널리 쓰인다. 물론 지역에 따라 '동상' 또는 '동승'이라 하기도 하여 그 형태가 조금 바뀌어 쓰이기는 하지만 표준어와 뜻의 차이는 없다. 同生의 한자어 生은 전라도말에서 많은 경우 '상'으로 발음된다. '선생'(先生)을 '선상'으로 발음하거나, '고생' (苦生)을 '고상'으로 발음하는 것이 그러한 예인데, 따라서 '동생'이 전라도말에서 '동상'으로 발음되는 것은 매우 자연스러운 음운 현상이라 하겠다. 그러나 이런 '동상' 또는 '동승'이 원래 〈같은 부모에게서 태어나다〉를 뜻하고, 〈손아래 형제〉를 뜻하지 않았다면 전라도에서도 〈손아래 형제〉를 가리키기 위해 표준어처럼 '아ᅀᆞ'라는 말이 쓰였던 것일까? 적어도 오늘날의 전라도말에서 '아우'라는 말이 거의 사용되지 않으므로 전라도의 옛말에서 이런 말이 사용되었는지 쉽게 단정할 수 없다.

그러나 현재 전라도말에 '아우'라는 말이 쓰이지 않더라도 옛날에 이런 말이 쓰였던 흔적은 남아 있다. '아시타다' 또는 '아수타다'라는 말이 그것이다. 이미 젖먹이가 있는 엄마가 또다시 어린 아이를 낳게 되면 젖을 먹어야 할 아기가 둘로 늘어나게 된다. 이런 경우 아무래도 새로 태어난 아기에게 젖을 더 먹이게 되고, 이에 따라 먹을 젖이 줄어든 형은 젖을 못 얻어먹게 되면서 자꾸 여위어 갈 수밖에 없는데, '아시타다'나 '아수타다'는 바로 이처럼 여위어 가는 형의 상태를 가리키는 말이다. "애기가 차꼬 몸이 몰라진 것을 봉깨 아시탕갑다"의 '아시'가 바로 옛말 '아ᅀᆞ'와 같은 것이다.

'아시타다'나 '아수타다'처럼 관용적 표현에는 이미 사라져 버린 옛말의 흔적이 남아 있는 수가 많다. 그래서 이런 관용어를 잘 찾아보면 옛말의 존재를 짐작할 수 있는 것이다. 우리는 '아시타다'나 '아수타다'를 통해 전라도의 옛말에 '아시'나 '아수'가 있었음을 알게 되었고, '아시'나 '아수'가 쓰였던 시절에 〈친동생〉을 '동상아시' 또는 '동숭아수'로 불렀을 가능성도 추정할 수 있게 되었다. 이처럼 우리가 사투리라고 소홀히 생각하기 쉬운 말들도 꼼꼼히 살펴보면 조상들이 사용했던 옛말의 모습을 찾는 데 실마리로 쓰일 수 있는 것이다.

_『광주은행 사보』 2006년 가을호

8부

농경 문화

나락

나락 모가지, 나락 모개

올기쌀, 올기심니

홀태

도사리, 호무줄, 만도리

곰배, 곰배팔이

저릅대

전라도의 말과 문화

나락

　가을이 깊어지면 누렇게 익은 논의 벼도 이제 거둬들여야 한다. 밥을 먹어야 힘을 쓰는 우리 민족에게 쌀은 늘 생명의 근원이었다. 그러다 보니 쌀에 대한 집착이 그 무엇보다도 강한지라 쌀밥 먹는 일이 평생의 소원이었던 시절도 있었다. 쌀이 이처럼 귀하니 벼 또한 그만큼 귀한 존재였다. 오죽하면 '씻나락 오쟁이는 베고 죽는다'는 말까지 나왔을까? 설사 당장 먹을 곡식이 없어 굶어 죽을지언정 내년에 뿌릴 볍씨를 먹을 수는 없기에 볍씨를 담은 오쟁이(짚으로 만든 섬)를 머리에 베고 죽는다는 말이다. 종자에 대한 우리 민족의 집착을 그대로 드러낸 말이 아닐 수 없다.

　'씻나락'이라는 말에서 보듯이 전라도에서는 '벼'를 가리켜 '나락'이라 하는데, 곡식의 알을 뜻하는 '낟'에 접미사 '-악'이 결합한 것이다. 그래서 나락의 종자는 '씻나락'이 된다. 표준말에서도 '씨'를 '벼'와 결합시켜 '씨벼'라 하기도 하고, 그 순서를 바꾸어 '볍씨'라 하기도 하지만 전라도에서는 '나락씨'라는 말은 잘 쓰이지 않고 '씻나락'을 주로 사용한다.

　봄철, 못자리에 볍씨를 뿌려 기른 모는 뽑아서 논에 다시 심어야 한다. 이런 일 전체를 통틀어 '모내기'라 하지만, 기실 모내기는 못자리에서 모를 뽑는 일과 뽑은 모를 다시 논에 심는 두 가지 일로 이루어진다. 그 가운데서 특히 못자리의 모를 뽑는 행위를 가리켜 모를 '찐다'고 한다. 원래 '찌다'는 〈산에 나무 따위가 촘촘하게 난 것을 성기게 베어 내거나 아니면 나무나 풀 따위를 그냥 베어 내는 것〉을 가리키는 말이었는데, 못자리에서 배게 자란 모를 떼어 내는 것을 마치 산에서 촘촘히 자란 나무의 일부를 베는 것에 비유하여 이렇게 표현한 것이다. 그래서 지금은 국어사전에 아예 〈모판에서 모를 한 모숨씩 뽑아 내다〉라는 독립된 뜻으로 풀이되어 있는데, 전라도에서도 흔히 이 말을 쓴다. 그런데 전라도 안에서도 지역에 따라서는 '찌다' 대신 '뜨다'라는 말을 쓰기도 한다. '뜨다'는 "저쪽 산 밑에서 떼를 떴다"거나 "예전에는 겨울에 호수에서 얼음장을 떠서 저장해 두었다가 여름에 썼다"처럼 보통 큰 것에서 일부를 떼어 내는 것을 뜻하므로, 못자리에서 다 자란 모를 한 모숨씩 떼어 내는 것은 당연히 '모를 뜬다'고 표현할 수 있는 것이다.

이렇게 찌거나 떠 낸 모는 논에 다시 심게 되는데 이를 가리켜 '모 숭군다' 또는 '모 성긴다'처럼 동사 '심다'의 전라도 방언형을 쓴다. 그래서 전라도에서는 '모를 낸다'거나 '모내기를 한다'와 같은 말은 잘 사용하지 않고 "오늘 모 쪄야 쓰겠소"라거나 아니면 "오늘 우리 논에 모 숭거야 쓰겠소"처럼 모내기에 포함된 두 가지 일들을 구분하여 표현하는 것이 보통이다.

논에 심은 모는 여름의 뜨거운 열기를 받아 달구어진 물속에서 튼실하게 자라나, 가을이 익어가면서 그 열매 또한 누렇게 여물어 간다. 볍씨로부터 자라난 식물을 전라도에서는 '나락'이라 하지만 누렇게 익은 열매 또한 '나락'이라 부른다. 그러니 '나락'은 식물과 그 열매를 함께 가리키는 말인 셈이다. 이 점은 표준말의 '벼'도 마찬가지다. 다만 지방에 따라서는 식물을 가리켜 '벼'라 하고, 그 열매를 '나락'이라 하는 곳도 있으니, 이런 현상은 '벼'와 '나락'을 사용하는 중간 지대에서 일어나는 것이 보통이다.

_『광주 MBC 저널』 2007년 11월호

나락 모가지, 나락 모개

나락이 익으면 이삭이 나오려고 배가 불룩하게 되는데, 이를 '배동' 이라 한다. 보통 '배동이 서다', 또는 '배동이 오르다'처럼 말한다. 물론 이 말은 표준말인데 전라도에서도 마찬가지로 말한다. '배동'에서 '배' 는 아마도 신체의 일부인 '배'(腹)를 뜻하는 말일 것이다. 아기를 밴 어머니의 배가 부르듯이, 식물의 줄기도 열매를 맺기 이전에 배가 불룩해진다고 믿는 탓에 '배'의 의미를 식물에까지 넓혀서 사용한 것으로 보인다. '배동'의 '동'은 〈배추, 무, 상추 따위에서 꽃이 피는 줄기〉를 가리키는데, 보통은 씨를 받을 정도로 크게 자란 줄기를 가리켜 '동이 섰다'고 말한다. 그래서 나락의 배동이 서는 것은 결국 나락의 이삭이 나오기 이전 나락의 줄기인 배가 불룩하게 자란 것을 가리킨다고 할 수 있다.

배동이 선 후에 나락은 여물어 그 열매가 나오게 되는데 이를 가리켜 '나락이 팼다'고 한다. 동사 '패다'는 곡식이 익어서 이삭이 나오게 되는 상태를 가리키는 것이다. 나락이 패서 완전히 익으면 주저리주저리 달린 열매들은 고개를 숙이게 되는데, 이처럼 열매가 더부룩하게 많이 달린 부분은 표준말로 '이삭'이라 부르지만, 전라도에서는 보통 '모가지'나 '모개'라는 말을 쓴다. '모가지'는 동물의 목을 가리키기도 하고 사람에 사용하면 비하의 뜻이 담기게 되는데, 나락의 열매가 달린 부분을 마치 사람이나 동물의 목에 빗대어 '모가지'란 말을 쓴 것이다. '모가지'와 '모개'는 '목'에 '-아지'와 '-애'라는 접미사를 각각 붙인 것인데, '모가지'는 동물에 대해 흔히 쓰이는 말이지만, '모개'는 별로 사용되는 말은 아니므로, 오직 나락과 같은 식물의 이삭을 가리킬 때로 제한되어 쓰이는 셈이다. 그런데 전남의 진도 지역에서는 '나락 모가지'나 '나락 모개' 대신 '나락 이가지'나 '나락 이개'와 같은 말을 쓴다. '이가지'는 표준말 '이삭'과 방언의 '모가지'가 합성된 말일 것이며, '이개' 또한 '이삭'과 '모개'가 합성된 말일 것인데, 어떻게 진도 지역에서 표준말과 사투리가 서로 결합되어 독특한 합성어를 만들었는지 그 이유가 궁금할 뿐이다.

올기쌀, 올기심니

오늘날 추석은 흩어져 살던 가족들이 한데 모여 서로 얼굴을 볼 수 있는 귀한 기회로 그 의미가 바뀌었지만, 원래의 추석은 한 해의 수확을 감사하는 축제였다. 농사가 주된 일거리였던 옛날에는 그 해의 농사가 끝나면 농사를 주관했던 하늘과 조상신에게 수확의 기쁨을 돌리고, 함께 고생하며 일했던 가족과 동네 사람들이 한데 모여 일 년의 노고를 풀면서 한바탕 즐기는 때가 곧 추석이었던 것이다.

하늘과 조상신에게 드리는 제사는 그래서 마땅히 가을에 거둬들인 수확물을 바치는 행사였다. 그런데 문제는 추석이 다가오더라도 벼나 과일이 제때 익지 않을 수가 있다는 것이다. 특히 벼가 익지 않으면 햅쌀로 밥을 하여 차례를 지낼 수 없는 어려움이 생긴다. 이럴 경우, 우리 조상들은 아직 채 여물지 않은 풋벼를 이삭째 훑어서 '올벼쌀'을 만드는 지혜를 발휘하였다.

올벼쌀은 풋벼를 훑어서 솥에 넣고 찐 다음, 이를 말린 뒤 방아를 찧어서 생기는 노르스름한 쌀이다. 자연 상태에서는 채 여물지 않은 벼를 강제로 익혀 만든 이 올벼쌀로 조상에게 제때 제사를 지낼 수 있었던 것이다. 밥을 하고 난 뒤에 남는 올벼쌀은 적당한 군것질 거리가 없었던 시절, 호주머니에 넣어 두고 꼭꼭 씹어 즐겼던 고소한 '군임석'(=군음식)이기도 했다.

'올벼쌀'은 '올벼'를 찧은 쌀이다. 표준말에서 '올벼'란 제철보다 일찍 여무는 벼를 가리키지만, 전라도말 '올벼쌀'의 '올벼'는 채 여물지 않은 풋벼를 가리킨다. 이 풋벼를 쪄서 찐 쌀이 바로 '올벼쌀'이다. 이런 의미의 '올벼쌀'은 표준어 사전에 올라 있지 않다.

사실 전라도말에서 '올벼쌀'은 이대로 쓰이지는 않는다. 지역에 따라 '올베쌀'로 쓰는 곳이 있고, 많은 지역에서는 '올게쌀'이나 '올기쌀'로 쓰이기 때문이다. '올베쌀'은 '올벼쌀'의 '벼'가 '베'로 바뀐 것이다. '뼈'를 '뻬'라고 하듯이 이중모음 /ㅕ/가 단모음 /ㅔ/로 변한 결과이다. 이 '올베쌀'의 /ㅂ/을 /ㄱ/으로 바꾼 것이 바로 '올게쌀'이다. /ㅂ/과 /ㄱ/은 음성기관을 닫았다가 터뜨려 소리를 내는 점에서 공통인데, 이 때문에 두 소리는 종종 서로 바뀌어 쓰이기도 한다. 예를 들어 '거북'의 옛말은 '거붑'이었다. '거붑'처럼 /ㅂ/ 소리가 서로 이웃해 있기 때문에 발음이 불명확해지는 것을 막기 위해 '거붑'은 '거북'으로 바뀌었으니, 여기에서도 /ㅂ/과 /ㄱ/이 호환되었음을 알 수 있다. '거붑'이 '거북'으로 바뀌듯, '올베쌀'은 '올게쌀'로 바뀌고, 이것은 다시 '올기쌀'로 바뀌는데, 이것은 '뻬'를 '삐'라고 하는 것과 마찬가지다. 뼈를 낮추어 말할 때 '뻬따구'라 하기도 하고 '삐따구'라 하기도 한다.

올벼쌀로 밥을 하여 조상께 제사를 지내는 것을 표준말에서는 '올벼신미'라고 한다. 여기서 '신미'란 新味로서 〈새 맛〉이란 뜻이다. 다시 말하면 그 해에 새로 수확한 올벼로서 밥을 하여 이 새로운 맛을 조상에게 바친다는 뜻이다. 그런데 전라도 사람들은 이 '올벼신미'를 '올게심니' 또는 '올기심니'라고 한다. '올벼'를 '올게'나 '올기'로 말하는 것은 앞에서 설명한 바와 같다. 그런데 '신미'를 왜 '심니'라고 하는 것일까? 이것은 언중들이 新味라는 한자어를 제대로 이해하지 못했기 때문이다. 일반 사람들은 한자의 뜻을 잘 모르는 것이 보통이므로, 뜻을 모르는 단어의 경우는 쉽게 그 형태가 바뀔 수 있는 것이다. 여기에 발음기관의 특성이 작용하기도 한다. '신미'라는 말을 빨리 발음하면 '심미'처럼 된다. /ㄴ/이 뒤따르는 /ㅁ/에 동화되어 같은 소리인 /ㅁ/으로 발음되는 것이 우리말의 일반적인 현상이다. 그런데 정작 이렇게 '심미'라고 하면 이제 같은 소리가 서로 이어나서 발음이 불분명하게 되는 문제가 생긴다. 이런 발음상의 모호함을 줄이고 소리가 분명히 느껴지도록 두 번째 오는 /ㅁ/을 /ㄴ/으로 바꾸었다. 그 결과로 '신미'가 '심니'로 변한 것이다. 결과적으로 '신'의 /ㄴ/과 '미'의 /ㅁ/이 서로 자리를 바꾼 셈이 되었다. 이런 소리의 변덕은 서로 정이 들어 가까워진 두 사람이 얼마 후에는 오히려 싫증을 내어 헤어지는 것과 같은 이치다.

전라도말에 '올베쌀', '올게쌀'이 있다는 사실은 이 지방에서도 과거 어느 때에 '벼'라는 말이 쓰였음을 암시한다. 오늘날 모든 전라도 지역에서는 '벼' 대신 '나락'이라는 말을 쓰지만, '올베쌀'이나 '올게쌀'은 이 지역에서도 '벼'라는 말이 쓰였을 가능성을 제기하는 것이다. '나락' 이전에 '벼'가 쓰였거나, 아니면 '벼'와 '나락'이 함께 쓰였을 수도 있다. 지방에 따라서는 두 말이 함께 쓰이면서 서로 의미를 달리하여, 논에서 자라는 식물은 '벼', 타작한 낟알은 '나락'이라 부르는 곳도 있기 때문이다.

_『전라도닷컴』 2007년 10월호

홀태

지금쯤이면 가을걷이가 끝난 논들은 황량한 모습으로 남아 있을 것이다. 어려운 시절이었다면 떨어진 이삭을 줍는 사람들도 있었을 터이지만, 요새야 쌀이 남아도는 형편인데 누가 이삭줍기에 나서기나 할 것인가? 게다가 기계로 벼를 베는 통에 이삭이나 남아 있는지 모르겠다.

요즘에는 벼를 베고 탈곡하는 일이 콤바인이라는 기계에서 한꺼번에 행해진다. 옛 시절 일일이 사람의 힘으로 베고 이것을 단으로 묶어 논에 말려 두었다가 집안으로 옮겨 벼의 낟알을 떨어내야 했던 고단한 작업들이 한 자리에서 단 하루에 끝날 수도 있게 되었으니, 옛 조상님들이 이런 사실을 알게 되면 얼마나 원통하게 생각하실지 한편으로는 죄송한 마음까지 든다.

베어 낸 곡식에서 낟알을 털어내는 일을 가리켜 '타작'(打作) 또는 '탈곡'(脫穀)이라 하고, 순수한 우리말로는 '바심'이라는 말을 쓴다. 거둬들인 콩을 두드려 콩알을 털어 내는 일을 '콩바심'이라 하고, 채 익기 전의 벼나 보리를 미리 베어 떨거나 훑는 일을 '풋바심'이라 한다. 전남 출신 소설가 문순태의 「타오르는 강」에는 '앞당겨 풋바심으로 추수를 끝내 버린 농부들은 모라도 빨리 내려고 서둘러 보리논을 갈아엎었다.'라는 예가 보이고, 경북 출신 작가 김원일의 「불의 제전」에는 '양식거리가 떨어져 풋바심을 하기 위해 이제 갓 알이 여물어 노르스름한 빛을 띠기 시작하는 보리를 베어 눕히는 농부도 더러 있었다.'처럼 쓰인 예로 미루어 전라도나 경상도에서 모두 사용하는 말임을 알 수 있다.

 '타작'(打作)은 작물을 때려서 낟알을 털어내며, '탈곡'(脫穀)은 낟알을 벗긴다는 한자의 뜻을 담고 있지만 '바심'은 아마도 동사 '밧다'에서 온 말로 보인다. '밧다'는 15세기 중세어에서는 현대의 '벗다'와 같은 뜻으로 쓰였던 말이다. 그래서 『월인석보』에는 '裸는 옷 바슬씨오'라는 말이 찾아지는데, 이 말은 '裸는 옷 벗는다는 말이오'라고 번역할 수 있는 옛말이다. 또한 『능엄경언해』에는 '두려이 바스리라'(圓脫)라는 말도 보이는데, '둥글게 벗으리라'는 뜻으로 해석된다. 여기서 보듯이 중세어 '밧다'는 한자 裸나 脫의 뜻을 가진 낱말이다. 따라서 곡식에서 낟알을 떨어내는 일을 '바심'이라 하는 이유는 충분히 수긍이 간다. 脫穀의 脫이 본디 이와 같은 의미이기 때문이다.

 전라도에서는 '바심', '콩바심', '풋바심'이란 말을 쓰지만 타작하는 일을 가리키는 일반적인 동사는 '홀트다'이다. 그래서 "나락 다 홀탔는가?"라는 말은 벼를 다 타작했는지를 묻는 말이다. 전라도말에는 '홀트다'와 '훌트다'가 있고 이들은 모두 표준말 '홅다', '훑다'처럼 말맛의 크기에 따라 구분되는 말인데, 특히 타작하는 경우를 가리킬 때에는 '홀트다'라고만 한다. 그래서 "나락 다 훌텄소?"라고 하면 이상한 말이 된다.

 전라도 사람들은 타작하는 일을 왜 '홀트다'라고 했을까? 본시 '홅다'나 '훑다'에는 〈붙어 있는 것을 떼기 위하여 다른 물건의 틈에 끼워 죽 잡아당긴다〉는 뜻이 포함되어 있다. 그래서 참빗으로 서캐를 훑는다는 말은 참빗으로 머리를 빗을 때 참빗의 빗살 사이에 서캐가 걸려 빠져 나오도록 한다는 말이다. 지금은 벼를 타작할 때 콤바인을 쓰지만 백여 년 전에는 집게처럼 만든 나뭇가지를 이용하였다. 두 나뭇가지의 한끝을 동여매어 집게처럼 만들고 그 틈에 벼 이삭을 넣고 훑으면

그 사이로 낟알이 걸려 빠져 나오게 하였던 것이다. 마치 참빗으로 서
캐를 훑듯, 나뭇가지로 낟알을 훑었기 때문에 지금도 전라도에서는 타
작하는 일을 '나락 홅튼다'고 표현하는 것이다.

　이렇게 벼를 훑을 때 사용했던 나뭇가지는 표준말에서 '벼훑이'라고
하지만 전라도에서는 '가락홀태'라거나 '손홀태'라고 불렀다. 이때의
'홀태'가 '홅-'에 접미사 '-애'가 결합된 낱말임은 물론이다. 가락홀태는
나중에 쇠로 빗살을 만들어 땅 위에 세워 두고 이 빗살 사이로 낟알을
홅어 냈던 쇠홀태로 바뀌었는데, 이것을 표준어에서는 '그네'라고 하
지만 전라도에서는 '손홀태'와 대립시켜 '발홀태'라고 부른다. 이런 '발
홀태' 시기가 지나면 둥글게 돌아가는 '기계홀태' 시대가 도래한다. '기
계홀태'는 둥근 원통의 겉에 굵은 철사로 만든 수많은 혹을 붙여 놓아
서, 빠르게 도는 원통 위에 볏단을 대면 볏단은 철사 혹에 부딪혀 낟알
이 밑으로 떨어지게 된다. 처음에는 발판을 발로 밟아서 통을 돌렸지
만 나중에는 발동기를 달아 자동으로 기계가 돌아가도록 하였는데, 이
기계를 '탈곡기'라 부르기도 하지만, 옛 이름을 따서 그냥 '홀태' 또는
'기계홀태'라 하기도 한다. 더 이상 낟알을 나뭇가지나 쇠 빗살로 훑지
는 않으면서도 그 이름은 계속 유지되었던 것이다.

　가락홀태로 벼를 훑을 때에는 훑어낸 낟알을 모아 그 위에 숟가락
을 꽂을 정도의 양이 되어야 새참을 먹을 수 있었다고 하니, 얼마나 훑
는 일이 더디게 진행되었는지를 짐작할 수 있다. 가락홀태를 써서 수
십 일을 탈곡에 쏟았던 시절과 벼를 베고 타작하는 일을 하루만에 끝
내는 요즘을 비교해 보면, 백 년 동안에 그야말로 경천동지의 변화가
일어났음을 알 수 있다.

_『광주 MBC사보』 2008년 1월호

도사리, 호무줄, 만도리

　지나가는 몽골 사람을 보고 자기도 모르게 한국말로 말을 걸었다는 이야기를 들은 적이 있다. 외모가 너무도 비슷해서 자신이 몽골에 있다는 생각을 잠시 잊었던 것이다. 언어적으로도 몽골어와 한국어는 알타이어에 속하면서 서로 비슷한 점이 많다고 한다.

　그러나 몽골민족과 우리가 멀고 먼 옛날에 한 종족이었다 하더라도 현재의 삶의 모습만을 비교해 보면 근본적으로 다름을 알 수 있다. 몽골 민족은 유목민족이며 우리는 농경민족이기 때문이다. 오늘날에도 도시에 사는 사람을 제외한 대부분의 몽골 사람들은 양이나 소, 말 등을 치면서 풀을 따라 이곳저곳으로 옮아 다니며 산다. 이처럼 몽골민족이 유목 생활을 하게 된 것은 그곳의 지리적 환경 때문이다. 몽골은 한반도와 달리 완만한 구릉과 끝없이 펼쳐진 초원으로 이루어져 있다. 비가 적어 물이 풍부하지는 않지만 덕분에 풀은 우리처럼 길게 자라는 것이 아니라 동물이 뜯어먹기 좋을 정도의 높이로만 자란다. 그러니 여름철 몽골은 온통 풀밭이다. 이런 풀밭이야말로 양을 비롯한 가축들의 먹을거리이니 우리처럼 따로 사료를 마련할 필요가 없어 그저 풀밭에 가축을 풀어 놓으면 그뿐이다.

　풀에 대한 태도를 보면 유목민족과 농경민족의 삶을 대비해서 이해할 수 있다. 유목민족에 있어 풀은 삶을 지탱해 주는 뿌리이지만, 농경민족에게는 곡식의 성장을 가로막는 방해꾼일 뿐이다. 그래서 농부는 씨를 뿌린 이후 수확을 할 때까지 온통 풀과 싸우지 않으면 안 된다. 우리말에는 풀을 가리키는 말로 '꼴'과 '김'의 두 가지가 있다. '꼴'은 말이나 소에게 먹일 풀이지만, '김'은 논밭에 자라는 잡풀을 가리킨다. 따라서 몽골의 풀은 온통 '꼴'이지만, 우리의 풀은 '김'이 대부분이다. '꼴'은 낫으로 베는 것이 보통이지만 '김'은 손이나 호미로 하나하나 뽑아 주어야 하는데 이를 '매다'라고 한다. '김'이나 '매다'라는 말이 따로 있을 정도로 '김매기'는 농경 생활에서 반드시 치러야 할 필수적인 과정이었던 것이다.

'김'이란 동사 '깃다'에서 온 말이다. '깃다'는 논밭에 잡풀이 많이 나는 것을 이르는 말이다. '김'은 '깃다'의 명사형 '깃음'으로부터 생긴 말이니 〈논밭에 자라는 것〉을 의미하였던 말이다. 전라도말에서는 '깃다'가 구개음화를 일으켜 '짓다'가 되고 이것의 명사형 '짓음'이 그대로 유지된 '지슴'이나 또는 모음이 약간 바뀐 '지심'으로 쓰인다. 표준말과 달리 /ㅅ/이 그대로 쓰이는 것이 다른데 이런 현상은 닭이 먹는 '모이'를 전라도에서 '모시'라고 하는 것과 같다. 전라도 지방에서는 '지심매다'라는 말도 쓰지만 오히려 '풀매다', '논매다', '밭매다' 등으로 말하는 것이 보통이다.

논이나 밭의 풀은 대체로 세 번 또는 네 번 정도 매는데, 각각의 차례에 따른 이름이 따로 있다. 예를 들어 처음 논의 풀을 맬 때에는 손으로 대강 매게 되는데 이를 전라남도의 보성 지역에서는 '도사리'라고 부른다. 도사리를 맨 뒤 두 벌 맬 때에는 호미로 촘촘하게 매게 되는데 이를 '호무질'이라 하며, 마지막으로 손으로 풀을 쥐어뜯으면서 매는 것을 '만도리' 또는 '맘물'이라 한다. 일의 끝맺음을 표준말로 '마무리'라 하는데 '만도리'나 '맘물'이 '마무리'와 같은 어원을 갖는 것은 쉽게 알 수 있다. '호무질'과 '만도리' 사이에는 호무질한 흙덩어리를 잘게 부수는 과정이 있을 수 있는데 이를 보성 지역에서는 '호무꿀 주무린다' 또는 '호무꿀 푼다'고 한다.

만도리가 끝날 즈음, 음력 칠월 보름에 백중(百中)이 있다. 백중 때까지 농사를 잘 지은 사람을 보고 '장우니 했다'고 하며 이런 집에서는 농사가 잘 된 기쁜 마음에 마을 사람들에게 '장우닛술'을 내기도 한다. 또는 그 마을에서 넉넉하게 사는 사람들이 그동안 고생한 일꾼들을 위로하는 술을 내기도 한다. 풀과의 싸움에서 이긴 일꾼들을 격려하고 이들의 고생에 대한 보답을 하는 셈인데, 이럴 때에는 상일꾼을 소에 태우고 한바탕 풍물놀이가 벌어지곤 했었다. 적군을 물리친 개선장군이 팡파르 소리와 함께 말을 타고 성 안으로 입성하듯, 풀과의 싸움에서 이긴 일꾼은 요란한 풍물소리와 함께 소를 타고 마을로 들어왔던 것이다.

_『전라도닷컴』 2008년 9월호

곰배, 곰배팔이

명색 편지라고 지칭하는 피딱지에는 언문 글월 한 자도 적혀 있
지 않았기 때문이었다. 궐자는 낫 놓고 기역자도 모르는 판무
식이란 말인가.   _김주영의 「활빈도」

아주 무식한 사람 또는 글자조차 읽지 못하는 사람을 두고 우리 조
상들은 '낫 놓고 기역자도 모른다'고 하였다. 그런데 왜 하필 낫일까?
기역자처럼 구부러진 물건은 주위에서 여러 가지가 있을 수 있을 텐
데 말이다. 그것은 농사를 짓고 살았던 시절, 낫과 같은 농기구가 오
늘날과 달리 지극히 일상적인 연장이었기 때문이다. 날마다 쓰고 살
았던 익숙한 연장을 통하여 추상적이고 낯선 사물을 바라보는 것이
우리 조상들의 삶의 방식이었던 것이다.

그런데 같은 작가의 소설 「객주」에는 '상리를 노리는 수완이나 물
정을 익히게 된 것하며, 눈으로는 고무래정자 하나 뜯어볼 줄 모르는
까막눈이던 제가 그럭저럭 부상의 자리에 이르고'처럼 까막눈을 가리
켜 '고무래 정자 하나도 뜯어볼 줄 모른다'고 표현하기도 하였다. 고무
래는 〈곡식을 그러모으고 퍼거나, 밭의 흙을 고르거나 아궁이의 재를
긁어모으는 데에 쓰는 농기구〉를 말한다. 장방형이나 반달형 또는 사
다리꼴의 널조각에 긴 자루를 박아 만드는데, 그 모양이 한자의 丁과
흡사해서 이런 이름이 붙었던 것이다. 무식한 것을 나타내는 한자 성
어 '목불식정'(目不識丁)은 바로 이것을 두고 한 말이다. 낫이건 고무래

건 농사를 지을 때 일상에서 손쉽게 접할 수 있는 농기구이므로, 추상적인 글자를 가리키면서 우리 조상들은 자신들이 매일 사용하던 농기구로 비유했던 것이다.

그런데 전라도 사람들은 한자 丁을 '곰배 정'이라 부르기도 한다. 여기서 말하는 '곰배'란 무엇일까? 강원도나 함경도 지방에서는 고무래를 두고 '곰배'라 부르므로 이런 지역에서는 '고무래 정'과 '곰배 정'이 아무런 차이가 없는 셈이다. 그러나 전라남도 방언에서는 사정이 다르다. 전라도 지방에서는 고무래를 '곰배'라고 하지는 않기 때문이다.

전라남도 지방에서는 고무래를 두고 '당그래'나 '미래' 등으로 부르곤 한다. 곡식을 넣거나 고를 때 우리는 자연스럽게 고무래를 잡아당기거나 미는 동작을 반복적으로 하지 않으면 안 된다. 그런데 이 두 가지 동작의 어느 쪽을 기준으로 삼느냐에 따라 '당그래'와 '미래'의 두 가지 낱말이 생기게 된 것이다. 주로 전남의 북부 지방에서는 '당그래', 남해안을 비롯한 남쪽 지방에서는 '미래'가 쓰인다. 그리고 '당그래' 지역과 '미래' 지역이 만나는 중간 지대에서는 '미랫당그래'와 같이 두 말이 합해진 어형이 쓰이기도 한다. 이런 상황을 고려하면, '곰배'는 '당그래'나 '미래'와는 구분되는 다른 것을 지칭하지 않으면 안 된다.

사실 전라남도에서 '곰배'는 자그마한 통나무에 구멍을 뚫고 거기에 긴 자루를 붙인 것으로서 주로 흙덩이를 잘게 부술 때 쓰이는 농기구를 가리킨다. 따라서 '미래'나 '당그래'가 곡식을 고르는 일을 주로 맡는 것에 비하면 그 기능이 확연히 구별되는 것이다. 또한 그 모양도 전혀 다르다. '미래'나 '당그래'는 앞부분에 널조각을 대지만 '곰배'는 통나무 도막을 사용한다는 점에 차이가 있다. 이처럼 표준어 '고무래'에 대응하는 전라남도 방언형 '미래'나 '당그래'와는 모양이나 기능이 다르지만 영어의 T나 한자 丁과 같이 생긴 점에서는 별다른 차이가 없으므로 '곰배 정'과 같은 한자명이 쓰이게 된 것이다. 같은 글자를 두고도 지역에 따라서 고무래를 연상하기도 하고 곰배를 연상하기도 하는 점이 흥미로운데, 이처럼 방언이란 비유나 연상의 차이에서 비롯되는 수도 있음을 '고무래 정'이나 '곰배 정'이 보여 주고 있다. 물론 고무래나 곰배 모두 일상적으로 쓰던 농기구였음을 감안하면, 우리의 비유나 연상이 가장 구체적인 일상에서 출발한다는 사실을 재차 확인하게 된다.

'곰배'는 전라도 안에서 지역에 따라 '곰배이'라 하기도 하며, 표준말로는 '곰방메'라 한다. '곰방메'의 '메'는 떡을 치는 데 사용되는 '메'이므로, 흙을 부수는 메라는 뜻이다. '곰방'은 짧은 담뱃대를 가리키는 '곰방대'에서도 찾아진다. 아마도 담배통과 담배설대가 거의 직각처럼 구부려져 있는 모양이 '곰방메'와 비슷하기 때문에 이런 이름이 붙었을 것이다. 이처럼 표준말 '곰방'은 전라도말 '곰배'에 대응하는 말로서 아마도 그 기원이 같은 말일 것이다.

그런데 '곰배'가 전라도말에만 있는 것은 아니다. 표준말에도 '곰배말', '곰배팔', '곰배팔이'와 같은 말이 있기 때문이다. '곰배말'은 등이 굽은 말을 가리키고, '곰배팔'은 꼬부라져서 펼 수 없게 된 팔이다. 그리고 '곰배팔이'는 곰배팔을 가진 사람을 말한다. 이런 말들의 '곰배'는 한결같이 구부러진 모양을 형용하고 있는 점이 특징이다. 이처럼 '곰배'에 다른 말이 붙어 복합어를 이룬 것들이 표준말에 사용되는 것을 보면 과거 어느 시기에 서울 지역에서도 '곰배'를 썼음에 틀림없다. 그리고 이 '곰배'는 전라남도에서 쓰인 '곰배'처럼 그 모양이 영어의 T나 한자의 丁자처럼 생긴 농기구였을 것이다. 그것이 오늘날의 '고무래'였거나 아니면 전라남도의 '곰배'처럼 흙덩이를 깨는 용도로 쓰였는지는 분명하지 않지만 그 모양은 구부러진 모양을 가졌으므로 여기서부터 '곰배팔'이나 '곰배말'과 같은 낱말이 파생되었을 것이다.

우리 조상들은 일상생활에서 늘 만지고 사용하는 농기구에 빗대어 다른 사물을 가리키곤 하였다. 낫을 가지고 한글 기역자를 부르거나 고무래 또는 곰배를 써서 한자 丁을 부르는 것이 그 대표적인 예이다. 이런 비유 현상은 우리 조상들이 농사를 지으면서 살아온 그 삶의 방식이 세상을 바라보는 방식으로 이어졌음을 말해 준다. 결국 사람이란 자신이 사는 방식을 토대로 다른 사물이나 세상을 바라볼 수밖에 없는 존재인 셈이다.

_『광주 MBC 저널』 2007년 1월호

저릅대

　요즘처럼 컴퓨터나 게임기가 없던 시절, 아이들은 으레 밖으로 나가 놀곤 했었다. 여름이면 지천에 널려 있는 잠자리를 잡는 일도 그 때 아이들의 주된 놀이 중의 하나였는데, 물가에는 푸르다 못해 검게 보이는 물잠자리가 흔해 빠졌었다. 이 물잠자리를 잡기 위해서는 잠자리채가 필요한데, 지금처럼 곤충망으로 만들어진 잠자리채가 없던 시절이라, 손수 만들어야 했었다. 이때 필요한 것이 '저릅대'이다.

　'저릅대'는 껍질을 벗긴 삼(麻)나무의 줄기를 가리킨다. 요즘에야 삼을 구경하기 어렵고, 더구나 말린 삼 잎은 환각 효과 때문에 잘못 손댔다가는 무거운 형벌을 받기까지 하는 터이므로, 그 취급에 주의가 필요하지만, 옛날에야 텃밭에 흔히 심을 수 있는 것이 삼이었다. 그리고 다 자란 삼은 쪄서 그 줄기의 껍질을 벗겨 내어 삼베를 짜기 위한 실을 만들었다. '저릅대'는 이때 나오는 부산물이다. 줄기의 껍질만이 삼실을 낳는 데에 필요하므로, 그 껍질을 벗겨 내고 난 줄기(삼대)는 특별한 쓸모가 없었는데, 이를 전라도말로 '저릅대'라 불렀던 것이다. 대체로 '저릅대'의 첫 음절을 길게 발음해서 '저:릅대'라고 했던 기억이 있다. 또 어떤 이는 '저' 대신 '조'라고 하여, '조:릅대'라 하기도 했다.

　이 저릅대는 지극히 가벼운 것이 특징이다. 그래서 엮어 울타리를 막는 데 쓰거나, 아니면 지붕 위에 쉽게 얹을 수도 있었으며, 이도 저도 아니면 그냥 땔감으로 쓰면 족하였다. 그런데 특별한 장난감이 없던 시절의 아이들에게 이 저릅대는 쉽게 가지고 놀 수 있는 놀이 기구의 하나였다. 우선 가볍기 때문에 아이들이 손쉽게 휘두를 수 있고, 길이가 길어 여러 모양으로 만들 수도 있었는데, 특히 이 저릅대로 만든 잠자리채가 흥미로운 것이다. 저릅대로 잠자리채를 만들려면 우선 저릅대의 끝을 구부려 삼각형 모양으로 만들고, 이 삼각형에 거미줄을 묻혀야 했다. 요즘에는 거미줄 찾기도 쉬운 일이 아니지만 옛날에는 어딜 가나 흔한 것이 거미줄이었고, 거미줄 가운데서도 거의 눈에 보이지 않을 정도로 투명한 거미줄이 잠자리채 용으로는 제격이었다. 이런 거미줄을 묻힌 길고 가벼운 저릅대를 휘두르면 잠자리는 으레 저릅대 끝의 거미줄에 꼼짝없이 갇히게 되는 것이다.

'저릅대'는 그래서 당시를 기억하는 사람에게는 추억의 낱말이고, 이에 대응하는 표준말이 없어 특유한 전라도말이라고 생각하기 쉬운데, 국어사전을 찾아보면 우리의 예상과는 달리 '저릅대'에 대한 표준말로 '겨릅' 또는 '겨릅대'란 단어가 올라 있어 실망스럽기까지 하다. 즉 표준말 '겨릅대'의 첫 자음 /ㄱ/이 전라도말에서 /ㅈ/으로 바뀌어 '저릅대'가 된 것이다. 이러한 소리의 변화는 구개음화라고 불리는 것으로서, 표준말의 '길'을 전라도 사람들이 '질'이라고 하는 것과 같은 것이다.

'겨릅대'든 '저릅대'든 이제는 이러한 물건을 더 이상 보기 어렵기 때문에 말도 더 이상 쓰이지 않게 되어, 이 말은 그저 사전 속에서만 그 모습을 간직하고 있는 셈이다. 어떤 이는 사전 속에 잠자고 있는 말들을 되살려 쓰자고 하는데, 낱말에 따라 그럴 수 있는 것도 있지만, '저릅대'와 같은 낱말은 삼을 심어 삼베를 짜는 전통이 이어지지 않는 한, 사라지기 쉬운 운명에 있다고 할 수 있다. 생활의 문화와 더불어 말도 그 운명을 함께 하는 것이므로.

_전라도닷컴 2000-12-22

9부

동물 문화

쪼놈의 달구새끼, 넘새밭 다 쪼사 묵네
되야지막, 외양간, 마구
부지땅 맞은 소
도래도래
불붙이다, 수붙이다, 갓붙이다
호랭이 장개가네
와가리 울고 개똥불 날던 날의 추억
거시
때까우
불소, 불암소, 이레소, 이레쟁이, 이리돗
쥐나개나 무스탕이시

전라도의 말과 문화

쪼놈의 달구새끼, 넘새밭 다 쪼사 묵네

아이들 성화에 못 이겨 강아지를 기른 적이 있다. 동물을 유난히 좋아하는 아들 녀석이 기르던 햄스터에 싫증이 났는지, 강아지를 사 달라고 졸랐다. 그러자 나머지 아이들도 덩달아 조르기 시작하니 배겨낼 도리가 없다. 아파트에 살면서 개를 기르다니, 생각만 해도 끔직한데, 아내와 나는 아이들의 졸림에 그만 항복하고 말았다. 동물과 더불어 살다 보면 아이들 정서에도 도움이 되지 않을까 하는 한 가닥 희망도 작용했음은 물론이다. 가까운 동물 병원에 부탁을 했더니 털이 긴 말티즈 수놈을 권한다.

애완용 개는 염려했던 것보다 기르기가 수월했다. 우선 사료를 사다 먹이니, 염소처럼 똥이 단단하고 메말라, 지저분하지가 않다. 게다가 집안의 일정한 장소에다 배변하는 습관을 들이니, 신통하게도 다른 곳을 더럽히지는 않았다. 퇴근하고 아파트 현관문을 열라치면, 부리나케 달려와 온 몸으로 맞아 주니, 얼굴만 슬쩍 내비치고 제 방으로 그냥 들어가는 자식놈들보다 얼마나 정겨운가. 이 맛에 다들 개를 기르지 않나 싶은 생각이 들 정도였다.

그러나 개를 기르는 일이 항상 즐거운 일만은 아니다. 하루 종일 사람 없는 아파트를 지키고 있노라면, 오죽 무료할까? 때때로 소파에 기대어 하염없이 아파트 창밖만 바라보고 있는 강아지를 보고 있자면, 괜한 짓을 한 것이 아닌가 하는 후회가 들 때가 있다. 샴푸로 목욕을 시켜 준다, 털을 깎는다, 발톱을 다듬는다, 아니면 냄새의 진원지인 귀를 정기적으로 청소해 준다 등등의 보살핌은 개 자신에게는 하등 좋을 것이 없는 것들이다. 그보다는 밖에서 마음대로 뛰놀게 해 주는 것이 개를 위한 일일 텐데, 바쁘다는 핑계로 아니면 게으름 때문에 정작 필요한 일은 소홀히 하게 된다. 유럽의 체코 사람들도 개를 유난히 좋아하는데, 그 나라에서는 하루에 일정 시간 개를 산책시키지 않으면 개를 학대한 죄로 벌을 받는다고 한다. 결국 규칙적으로 개를 산책시키고 운동시킬 자신이 없으면 개를 기르지 않는 것이 최선이라는 결론에 도달했다.

이처럼 개나 돼지, 심지어 호랑이와 같은 야생 동물까지도, 사람의 필요에 따라 가두어 놓고, 우리는 이를 '기른다' 또는 '친다'고 말한다. 그러나 전라도말에서는 이러한 말은 쓰는 사람이 별로 없고 대신 '키운다'라고 하는 것이 보통이다. '키우다'는 옛말에 '킈우다'로 쓰이는데, 그 어원이 '크게 하다'인 것은 쉽게 짐작이 가는 일이다. '키우다'는 동물뿐 아니라 식물에도 쓰일 수 있어 "쩌 집은 난을 겁나게 많이 키워라우."라고 할 수도 있고, 심지어는 사람까지도 '키운다'고 한다. "그 냥반은 애기들을 끼릿끼릿허니 잘 키워 놨어."

가축이나 동물들을 가두어 키우려면 집을 마련해 주어야 하는데, 우리말에는 흥미롭게도 동물에 따라 그 집을 가리키는 이름이 각각 다르다. 개는 그냥 '집'이라고 하지만, 닭은 집이라는 말을 쓰지 않고 '장'(欌)이라는 말을 쓴다. 닭뿐만 아니라 새나 토끼도 같은 말을 써 '새장'이니, '토끼장'이니 라고 말한다. 그러나 인위적인 집이 아닌 새나 토끼의 자연스러운 보금자리는 그냥 '집'이라고 부른다. 그래서 '새집'과 '새장', '토끼집'과 '토끼장'은 구별된다. 다만 닭은 가축화되었기 때문에 '집'이라는 말을 쓸 필요가 없어 언제나 '닭장'으로만 쓰인다. 닭과 새 그리고 토끼를 기르는 '장'은 나무막대나 철사로 엮어 만드는 것이 보통인데, 그래서 창문을 철망으로 두른 경찰 수송용 버스를 흔히 '닭장차'라고 부르지 않는가?

'닭장'을 전라도에서도 그대로 '닭장'이라고 하는 사람도 없지는 않지만 대개는 '달구장태'라고 부른다. '장태'는 표준말의 '장'과 같은 뜻일 텐데 '장'에 덧붙는 '태'의 어원은 확실하지 않다. 전라도말의 '달구'는 '닭의'처럼 뒷말을 꾸며 주는 말이니, '달구장태'란 곧 '닭의 장태'인 셈이다. 닭과 관련된 말에서 우리는 흔히 '달구'라는 표현을 찾을 수 있는데, '달구똥', '달구새끼' 등이 그러한 예이다. 집 근처의 채소밭에 들어가 마음껏 채소를 쪼아 먹는 닭을 보고, "쩌 놈의 달구새끼, 넘새밭 다 쪼사 묵네."라고 소리를 지르기도 한다. 이밖에도 달걀을 전라도 일부 지방에서 '달괄'이라고도 하는데 이것은 물론 '달구알'에서 생겨난 말이다.

닭과 달리 병아리는 닭장에서 키우지 않고 채를 엮어 둥그렇게 위가 막힌 '어리'에다 가두어 놓고 키운다. '어리'는 대를 쪼개 엮어 만드는 것이 보통인데, 천방지축 제 마음대로 돌아다니는 병아리들을 해질 녘이면 '구구구' 하면서 '어리'에 몰아넣어야 밤새 안녕할 수 있다. 전라도에서는 '어리' 대신 '가리'라는 말을 쓴다. 그리고 여기에 '닭'이나 '달구'를 덧붙여 '닭가리' 또는 '달구가리'라고 말하는 것이 보통이다. "삥아리는 모시 허쳐서 가리에다 넣고, 닭은 장태에다 몰아넣어라, 비 오겄다."처럼 '가리'와 '장태'는 서로 대립해서 쓰일 수 있는 것이다.

병아리가 다 자라면 '달구가리'는 더 이상 쓸모가 없지만, 가을철 추수하고 남은 곡식을 쪼아 먹기 위해 마당에 날아오는 참새를 잡는 도구로 이용되기도 한다. '달구가리'를 새끼줄이 달린 나무막대로 받치고, 길게 늘인 새끼줄을 붙잡고 숨어 있으면, '가리' 밑에 흩어 놓은 낟알을 쪼아 먹으려고 참새들이 멋모르고 날아오기도 하기 때문이다.

물론 이렇게 해서 참새잡기에 성공하기란 극히 어려운 일이지만, 특별한 장난감이 없던 시절에는 이마저도 아이들 흥미를 끌기에 충분한 이벤트였던 것이다.

_전라도닷컴 2001-04-22

되야지막, 외양간, 마구

돼지는 무척 친근한 동물이다. 요즘에는 전문적인 사육 농가가 있지만, 옛날에는 집집마다 돼지 한두 마리씩 기르는 것이 보통이었다. 사료가 변변치 않았던 시절이라, 대규모로 돼지를 기르는 일은 엄두를 내지 못했는데, 집안에서 나오는 음식 찌꺼기나 밀기울, 보릿겨만으로는 한두 마리 기르기도 쉽지 않았던 때였다.

돼지를 넣어 두고 기르는 곳을 '우리'라고 한다. 물론 근자에는 '돈사'(豚舍)라는 한자어도 쓰기는 하지만, 순수한 우리말로 '우리'라는 말을 쓰는데, 돼지뿐 아니라 동물원의 야생 동물들의 보금자리도 같은 말을 쓴다. '우리'는 동물이 넘어가지 못하도록 방책을 두른 축사를 가리키므로 이 말은 울타리를 뜻하는 '울'과 어원이 같은 것으로 추정된다. 전라도에서는 '우리' 대신 '막'(幕)이라는 말을 쓴다. 그래서 '돼지우리' 대신 '되야지막'이라고 말하는 것이 보통이다. 이 '막'은 '오두막'이나, '움막' 또는 '원두막'과 같은 낱말에 쓰이는 '막'과 같은 것이다. 지역에 따라서는 '막' 대신 '청'이나 '간'을 쓰기도 한다. 즉 '되야지청'이나 '되야짓간'이라고 하는 것이다. '청'(廳)과 '간'(間)은 여러 말에서 바뀌어 나타난다. 예를 들어 '헛간'을 '허청'이라 하기도 하고, '나뭇간' 역시 '나무청'이라고 하는 지역이 있다.

소는 돼지에 비해 훨씬 대접을 받는 가축이다. 돼지야 팔아서 가용에 보태 쓰거나, 아니면 집안 대사(大事)를 칠 때 한 마리 잡아서 동네 사람들끼리 나눠 먹기 위한 용도로 기르고, 또 새끼도 여러 마리 낳지만, 소는 농사일을 도와주는 탓에 소 한 마리 있는 집이면 괜찮게 사는 집이었다. 그래서 먹기 위해 소를 잡는다는 일은 보통 사람들의 집에서는 상상도 할 수 없었기에, 오늘날처럼 도처에 있는 쇠갈비집은 아마도 그 시절 못 먹었던 쇠고기에 대한 보상이 아닐까 하는 생각이 들기도 한다. 실제로 고기를 좋아하는 사람들은 쇠고기보다 돼지고기를 즐겨하고, 특히 중국 사람들이 돼지고기를 이용한 다양한 요리를 개발해 놓은 것을 보면, 우리들이 쇠고기를 유별나게 좋아하는 이유가 단순히 맛 때문인 것 같지는 않다.

이처럼 귀하게 대접 받았던 소가 거처하는 곳을 표준어에서 '외양간'이라 부르는데, 전라도말에서도 대체로 '외양(간)' 또는 '오양(간)'이라 부른다. 다만 일부의 지역에서는 '소마구'라 하기도 한다. 이때의 '마구'는 물론 '마구간'을 지칭하는 것인데, 소를 기르는 곳도 '마구'의 명칭을 사용하는 것이 특이하다고 하겠다. 이런 지역은 소나 말을 모두 '마구'라 하고, 특히 소의 경우 '소마구'라 하여 구별한다.

우리의 전통 농가에서 말을 기르던 일은 거의 없었다. 말은 소와 달리 운송을 위한 용도로 쓰였기 때문에, 매일 사료를 먹여 가며 운반해야 할 일이 많지 않았기 때문이다. 다만 사 오십 년 전만 하더라도 대도시에서도 말이 끄는 마차가 거리를 다녔기 때문에, 도시 주변에서는 말을 사육하는 곳이 있었을 것으로 생각된다. 말을 기르는 곳을 표준어에서 '마구간'이라 하지만, 전라도말에서는 '마구, 말간, 마굿간, 마구청, 말외양간, 마방, 마청, 마판'과 같은 다양한 명칭을 사용한다. 사실 민간에서 말을 기르는 일이 흔치 않았음에도 불구하고 이처럼 다양한 방언형이 존재한다는 사실이 흥미롭다. 또한 '소마구'와 마찬가지로 '말외양간'과 같은 상반된 어형이 존재하는 것 또한 우리의 흥미를 끈다. 이 지역에서는 소만을 기르는 '외양간'과 말을 기르는 '말외양간'을 구분하여 사용하는데, 이것은 마치 여자 간호사를 단순히 '간호사'라 부르면서, 남자는 반드시 '남자 간호사'라고 하여 구분하는 것과 같은 현상이다. 보다 보편적인 것을 기준으로 삼고, 특수한 것은 거기에 특별한 표지를 붙여 말하는 것이 우리들의 일상적인 말법이기 때문이다.

_전라도닷컴 2001-04-30

부지땅 맞은 소

올해는 기축년, 소의 해다. 농경사회에서 소는 가장 든든한 일꾼이었다. 오늘날 기계가 하는 일을 그 당시는 대부분 소가 해 주었기 때문이다. 그래서 소는 한 집안의 재산 목록 일호로 간주되었으며, 그 전통 때문인지 우리나라의 쇠고기 값은 일본과 더불어 세계에서도 유래를 찾아보기 힘들 정도로 비싸다. 몽고나 중앙아시아 유목민족들의 경우, 소 한 마리 값은 우리나라 돈으로 50만 원 정도 한다. 중국도 비슷하다. 좋은 부위로 쇠고기 10근 정도 값이면 이들 나라에서 소 한 마리를 살 수 있는 셈이다. 이래저래 우리나라의 소는 살아서나 죽어서나 값을 톡톡히 받고 있다고 할 수 있다.

소를 구별할 때 어른 소와 어린 소를 구분하기도 하고, 암수를 구분하여 부르기도 한다. 또한 소의 색깔이나 모양에 따라 구분하는 수도 있다. 어른 소는 그냥 소지만 어린 소는 여기에 어리다는 표지로서 접미사 '-아지'를 붙인다. 그래서 '송아지'와 같은 말이 생긴 것이다. 이 '-아지'는 개, 말 등에도 붙어 '강아지', '망아지'와 같은 말이 생겨났다. 이들이 모두 어린 새끼를 가리키기 때문에 '-아지'는 새끼를 가리키는 말이라고 할 수 있을 것이다. 그러나 '-아지'가 붙더라도 새끼가 아닌 경우도 있다. 예를 들어 '돼지'는 어원적으로 '돝'에 '-아지'가 붙은 말이지만 그렇다고 해서 '돼지'가 꼭 어린 돼지를 가리키는 것은 아니기 때문이다.

전라남도 말에서 송아지는 보통 '쇠양치'나 '쉬양치'라 하고, 진도에서는 '쉬야지'라는 말도 쓴다. 표준어가 '-아지'라는 접미사를 쓴 것과 비교하면 전남의 방언은 '-앙치'라는 접미사를 사용하는 점이 다르다. 그러나 '-앙치'는 개나 말에는 붙지 않는다. 전남 방언에서 강아지는 '갱아지'라 하고, 망아지는 '말새끼'라 하거나 아니면 '망생이'라고 하기 때문이다. 따라서 '-앙치'는 유독 송아지를 가리킬 때만 쓰이는 독특한 접미사인 셈이다. 물론 진도의 '쉬야지'에는 표준말과 같이 '-아지'가 붙었다고 할 수 있기는 하다.

어른 소는 암수를 구별하여 암소와 수소를 구별하고, 특히 수소 가운데 몸집이 큰 수소를 표준어에서는 '황소'라 하여 구별한다. '황소'는 한자어 黃이 포함된 말로 오해하기 쉽지만 어원을 찾아보면 〈큰 소〉라는 뜻의 '한쇼'에서 변한 말이다. '한쇼'에서 '한'의 의미가 희미해지면서 사람들은 색깔을 나타내는 '황'과 연결시키려 했던 것이다. 그러나 황소의 색깔이 언제나 노란 것은 아니므로 '황소'를 노랑소라고 오해해서는 안 된다.

전라남도 말에서 황소는 '부사리', '부락지', '부래기', '부락대기' 등으로 부르고, 이들의 첫소리를 된소리로 발음하여 '뿌사리', '뿌락지', '뿌래기', '뿌락대기' 등으로 부르기도 한다. 국립국어원에서 간행한 『표준국어대사전』에는 '부사리'를 머리로 잘 받는 버릇이 있는 황소라고 풀이하였다. 그러나 전라남도 방언에서 '부사리' 계통의 말들이 언제나 머리로 잘 받는 버릇이 있는 소들을 가리키는지는 분명하지 않다. 단순히 몸집이 크고 뿔이 크게 자란 황소를 가리킨다고 하는 것이 옳을 듯하다.

소는 색깔에 따라 거멍소, 누렁소 등을 구별하고 털빛이 얼룩얼룩한 소는 따로 '얼룩소'라 한다. 정지용의 시 「향수」에 '얼룩빼기 황소'라는 말이 나오는데, 어느 비평가가 이 시 구절을 비판한 적이 있었다.

정지용이 이 시를 지을 때면 우리나라에 얼룩소가 없었다는 이유에서다. 이 비평가는 얼룩빼기 황소를 아마도 흰색과 검정색이 얼룩무늬를 이루는 홀스타인 젖소와 동일시했던 것 같다. 그러나 정지용의 고향인 충북 옥천 지역에서는 지금도 '얼룩빼기'라는 말을 쓰고 있으며, 이때의 얼룩빼기는 젖소가 아니라 우리나라 고유의 누렁소로서 목 주위에 흰 색 반점이 있는 것이라고 한다. 얼룩소나 얼룩빼기는 모두 이러한 전통적인 우리 소를 가리켰던 말이지, 서양에서 들어온 젖소를 가리키기 위해 새로 만들어진 말은 아닌 것이다.

전통 소 가운데 온몸에 칡덩굴 같은 어룽어룽한 무늬가 있는 소가 있다. 등에서 아래로 축 늘어진 줄무늬가 있는 소인데 표준어로는 이를 '칡소'라 하지만, 전남의 보성 지역에서는 '부지땅 맞은 소'라는 재미있는 표현을 쓴다. '부지땅'은 부지깽이의 사투리이므로 칡소의 무늬가 마치 부지깽이를 맞아 생긴 자국과 같다는 뜻이다.

소의 뿔도 모양에 따라 이름을 달리 부른다. 두 개의 뿔이 앞으로 꼿꼿하게 솟아있는 것은 '게뿔'이라 하고, 한 뿔은 꼿꼿하지만 다른 한 뿔은 옆으로 넘어져 있는 경우는 '춤뿔'이라 부른다. 두 뿔이 꼿꼿한 경우는 그 모양이 마치 게의 발과 같다는 뜻에서 '게뿔'이라 하였으며, 두 개의 뿔이 서고 앉고 하는 등 자세를 달리 하는 것은 마치 뿔이 춤을 추는 것으로 인식하였던 것이다. '게뿔'과 '춤뿔' 그리고 '부지땅 맞은 소'와 같은 표현을 보면 우리 조상들은 하찮은 소나 뿔의 모양을 표현하는 데도 해학적인 표현을 즐겨 썼음을 알 수 있다.

_『전라도닷컴』2009년 3월호

도래도래

집에서 기르는 가축에 이름을 붙이지 않는 것이 우리의 전통적 문화이다. 서양 사람들은 개나 고양이, 심지어 소나 돼지에게도 이름을 붙이는 수가 많지만, 우리에게는 낯선 모습이었다. 그러나 서양 문화가 들어온 이후 적어도 개나 고양이에게는 이름을 붙이기 시작했다. 요즘에는 다양한 서양식 또는 순 우리말식 이름을 붙이지만, 얼마 전까지만 해도 개의 이름은 '쫑'이나 '도꾸'가 일반적이었다. '쫑'은 John에서 온 것이고, '도꾸'는 개를 뜻하는 영어 dog에서 온 것이니, 이런 이름을 보면 개에 이름 붙이는 방식이 영어권에서 들어온 것임을 짐작하게 된다.

개나 고양이 등 가축에 이름을 붙이지 않았으니, 이런 동물을 부르는 일이 어렵게 되었다. 이름이 있었더라면 이름을 불렀을 터인데, 이름이 없다보니 그저 동물을 부르는 소리가 발달하게 되었던 것이다. 개를 부를 때에는 큰 개의 경우 '워리', 강아지는 '오요요'라고 하고, 고양이는 그 우는 소리를 따서 '야옹'이라고 불렀다. 모이를 주기 위해 닭을 부를 때에는 '구구구'라고 했으며, 돼지를 부를 때에는 '오래오래'라고 했다. 또한 소나 말을 몰 때에는 '이랴'라는 말을 썼다.

그런데 이런 동물을 부르는 소리도 지방에 따라 다르다. 개나 고양이, 닭을 부르는 소리는 표준말과 전라도말이 같지만, 돼지를 부를 때에는 표준말의 '오래오래' 대신 '도래도래'라고 하는 것이 일반적이다. 한편 전라남도의 완도 지역에서는 '되되되되'라 하기도 하는데, '도래도래'나 '되되되되'는 모두 돼지의 소리를 본 따서 생긴 말이다. 흔히 돼지의 소리를 '꿀꿀'이라고 하지만 전남의 장흥 지역에서는 '꿀꿀' 대신 '뙤뙤'라고 한다. 이 '뙤뙤'가 바로 완도의 돼지 부르는 소리로 이용되었던 것이다.

불붙이다, 수붙이다, 갓붙이다

능금나무 가지를 간들간들 흔들면서 벌판을 불어오는 바닷바람
이 채 녹지 않은 눈 속에 덮인 종묘장(種苗場) 보리밭에 휩쓸려
돼지우리에 모질게 부딪친다. 우리 밖 네 귀의 말뚝 안에 얽어
매인 암돼지는 바람을 맞으면서 유난히 소리를 친다. 말뚝을 싸
고도는 종묘장(種苗場) 씨돝은 시뻘건 입에 거품을 뿜으면서
말뚝의 뒤를 돌아 그 위에 덥석 앞다리를 걸었다. 시꺼먼 바위
밑에 눌린 자라 모양인 암돼지는 날카로운 비명을 울리며 전신
을 요동한다. 미끄러진 씨돝은 게걸덕거리며 다시 말뚝을 싸고
돈다. 앞뒤 우리에서 웅하는 돼지들의 고함에 오후의 종묘장 안
은 떠들썩했다.   _이효석의 '돈'(豚)

위의 인용문은 이효석의 단편 '돈'(豚)의 일부인데, 여기에는 씨돼지
(이효석의 표현으로는 '씨돝')로부터 씨를 받는 장면이 아주 사실적으로
묘사되어 있다. 이처럼 종자가 좋은 수컷으로부터 씨를 받는 일에 대
해 전라도말은 '불붙이다', '수붙이다', '대붙이다', '갓붙이다'와 같은 표
현을 사용하는데, 표준말로는 '접붙이다'나 '교배하다'가 이에 대응한
다.

전라도말 '불붙이다'의 '불'은 '불알', '불까다', '불두덩', '불거웃', '불
줄기'처럼 생식에 관련된 신체기관에 사용되는데, 이로 미루어 아마도
종족의 번식을 위한 교접이나 교미, 또는 생식 등을 가리키는 말로 추

정된다.

전남 함평 지역에서 사용되는 '수붙이다'의 의미는 명확하다. 씨돼지로 쓰이는 수돼지에 암돼지를 교미시키는 것이므로 수컷을 뜻하는 '수'에 동사 '붙이다'를 결합한 것이다. '불붙이다'와 달리 품질이 좋은 씨를 주는 수컷을 명시하였다는 점이 특별하다.

한편 진도, 해남, 무안 등지에서는 '대붙이다'라고 하는데, 그 어원은 분명하지 않다. 혹시 한자어 對에서 온 것인지도 모르겠다.

전남의 담양 지역에서 쓰이는 '갓붙이다'는 그 어원이 조금 복잡하다. '갓붙이다'는 일상 언어에서 '갑붙이다'로 발음되는 것이 보통인데, 이것은 '붙이다'의 첫 음절 첫 소리 /ㅂ/에 동화되었기 때문으로, 원래는 '갓'이었던 것으로 추정된다. 향토 방언학자인 오홍일 선생이 펴낸 『전남 무안 지방의 방언사전』(무안문화원 간행)에는 '갓내', '갓쌈'과 같은 낱말이 실려 있다. '갓내'란 암컷이 발정기에 수컷을 유혹하기 위해 풍기는 냄새, 곧 '암내'를 가리키며, '갓쌈'이란 한 남자를 두고 여자들끼리(아마도 본처와 첩끼리) 벌이는 싸움을 뜻한다. '갓내'와 '갓쌈'으로부터 우리는 '갓'이 동물의 암컷이나 여자(또는 부인) 등을 가리키는 말임을 확신하게 된다. 그렇다면 전라도말 '갓붙이다'의 '갓'은 '불붙이다'의 '불'이나 '홀레붙이다'의 '홀레'와 달리 단지 암컷을 가리키는 말에 불과하며, 여기에 동사 '붙이다'를 결합시킴으로써 암컷을 종자가 좋은 수컷에 붙이는(교미시키는) 행위를 가리키게 되었다고 할 수 있다. 앞서 설명한 '수붙이다'와 방향이 반대인 셈이다.

'갓붙이다'에 쓰인 '갓'은 옛 문헌에도 나타난다. 예를 들어 『삼강행실도』에는 '흔 겨지비 갓 두외아 지라커늘(一婦人求爲妻)'이란 말이 보이는데, 이 말은 '한 여자가 아내가 되고 싶다 하거늘' 정도로 옮길 수 있다. 따라서 여기서의 '갓'은 〈아내〉를 뜻하는 말이다. '갓'은 이밖에도 〈장모〉를 뜻하는 옛말 '가싀엄'에서도 찾을 수 있다. '가싀엄'은 '갓-의-엄'으로 분석되는 것으로서 〈아내의 어머니〉라는 뜻이므로 여기서도 '갓'은 〈아내〉의 뜻으로 쓰였음을 알 수 있다.

현대 표준말에서 '갓'은 '가시'라는 형태로 남아 있다. 장인과 장모를 낮잡아 이르는 '가시아비'나 '가시어미', 부부를 낮잡아 이르는 '가시버시' 등이 그 예이다. 이 '가시'는 표준말뿐 아니라 여러 방언에도 남아 있어서, 예를 들어 평안도 방언에는 '가시아바지(장인), 가시오마니(장모), 가바시(부부), 가싯집(처가)'과 같은 말이 쓰이고, 제주도 방언에는 '가시아방'(장인)이나 '가시어멍'(장모)과 같은 말이 확인된다. 이들 방언에 쓰인 '가시'는 모두 〈아내〉라는 의미를 갖는데, 전라도말 '갓쌈'의 '갓' 역시 〈아내〉를 뜻하던 옛말의 용법을 그대로 이어받은 것이라 할 수 있다. 이와 관련하여 표준말에서 첩을 가리키는 '시앗'의 어원을 생각해 볼 수 있다. 만약 '시앗'의 '앗'을 '갓'에서 /ㄱ/이 탈락된 것으로 볼 수 있다면 '시'라는 접두사가 正이나 本에 대립하는 副의 의미를 가졌던 것은 아닐까 하는 추측이 가능하기 때문이다.

전라도말 '가시내'에서도 '갓'의 흔적을 찾을 수 있다. '가시내'는 전라도말에서 '가시나', '가이나', '가이내' 등으로 나타나는데, 그 뜻은 표준말 '계집아이'에 대응된다. 표준말 '계집'은 '여자'나 '아내'의 낮춤말로 쓰이며, 여기에 '아이'가 결합하면 '계집으로서의 아이', 곧 〈시집가지 않은 어린 여자〉를 뜻하게 되는 것이다. '가시내'의 옛말은 '갓나희'인데 '갓-ㄴ-아희' 정도로 분석될 만한 말이다. 여기서 '아희'는 '아이'이므로 '갓나희'는 '계집아이'의 경우와 마찬가지로 '갓'으로서의 아이 즉 〈시집가기 전의 어린 여자〉를 가리키게 된다. 따라서 '갓나희'의 '갓'에서도 우리는 〈성인 여자〉 또는 〈아내〉와 같은 의미가 포함되어 있음을 알 수 있다.

이처럼 옛말에서 '갓'은 〈아내〉를 주로 뜻하였으며 '갓'의 이러한 용법은 여러 방언에 '가시'의 형태로 그 흔적이 남아있음을 확인하였다, 그런데 전라도말에서는 '가시'가 아닌 '갓'의 형태가 보존되었다는 점, 그리고 '아내'에 그치지 않고 '갓내'나 '갓붙이다'에서 보듯이 동물의 암컷에까지 그 의미가 넓혀져 사용된다는 점 등이 특별한 것이다.

_『광주은행 사보』 2006년 겨울호

호랭이 장개가네

하늘에서 해가 쨍쨍 내리쬐는 날, 갑자기 비가 한 순간 뿌릴 때가 있다. 물론 이런 비는 잠깐 동안 내리다가 그치는 것이 예사인데, 전라도 지방에서는 이런 날씨를 가리켜 '호랭이 장개간다'고 하며, 표준말로는 '여우비'라고도 한다. 자연의 같은 현상을 두고 지방마다 표현하는 방식이 다른 것도 흥미롭지만, 더욱 우리의 주목을 끄는 것은 여기에 등장하는 동물이 다르다는 점이다. 변덕스러운 날씨를 변화무쌍한 여우에 빗대는 것은 쉽게 이해가 가지만, 전라도 사람들은 왜 이런 날씨를 호랑이가 장가간다고 표현했는지 자못 궁금한 일이다. 동물의 왕인 호랑이가 장가드는 날, 하늘마저도 이런 경사에 축하의 메시지라도 뿌린다는 뜻은 아닐까? 그렇다면 똑같은 날씨를 전라도 사람들은 경외심으로, 중부 지방 사람들은 변덕스러움으로 달리 해석하는 셈이다.

호랑이를 영물(靈物)로 생각하면서 두려움과 경외심을 가졌던 것은 비단 전라도 사람들뿐만이 아니었겠지만, 전라도말에는 호랑이가 등장하는 표현이 심심치 않게 발견된다. '호랭이 물어갈 놈'이라는 욕도 그 가운데 하나다. 호랑이가 많았던 시절, 깊은 산이 아니더라도 호랑이는 마을에 쉽게 나타났고, 그때마다 어느 집 개가 잡아먹혔다느니, 누구 집 소를 끌고 호랑이가 담을 넘었다느니 하는 말들이 심심치 않게 들리곤 하였는데, 이런 때에 사람이 호랑이에게 잡아먹혔다는 이른바 '호식'(虎食)의 사건은 그야말로 가장 공포 넘치는 뉴스라 아니할 수 없었을 것이다. 죽음 가운데 가장 무섭고 당하기 싫은 것이 바로 이 호식에 의한 죽음일 텐데, 이런 비극적인 사태를 가상하면서 나타난 표현이 바로 이 '호랭이 물어갈 놈'이었다. 우리의 욕이란 대체로 죽음이라는 최악의 사태를 상정하고 만들어진 것이 많다. 그래서 단순히 '죽일 놈'이란 표현은 가장 평범한 욕이지만, 여기에 여러 가지 죽음의 방법에 따라 '쳐죽일 놈'(태형), '오사힐 놈'(형벌이나 재난에 의한 죽음), '육시헐 놈'(죽은 사람을 다시 죽이는 반복된 죽음)과 같은 다양한 욕이 생겨나게 된다. 이러한 죽음은 모두 죄를 지은 사람에게 가해지는 벌이지만, '호랭이 물어갈 놈'은 아무런 죄도 없는 애매한 사람이 당해야 하는 죽음이라는 점에서 그 어떤 것보다도 무서운 것이었음에 틀림없다.

호랑이가 두려움의 대상이었다면 여우는 이와 달리 요사스러움의 상징으로 여겨져 왔다. 여우가 사람을 해칠 정도의 몸집이나 날카로운 이빨을 갖고 있지 않았으므로, 호랑이처럼 직접적인 두려움의 대상은 아니었다. 하지만 여우는 재빠른 몸놀림과 털의 색깔 때문에 간사하고 교활하며 요망하고 변덕스러운 이미지를 남겼다. 앞에서 언급한 '여우비'는 여우에 대한 바로 이러한 이미지 때문에 생겨난 표현이다. 전라도 사람들도 여우의 이미지에 대해서는 표준어권의 사람들과 다르지 않았으므로 여우를 이용하여 여러 표현들을 만들곤 하였다. '여시짓거리 허네'와 같은 것이 대표적인 예이다. '여우'는 전라도에서 '여시' 또는 '여수'라 하는데, 이것은 '무'를 전라도에서 '무시'나 '무수'로 발음하고, '아우'를 '아시'나 '아수'로 발음하는 것과 같은 현상이다. '여시짓거리'는 따라서 '여우 짓'이라고 번역할 만한 말인데, 간사하고 변덕스러운 행동을 표현할 때 흔히 쓰는 말이다.

여우가 사용된 전라도말 가운데 '백여시'라는 말도 있는데, 이는 표준어의 '불여우'에 대응하는 말이다. '불여우'의 '불'이 〈불처럼 붉다〉

라는 뜻이라면 '불여우'란 〈털이 붉은 여우〉란 뜻일 텐데, 불여우에 대한 영어명 red fox가 이러한 추정을 뒷받침한다. 실제로 이 불여우는 우리나라의 북부와 만주 등지에 가장 널리 서식하는 종이라고 한다. 표준어에서 '불여우'는 〈변덕스럽고 요사스러운 여자〉라는 은유적 의미가 있는데, 전라도말에는 바로 이러한 뜻을 나타내기 위한 '백여시'라는 표현이 따로 있다. '백여시'의 '백'은 한자어 白이므로 〈털이 하얀 여우〉를 뜻하는 말이다. 우리나라 여우의 털 색깔이 일반적으로 적갈색이라는 점을 감안하면 흰색의 여우란 매우 이례적인 종류임에 틀림없다. 털이 하얀 여우란 아마도 오래 묵은 여우를 뜻하는 말일 텐데, 사람이건 동물이건 나이를 먹을수록 지혜가 많아지는 법이므로, 그 지혜가 보기에 따라서는 요망함으로도 해석될 수 있을 것이다. '백 년 묵은 여우'와 같은 표현이 이를 뒷받침한다. 또한 여기에는 '흰색'이 갖는 신비한 이미지도 작용했음에 틀림없다. 이웃 일본에서도 흰색의 여우는 매우 신비스러운 존재로 여겨진다고 한다. 전라도말의 '백여시'란 이런 문화적 풍토 위에서 생겨난 은유일 것이다. 다만 '백여시'가 주로 여자들에게 사용되었던 것은 요사스러움과 변덕스러움의 이미지가 남자보다는 여자에 더 어울렸기 때문이다. 그래서 전라도말 '백여시'는 주로 "쩌 백여시 같은 년"처럼 여자를 비하하면서 사용되는 것이 예사인데, 실제 담화에서는 /ㄴ/이 첨가되어 [뱅녀시로 발음되는 것이 특징이다.

　표준말이 흔하게 볼 수 있는 붉은 색 여우를 이용해서 '불여우'라는 은유적 의미를 만들었다면, 전라도말은 보기 드문 변종 또는 상상의 세계에서나 찾아볼 수 있는 '백여시'를 이용해서 동일한 은유적 의미를 표현하였다. 마찬가지로 맑게 갠 날 잠깐 내리는 비를 두고도 표준말은 변덕스러움이라는 현실적 해석을 가했다면, 전라도말은 '호랑이가 장가간다'는 스토리가 있는 허구를 창조해 내고 있는 것이다. 이런 점에서 전라도말을 더 풍부한 상상력에 의존하는 말이라고 한다면 지나친 억측일까?

_『광주은행 사보』 2006년 여름호

와가리 울고 개똥불 날던 날의 추억

이른 아침부터 창밖에서 들리는 매미 소리가 장하기만 하다. 그 소리가 얼마나 요란하던지 온 아파트 단지 안이 쩡쩡 울린다. 우리네 여름은 이처럼 매미 소리와 함께 익어가는 것이다. 귀뚜라미가 가을이 다가왔음을 알려 주는 정찰병이라면, 매미는 여름의 한복판에서 무더위와 싸우는 용맹한 소총수다. 여름 한철 치열하게 울부짖다가 마침내 장렬히 전사하는 운명을 타고 났기에, 매미의 울음소리는 그만큼 더 처절하게 느껴지는 것이다.

우리는 이 땅에서 태어난 이래 여름이면 줄곧 매미와 더불어 살아왔기 때문에 사실 매미의 존재를 새삼스레 느끼지 못한다. 그저 조용한 시간을 즐기려는 사람이나 집중이 필요한 사람들 정도가 매미의 합창 소리를 귀찮아 할 뿐이다. 그러나 한반도를 떠나 보면, 매미 소리가 어디서나 들을 수 있는 소리가 아니라는 것을 금방 깨닫게 된다. 카자흐스탄 알마따에 사는 신로사 할머니는 우연히 북한을 관광할 기회를 얻은 적이 있었다. 북한에 가서 금강산도 구경하고, 판문점도 돌아보고, 대동강을 둘러보면서 냉면도 먹어보는 호사를 누렸지만, 정작 신할머니를 놀라게 한 것은 대동강변을 울리는 소란스러운 소리였다. 저게 무슨 소리인지 감을 잡지 못하는 할머니에게 안내하던 처녀가 벌레에서 나는 소리라는 사실을 알려 주었을 때에야 비로소 그 정체를 눈치 챘을 정도였다. 너무도 신기했던 신할머니는 이 매미를 붙잡아서 함께 카자흐스탄으로 귀국하였다. 며칠 못 돼서 매미는 썩어서

버려지게 되었지만, 신할머니에게 이 매미 소리는 고향의 추억을 되새겨주는 신호음처럼 늘 머릿속을 맴돌았다고 한다.

이처럼 평생 우리와 여름을 함께 하는 매미는 '맴맴' 하고 우는 소리 때문에 그 이름을 얻었다. 우리가 '매미'라고 쓰지만 사실은 '맴'이라는 의성어에 '-이'라는 접미사를 결합시켜 만들어낸 말인 것이다. 이것은 마치 '개굴개굴', '뻐꾹뻐꾹'과 같은 소리에 '-이'를 붙여 '개구리'나 '뻐꾸기'라는 말을 만들어 낸 것과 동일한 방식이다. 그런데 전남의 진도 지역에서는 유독 커다랗게 우는 매미에 대해서는 '와가리'라는 다른 이름을 붙여 놓았다. 이 '와가리' 역시 '왁왁'하는 매미의 울음소리에 '-아리'라는 접미사를 붙인 것에 불과하지만, 매미 소리의 크기에 따라 이름을 달리한 것이 흥미롭다. '맴맴'보다는 '왁왁'하는 것이 훨씬 크게 들리는 것은 당연한 일이다.

한여름의 찬란한 햇볕도 숨을 죽이는 해거름이 되면 매미도 점차 그 소리를 줄여 간다. 이제 땅거미가 들면서 어둠이 스멀스멀 찾아올 무렵이면 저녁 식사를 마친 사람들이 하나 둘 마당 한쪽에 자리한 평상 앞으로 모여 드는 것이다. 노인들의 나지막한 이야기 소리가 모깃불의 '냉갈'(=연기)과 함께 어둠 속으로 퍼져 나갈 때쯤이면 깜깜한 밤공기를 밝히는 한 무리의 벌레들이 나타나기 시작한다. 바로 반딧불이다. 요즘에는 지극히 청정한 지역에서만 볼 수 있다는 이 벌레는, 그러나 우리의 어린 시절에는 어디서나 볼 수 있었던 여름밤의 동무였다. 반딧불이를 잡아 호박꽃잎 안에 넣어 두면 수줍은 빛을 발하는 등불이 되곤 하였기 때문이다. 전라도말에서 이 '반딧불이'는 '개똥벌거지'나 '개똥벌가지'라고 하고, '반딧불'은 '개똥불'이라고 하였다. 이처럼 '개똥'이라는 점잖지 못한 이름을 달고 다니긴 하였지만 '개똥불'은 불이면서 뜨겁지 않고, 게다가 날아다니기까지 하는 불이기에 아이들의 호기심을 자극하는 여름밤의 놀잇감이었던 것이다.

'개똥벌거지'를 잡으려고 이리저리 뛰어다니던 아이들이 하나 둘 평상에 누워 잠이 들면, 어머니나 할머니의 부채는 조금씩 바빠지기 시작한다. 모깃불은 아직도 매캐한 '냉갈'을 뿜어내고 있지만, 이제 쏟아지는 별을 뒤로 하고 잠자리에 들 시간인 것이다. 방안 가득히 쳐 있는 '방장'(=모기장)을 들추고 들어가 누우면 고단한 여름날의 하루는 또 그렇게 지나가곤 했었다.

_『전라도닷컴』 2007년 9월호

거시

　요새는 위생 수준이 높아져서 목욕도 자주 하고, 옷도 자주 갈아입는 세상이 되었지만, 1960년대만 하더라도 추석이나 설날이 다가오면 공중목욕탕은 그야말로 발 디딜 틈이 없을 정도로 만원을 이루었다. 일 년 가야 몇 번 하지 않는 목욕을 명절을 틈타서 했기 때문이다. 이처럼 사람들의 위생 관념이나 수준이 형편없었기 때문에 요즘에 없는 질병도 많았다. 회충도 그 가운데 하나이다. 사람들이 얼마나 뱃속에 회충을 많이 담고 다녔는지, 학교에서는 철따라 구충약을 먹어야 했던 시절이기도 했다. 이 회충약을 '산토닝'이라고 불렀는데, 카라멜처럼 생긴 이 약을 먹으면 어찌 독하던지 하늘이 노랗게 보일 정도였다. 먹는 것도 시원치 않던 시절에 그마저도 회충에게 영양을 빼앗겼던 아이들은 그래서 그런지 얼굴에 마른버짐이 많이 피었다.

　이렇게 아이들의 건강을 좀 먹는 회충을 전라도에서는 '거시'라고 부른다. 옛말에는 '거쉬'라는 말이 나오고 한자 蛔를 흔히 '거위 회'라고 말하는데, '회'의 훈인 '거위'가 바로 이 '거쉬'의 후대형이다. 전라도말의 '거시' 역시 옛말의 '거쉬'와 동계의 낱말이다. 蛔蟲은 한자어지만 '거시'는 순수한 우리말이라는 차이가 있다. 뱃속에 회충이 많으면 배가 아프게 되는데, 이를 '횟배'라고 하지만 '거시배'라고도 한다. 그리고 '거시배'를 앓게 되면 자연히 속이 메스꺼워져서 침이 흐르게 되는데, 이를 '거시춤'이라 한다. '거시배'와 '거시춤'에서도 우리는 회충에 대한 '거시'를 찾아볼 수 있다.

회충은 그 모양이 지렁이와 비슷하다. 그래서 지렁이를 가리키는 전라도말도 회충을 가리키는 말과 유사하다. 지렁이는 전라도에서 '거시랑', '거시랭이', '거시랑치', '꺼생이' 등으로 불리는데, 이 모든 것은 '거시'라는 말에 '-랑'이나 '-치' 또는 '-엉이'와 같은 접미사가 붙은 말이다. 그리고 보면 전라도 지방에서는 회충과 지렁이가 접미사의 유무에 의해 구분되는 셈이다. 접미사가 없는 어형인 '거시'는 회충을 가리키고, 여기에 다른 형태가 덧붙은 '거시랑'이나 '거시랑치', '꺼생이' 등은 지렁이를 가리키게 된다.

때까우

  온 세계가 조류 독감 때문에 전전긍긍하고 있다. 닭이나 오리 같은 새 종류에서 발생하는 바이러스가 사람에게까지 전파한다 해서 그 위험성이 특별히 부각되고 있는 것이다. 이러한 무시무시한 조류 독감 때문에 집에서 기르는 새 종류에 대한 관심이 어느 때보다도 높아진 것이 사실이다. 집에서 기르는 가금류에는 닭과 오리만 있는 것이 아니다. 칠면조나 타조 따위가 있긴 하지만, 이것들은 근자에 외국에서 들어온 것들이고, 전통적으로 우리네 집 근처에서 볼 만한 것으로는 거위를 들 수 있다.

  거위는 닭이나 오리만큼 흔한 것은 아니지만, 전통적으로 집에서 기르던 가금류이다. '황금 알을 낳는 거위'라는 동화에서 보듯이 마치 화수분처럼 끊임없이 부를 창출할 때 우리는 흔히 이 거위를 거론한다. 또한 거위의 목 밑에 있는 섬세한 털은 이른바 거위털 파카를 만들 때 요긴하게 쓰이는데, 이것은 오리털로 된 것보다 더 높이 쳐 주는 옷이기도 하다.

  그런데 이 거위란 놈은 닭이나 오리와 달리 몸집이 크고 소리도 우렁차서 사람에게 대들 때에는 무서움마저 줄 정도다. 그래서 옛날에는 이 거위를 마치 개와 같이 집을 지키는 동물로 기르기도 했다. 낯선 사람을 보면 달려들어 마치 개가 짖듯이 소리를 내는데, 그 '꽥꽥'하는 소리는 크기도 크려니와 대단히 도전적인 것이었다.

  전라도에서는 이 거위를 '때까우'라 한다. '때까우'에서 '가우'는 표준말의 '거위'에 해당하는 사투리이다. 즉 '거위'가 '가우'로 바뀐 것이다. 그렇다면 전라도말의 '때까우'는 이 '가우'에 '때'이라는 말이 덧붙었다고 할 수 있는데, 이 '때'은 아마도 거위의 소리를 흉내낸 말로 보인다. 하도 때때거리다 보니, 이름에도 이 말을 덧붙여 '때까우'라 불렀던 것이 아닌가 한다.

불소, 불암소, 이레소, 이레쟁이, 이리돗

아프리카에 사는 베짜기새 수컷은 매력적인 암컷이 보이면 둥지 바닥에 거꾸로 매달린 채 요란한 소리를 내며 날개를 퍼덕거린다. 암컷에게 자신이 방금 지은 둥지를 둘러보라는 신호인 것이다. 거꾸로 매달린 수컷의 정성에 마음이 동했거나 아니면 요란한 날갯짓에 마음이 끌렸을 경우, 암컷은 수컷이 만들어 놓은 둥지 안으로 들어가 과연 둥지가 튼튼하게 잘 만들어졌는지를 점검한다. 부리로 둥지 안쪽을 이리저리 찔러 보거나 잡아당겨 보면서 이 둥지에서 새끼를 낳아도 무너질 염려가 없는지, 무서운 적으로부터 새끼를 보호할 만한 둥지인지를 살펴보는 것이다. 길게는 10여 분 가까이 암컷이 둥지를 점검하는 동안 수컷은 내내 암컷의 옆에서 노래를 부른다. 아무쪼록 둥지 검사에 합격하여 이 매력적인 암컷을 제 짝으로 맞을 수 있는 행운이 주어지기를 간절히 바라는 노래이다. 둥지 점검의 결과 신통치 못하다고 판단되면 암컷은 미련 없이 둥지를 떠나 다른 둥지를 찾아 날아가 버린다. 만약 여러 암컷들에게 좋은 평가를 받지 못한 수컷이라면 자신의 둥지를 아예 부숴 버리고 새로 짓는 수고를 감수한다. 이처럼 안타까울 정도로 정성스럽게 둥지를 새로 만드는 수컷이나, 꼼꼼하게 둥지를 점검하여 새끼를 낳을 둥지를 고르는 암컷의 행동은 모두 유능한 수컷으로부터 건강한 새끼를 낳아 대를 잇기 위함이다. 베짜기새만큼 유난하지는 않더라도 모든 동물은 대를 이을 새끼들을 낳고 이를 건강하게 기르기 위해 짝짓기 단계에서부터 심사

숙고하는 단계를 거치는 것이 보통이다. 짝짓기를 하여 대를 이을 자손을 낳는 일은 동물에게 있어 생존의 유일한 이유라 할 수 있기 때문이다.

그러나 어떤 동물은 애초부터 새끼를 낳을 수 없는 경우도 있다. 마치 자식을 못 낳는 사람처럼 소나 돼지도 새끼를 낳지 못하는 수가 있는 것이다. 송아지를 얻을 요량으로 사서 기른 암소가 새끼를 낳지 못하는 소로 판명되었을 때의 낭패란 상상하기 어렵다. 이처럼 소나 돼지가 새끼를 낳지 못할 경우 표준말에는 '둘-'이란 접두사를 붙여 표현한다. 그래서 '둘암소', '둘암탉', '둘암캐'와 같은 말은 새끼를 낳지 못하는 암소, 암탉, 암캐를 각각 가리키게 된다. 그리고 새끼를 낳지 못하는 동물들을 총칭하여 '둘치'란 말을 쓴다. 이 말을 사람에게 쓰면 아이를 낳지 못하는 여성을 비하하는 뜻이 될 것이다.

〈새끼를 낳지 못하는〉의 뜻을 갖는 접두사 '둘-'에 해당하는 전라도 말에는 '불-'과 '이레-'의 두 가지가 있다. 전남의 곡성이나 진도 등지에서 확인되는 '불-'은 '불소' 또는 '불암소'라는 말에서 찾을 수 있는데, 이 말들은 모두 새끼를 낳지 못하는 암소를 가리킨다. 그렇다면 전라도말 '불-'은 표준말 '둘-'에 대응하는 것일 텐데, 그 형태로 보아 아마도 이 두 말은 같은 어원에서 출발하였으되 후대에 /ㄷ/과 /ㅂ/으로 소리가 분화되었던 것으로 보인다.

'이레-'는 '불-'과는 어원을 전혀 달리하는 말이다. 전남 보성에서는 '이레쟁이'라는 말로서 표준말의 '둘치'처럼 새끼를 낳지 못하는 동물을 총칭하고 있다. 한편 전남 영광에서는 '이리돗'이라는 말이 쓰인다. 여기서 '이리'는 '이레'가 변한 말이며, '돗'은 '돝'의 방언형으로서 돼지를 가리키는 말이니 '이리돗'은 원래 새끼를 낳지 못하는 암돼지를 가리켰던 말이었다. 그러다가 '돗'의 의미를 제대로 알지 못하는 후대의 사람들이 '이리돗'을 새끼를 낳지 못하는 동물의 총칭으로 썼으니, 그 결과 새끼를 못 낳는 암소마저 '이리돗'으로 불리게 된 것이다.

_『전라도닷컴』 2008년 11월호

쥐나개나 무스탕이시

　개만큼 사람에게 가까운 동물도 없다. 고양이나 새와 같은 애완동물도 없지는 않지만, 개처럼 영리하고, 주인에게 충실하며, 특히 사람을 귀찮게 하지 않는 동물도 드물기 때문이다. 그래서 요즘에는 사람 대신 아예 개에게 정을 붙이고 사는 사람들이 늘어나고 있다고 한다. 사람과의 얽히고설킨 관계에 피곤을 느끼는 사람들이, 같이 지내기에 부담이 없는 개를 오히려 선호하는 탓이다. 그런데 이처럼 사람에게 유익하고, 친숙한 개인데도 불구하고, 정작 언어에 투영된 개의 이미지는 온통 부정적인 것이 특징이다.

　예를 들어 '개살구'는 시고 떫어 보통 살구보다 맛이 없기 일쑤이고, '개똥참외'는 길가나 들에 저절로 자라는 탓에 일반 참외보다 작고 맛이 없다. '개머루'는 생긴 모양만 머루처럼 생겼을 뿐 아예 먹을 수도 없는 열매이다. 식물에만 '개'가 붙는 것이 아니다. '개떡'은 밀가루를 체에 거른 뒤에 남은 노깨나 보릿겨 등으로 아무렇게나 모양 없이 빚은 떡을 가리킨다. 행위나 추상적인 상황에 '개'가 붙기도 한다. '개죽음'은 아무런 보람이나 의미를 갖지 못하는 죽음을 일컫고, 말 같지 않은 말을 흔히 '개수작'이라고 하며, 너저분하고 미운 짓을 일러 '개지랄'이라고 하기도 한다. 또한 큰 망신을 당하면 '개망신'이니 '개코망신'이니 하는 말을 쓰기도 한다. 한편 하는 짓이나 성질이 못된 사람을 '개망나니'라고도 하고, 행실이 지저분한 사람을 가리켜 '개 같은'이란 수식어를 붙여 욕하기도 한다. 어떤 상황이 무질서하고 난잡할 경우에는 아예 '개판'이라고 부른다. 그 무질서나 난잡함으로 미루어 사람이 아닌 개가 놀았음에 틀림없는 판이라는 뜻에서 온 말일 것이다. 이처럼 도대체 개가 들어가는 말치고 좋은 의미로 쓰이는 예를 찾기 힘들다.

그러나 잠시 생각해 보면 개가 갖는 이러한 부정적 말맛은 그만큼 개가 사람과 가까이 있기에 가능한 것이다. 생물학적으로는 사람도 동물의 하나이지만, 정신의 고고함이나 사고 능력, 언어를 말하는 능력 등에서는 다른 동물과 같은 부류에 놓일 수가 없다. 그래서 사람들은 인간과 여타의 동물을 구분하여 생각하는 경향이 있는데, 그 동물의 대표자로서 개가 흔히 선택되는 것이다. 그 이유는 물론 개가 사람과 가장 친숙한 거리에 있기 때문이다. 결국 우리말에서 부정적인 말맛을 풍기기 위해 '개'를 사용하는 것은, 개 자체에 문제가 있기 때문이 아니라 개를 동물의 대표로 간주한 때문이다.

한때 무스탕이란 옷이 유행한 적이 있었다. 부드러운 가죽과 털로 만든 이 옷이 얼마나 유행했었던지 겨울철에도 영하로 내려가는 날이 별로 없는 남쪽 지방 여자들마저 너도나도 이 옷을 입고 다녔다. 이런 모습을 보면서 전라도말로 "쥐나개나 무스탕이시"라고 비아냥거리는 사람도 있었는데, 이러한 빈정거리는 표현 '쥐나개나'에도 어김없이 '개'가 등장하고 있다. '쥐나개나'에는 '개' 외에 '쥐'가 선택되어 쓰이는 것이 흥미로운데, 쥐 역시 개와 마찬가지로 우리 주위에서 흔히 볼 수 있는 동물인 것은 말할 것도 없다. '쥐나개나'는 전라도에서만 쓰이는 것이 아니라 경상도 지방에서도 쓴다. 한편 서울말에서는 '쥐나개나' 대신 '개나소나'라는 말을 쓰는데, '쥐' 대신 '소'가 등장한 것이 다르기는 하지만, 이때에도 '개'는 빠지지 않고 이용되고 있음을 알 수 있다.

전라도 지방에서는 '쥐나개나'와 같은 의미로 '기나고동이나'라는 말도 쓰인다. '기'는 물론 '게'의 사투리이고, '고동'은 '고둥'의 사투리이니 표준말로 옮긴다면 '게나고둥이나'처럼 되어야 할 것이다. '게'나 '고둥' 모두 강이나 바다에서 쉽게 볼 수 있다는 점을 감안한다면, '기나고동이나'와 같은 표현은 강가나 바닷가에 사는 사람들이 주로 사용했던 표현이 아닌가 한다. 어떻든 지역에 따라 사람을 개나 쥐에 비유하기도 하고, 게나 고둥에 비유하기도 하는데, 그 어떤 경우에나 가리키는 사람을 낮추어 말하는 말맛이 있는 점에서 공통이다. 굳이 풀어 말하자면 어떤 행동을 할 만한 자격이 없는 사람들이 너도나도 덤벼들어 행동하는 태도를 비꼬면서 말할 때 흔히 사용되는 표현이라 할 것이다.

_전라도닷컴 2001-10-29

10부

언어 문화

예씨요

여보씨요

내가 안, 말 안, 했냐 안?

쩌그 쪼께 갔다 오요

어른한테 달랑달랑허먼 못 써

전라도의 말과 문화

예씨요

가게에서 물건을 사고 값을 치르려 할 때, 아니면 다른 사람에게 물건을 건넬 때, 표준말로는 '여기 있습니다' 정도의 말이 쓰이지만, 전라도에서 늘 하는 말은 '예씨요'이다. 표준말에서도 이와 비슷한 형태로 '옜다', '옜네', '옜소', '옜습니다' 등이 있는데, 이 말들은 모두 '예'에 '있다', '있네', '있소', '있습니다' 등이 결합한 것이다. 여기서 '예'는 '여기'의 준말로서, '저기'가 '제'로, '거기'가 '게'로 줄어드는 현상과 같은 것이다. 그렇다면 전라도말의 '예씨요'도 '예'와 '있씨요'로 분석할 수 있을 텐데, 여기서 흥미로운 것은 '있씨요'이다.

'있씨요'의 '-씨요'는 전라도말에서 명령을 나타내는 어미이다. "요리 잔 오씨요"라든가 "그만 주무시씨요" 등에서 보이는 '-씨요'는 모두 상대에 대해 어떤 행위를 할 것을 요청하는 명령법의 어미인 것이다. 이 '-씨요'는 원래 '-읍시오'에서 /ㅂ/이 탈락되어 생겨난 것인데, 기원만을 따지자면 "어서 옵쇼"에서 보이는 '-옵쇼'와 같은 것이라 하겠다. 이처럼 명령을 뜻하는 어미로 쓰이는 '-씨요'가 '있씨요'에서는 결코 명령으로 쓰이지 않고 있다. 표준말의 '옜다'나 '옜소' 등에 보이는 '-다'나 '-소'는 상대에 대한 행위를 요청하는 표현이 아니라 그저 단순한 서술의 의미만을 가진다. 풀이하자면 〈여기 있다〉나 〈여기 있소〉의 뜻을 나타내고 있는 것이다. 따라서 전라도말의 '예씨요'도 〈여기 있소〉 정도의 뜻을 가지는 것으로 해석되는데, 이런 용법은 명령법이 아니라 서술법에 속하는 것이다.

그렇다면 상대에 대해 어떤 행동을 요청하지도 않는 전형적 서술법 상황에서 왜 명령법 어미가 쓰인 것일까. 혹시 '예씨요'를 말하는 사람이 "돈 여기 있소"라고 말하면서, 마음속으로는 '내 돈 받으씨요'라는 명령의 속뜻을 가졌기 때문은 아닐까. 말은 서술법이지만 마음 속 뜻은 명령법이니 말과 마음 사이에 혼동이 생겨날 만도 하다. 그래서 '예 있소'라고 말하려다가 '내 돈 받으씨요'라는 의미가 겹치면서 두 문장의 합성형인 '예 있으씨요', 즉 '예씨요'로 발음되었을 것이다.

여보씨요

부부가 서로를 부를 때 흔히 '여보'라는 말을 쓴다. '여보'는 기원적으로 '여기'를 뜻하는 '여'와 동사 '보다'의 명령형 '보오'가 합해진 말이다. 풀어 말하면 '여기 보오'의 뜻이지만, 보통은 상대를 부르는 말로 쓰인다. '보오'의 어미가 '-오'이기 때문에 상대를 어느 정도 대접하는 경우에 쓰이는 이 말은, 처음에는 여기를 보라는 뜻이었겠지만, 지금은 원래의 의미가 사라지고 단순히 부르는 뜻으로만 쓰인다. 그래서 남편이 아내에게 하는 편지글에서도 이 말은 쓸 수 있는 것이다. 편지는 여기를 보라는 의미가 나타날 수 없는 상황이지만, 그럼에도 사용되는 것을 보면 '여보'가 '여기 보오'와 같은 문장의 의미를 더 이상 갖지 못하고 하나의 낱말로 굳어졌음을 알 수 있다. 한 낱말로 변했으므로 표기도 '여보오'라 하지 않고 '여보'로 줄여 나타낸다.

'여보'가 '여기 보오'에서 왔다면 상대의 높이에 따라 '여봐라', '여보게', '여보십시오' 등의 말이 있을 수 있다. '여봐라'는 '여기 봐라'에서 온 것이고, '여보게'는 '여기 보게'에서 온 것이며, '여보십시오'는 물론 '여기 보십시오'에서 온 것이다. 이처럼 다양한 표현은 모두 상대에 따라 어미를 달리 해서 생겨난 말로서, '여봐라'는 자기보다 아랫사람에게, '여보게'는 아래이긴 하지만 대접하는 맛을 지니면서 하는 말이다. 반면 '여보십시오'는 말하는 사람보다 윗사람에게 하는 말이라 하겠다.

그러나 '여봐라'는 옛날 상전이 하인을 부를 때나 쓰였던 말이고 오늘날에는 비록 아랫사람이라 할지라도 결코 이 말로 상대를 부를 수는 없다. 예를 들어 부모가 자식들에게 이런 말을 쓸 수는 없으니, 이것은 '여봐라'가 현재에는 그 쓰임새를 잃었기 때문이다. '여보게'는 오늘날 성인이 된 친구 사이에 또는 장모가 사위를 부를 때나 쓸 수 있는 말이기는 하지만, 실제로 쓰이는 빈도가 극히 드문 표현이어서 문어체로나 남아 있는 편이다. 윗사람에 대한 '여보십시오'는 오늘날 부름말로 쓰이는 수가 있다. 예를 들어 "여보십시오, 모르면 가만하나 계십시오."처럼 상대를 못마땅해 하면서 부르는 경우나 상대의 주위를 환기시킬 때 흔히 들을 수 있는 말이기도 하다.

한편 전화상에서 흔히 쓰이는 '여보세요'도 원래는 '여'와 '보세요'가 합해진 말로서 풀어 말하면 '여기 보세요'에서 온 말이다. 하지만 원래의 뜻에서 벗어나 단순한 부름말로 굳어졌다. 영어의 hello에 해당하는 이 말은 전화에서 상대를 부를 때 주로 쓰이며, 여기를 보라는 뜻은 더 이상 갖지 않는다. 이것도 '여보'와 마찬가지로 한 낱말로 굳어진 것이다. 물론 '여보세요'는 전화 통화에서만 쓰이는 말은 아니다. 길을 가다가 낯선 사람을 부르거나, 남의 집을 방문할 때 주인을 부르는 경우 흔히 쓰일 수 있다.

'여' 대신 지시어 '이'를 써서 상대를 부를 수도 있다. 예를 들어 '이봐'라는 말도 부름말로 쓰이는데, 이는 '이'와 반말의 '봐'가 합해진 말로서 '여봐'에 대응하는 말이다. 마찬가지로 '여보게', '여보세요', '여보십시오' 등은 각각 '이보게', '이보세요', '이보십시오'로 쓰일 수 있다. 반면 '여보'나 '여봐라'는 '이보', '이봐라'로 쓰이지는 않는다. 하지만 평안도 말에서는 '이보오' 등이 쓰이는 수가 있다.

경상도에서는 '여기'를 뜻하는 '여' 없이 '봐라', '보소', '보이소' 등만으로 상대를 부를 수 있는 것이 특징이다. 이 방언에서는 '왜 이러니?'

나 '왜 그러니?' 등과 같은 말도 '와 카노?'처럼 '이'나 '그' 없이 그냥 '카노'로 쓰는데, 이처럼 지시어 없이 쓰는 용법이 부름말에도 그대로 적용된 것으로 보인다.

　전라도말은 표준말이나 다른 방언과 다른 점이 몇 가지 있다. 우선 '여보'라는 말이 잘 쓰이지 않는다. 물론 표준어를 고집하는 전라도 사람이라면 부부 사이에도 이 말을 쓸 수는 있겠지만, 전라도의 토착적인 표현이라고 하기 어렵다. 전라도의 부부들이 서로를 부르는 말로서 전형적인 것은, 아내가 남편을 부를 때 '아무개 아부지'처럼 아이 이름을 이용하고, 남편이 아내를 부를 때에는 '어이' 하거나 아니면 '여봐'와 같은 말을 쓰기도 한다. 전라도 남편들은 아내에게 대체로 '하게'를 하는 편이다. 그래서 호칭도 '자네'를 많이 쓴다. 그러다 보니 부르는 말도 '여보'보다는 '여봐'를 즐겨 쓰는 것이다. '하게'에 해당하는 표현은 '여보소'이어야 하나 웬일인지 전라도말에서 '여보소'라는 말은 쓰이지 않고 대신 반말투의 '여봐'가 쓰인다.

　표준어의 '여보세요'에 대응하는 전라도말로는 '여보씨요', 또는 '요보씨요'라는 말이 있다. 이 말은 '여기'를 뜻하는 '여'나 '요'에 '보씨요'가 합해진 말인데, '보씨요'는 표준말의 '보십시오'에 해당하는 전라도말이나 그 기원은 '봅시오'이다. 즉 '봅시오'의 /ㅂ/이 탈락해서 생긴 말이다. "요보씨요, 말을 헐라먼 알고나 허씨요." 서로 말다툼을 하는 사람끼리 상대를 부를 때 이처럼 쓰일 수 있는 말이다.

　어쨌든 표준말이나 전라도말에서는 상대를 부르는 말로 '여기를 보라'는 뜻의 문장에서 발달한 표현이 쓰인다. 이 외에도 우리말에는 '야', '어이'와 같은 다양한 부름말이 있지만, 웃어른에게는 이런 부름말을 쓸 수 없고, 굳이 불러야 할 때는 '선생님'이니, '사장님'이니 해서 신분을 높여 부르는 부름말을 사용하곤 한다. 그러나 이런 신분에 의

한 부름말은 어느 정도 상대방의 사정을 아는 경우에만 가능하며, 처음 본 사람, 길을 가다가 만난 낯선 사람을 부를 때에는 쓰기가 어렵다. 이럴 때 쓸 수 있는 말이 바로 '여보세요'처럼 동사 '보다'로부터 발달한 말이다. 상대에게 여기를 보라고 하면 그것이 곧 상대를 부르는 말이 되는 것이 한국어의 특징인 것이다.

_『전라도닷컴』 2003년 11월호

내가 안, 말 안, 했냐 안?

"요새 어쩌고 지낸가?" 우연히 길에서 옛 친구를 만나게 되었다면 으레 묻는 말이다. 그 동안 소식을 몰랐으니 궁금한 것이 한두 가지가 아닐 것이며, 그래서 묻는 것마다 새로운 내용을 알게 되는 것이니, 이런 물음이야말로 진정한 의미의 물음(question)이다. 몰라서 묻는 물음이기 때문이다. 그러나 우리들이 하는 물음 가운데는 반드시 그 내용을 몰라서 물어 보는 것만 있는 것이 아니다. 예를 들어 "어지께 미국이 드디어 아프가니스탄을 폭격했담서?"라고 물었다면, 미국의 폭격 소식을 다른 사람을 통해 전해 듣고, 그 내용의 사실 여부를 재차 확인하기 위한 물음이다. 미국의 폭격 여부를 아예 모르는 것이 아니라, 그 내용을 일단 듣고 다시 진부를 알아보기 위한 물음이니, 그 내용을 전혀 모르면서 묻는 물음과는 다름이 있다. "내일 같이 가잠성?"과 같은 물음도 마찬가지이다. 내일 같이 가자고 이전에 말했음을 상기하는 물음일 뿐, 내용 자체를 새로 알기 위한 물음은 아닌 것이다.

이처럼 상대에게 확인하는 물음은 어느 말에도 다 있는데, 대표적인 것으로는 영어의 이른바 '꼬리표 물음'(tag question)을 들 수 있다. 이 꼬리표 물음이란 일단 문장을 말한 뒤, 그 뒤에 꼬리표처럼 그 내용을 확인하는 물음을 덧붙이기 때문에 붙여진 이름이다. 예를 들어 "You did it, didn't you?"라고 물었을 때 뒤에 덧붙는 "didn't you?"가 바로 이 꼬리표에 해당된다. 우리말로 옮기자면, "네가 했지? 안 했어?" 정도의 내용이 될 것이다. 우리말에도 영어의 꼬리표 물음에 해당하는 표현이 있다. 표준말에서 '-잖아?'로 쓰이는 말이 이것인데, 예를 들어 "내가 전에 말했잖아?"라고 하면 내가 이전에 말했음을 다시 한 번 상대에게 상기시키면서 확인하는 물음인 것이다. 이 '-잖아'는 표준말의 말맛이 물씬 풍기는 말이어서 만약 전라도 사람이 이런 말을 쓴다면 낯간지러운 느낌이 드는 말이기도 하다.

그렇다면 전라도 냄새가 물씬 묻어나는 확인 물음법은 어떤 것일까? 아마도 '안'과 같은 말이 이에 해당할 것이다. 예를 들어 "내가 전에 말했잖니?"를 순수한 전라도 표현으로 바꾼다면 "내가 전에 말 안 했냐?"라고 해야 할 것이다. 이때 쓰이는 '안'은 물론 부정을 나타내던 말인데, '안'을 말하는 방법에 따라 두 가지 해석이 가능하다. '안'을 '했냐'와 붙여서 '안했냐'처럼 말하면 일반적인 물음이 된다. 그러나 만약 '안'을 앞 말인 '말'에 붙여 "내가 전에 말안 했냐?"처럼 말하게 되면 그 맛이 달라진다. 자신이 전에 말했음을 확인하는 말맛이 느껴지기 때문이다. 흥미로운 것은 이런 경우의 '안'이 하나의 문장에서 여러 번 나타날 수 있다는 점이다. 그래서 "내가 전에 말 안 했냐?"를 "내가 안, 전에 안, 말 안, 했냐 안?"처럼 쓸 수 있는 것이다. 표준어와 달리 확인 물음의 '안'이 여러 차례 쓰이게 되면, 한 문장 안에서도 상대방에게 확인하는 과정이 그만큼 많아지기 때문에 자신의 말을 강조하는 효과도 그만큼 강해지게 되는 것이다.

_『전라도닷컴』 2004년 6월호

쩌그 쪼께 갔다 오요

　일 년의 안식년을 마치고 속속 귀국하느라 분주한 것이 요즈음의 이곳 형편이다. 귀국 준비 가운데 가장 중요한 것이 자동차를 처분하는 일이다. 액수도 작지 않지만, 시기를 적절하게 조절해야만 돌아갈 때까지 불편하지 않기 때문이다. 미국이란 곳이 자동차 없이는 한 발자국도 움직이지 못하는 나라이기 때문에 가능하면 늦게까지 자동차를 이용하고 싶기는 하지만, 그러다가 자동차 파는 시기를 놓칠까 겁도 나는 것이 사실이다. 요즈음 미국 경기가 그다지 좋지 않기 때문인지, 몇몇 교수들은 자동차를 파는 데 애를 먹고 있다. 살 때의 가격에 비해 터무니없이 싸게 내놓아도 묻는 사람이 없을 정도이다. 그러다 보니 아파트 게시판은 온통 자동차를 내놓는 광고 게시물로 가득하다. 그런데 이런 애를 먹고 있는 교수 가운데 한 사람으로부터 전화가 왔다. 자동차를 보러 온다는 사람이 있으니 좀 와 달라는 것이다. 통역 겸 해서 거래를 하는데 힘도 보태 줄 겸 가 보았더니, 이곳 인디아나 대학에서 강의한다는, 아프리카 수단에서 온 여교수가 딸과 함께 자동차를 보러 온 것이었다. 딸에게 줄 자동차가 필요하다고 하면서 이것저것 물어 보고는 주차장을 한 바퀴 도는 시험 운전을 하더니 다음에 전화를 주겠다고 한다. 혹시나 하고 기다리고 있던 주인 얼굴에 실망의 빛이 완연했다. 살 사람이라면 그 자리에서 거래를 할 터인데, 다음에 전화를 주겠다는 것은 살 의향이 없다는 뜻이기 때문이었다.
　며칠 후 아파트 엘리베이터 안에서 이 수단 교수를 만났다. 괜히 밉기도 하고 해서 잠자코 있었는데, 이 여교수가 오늘 비가 올 것 같다는 날씨 이야기를 먼저 꺼냈다. 8층에서 1층까지 내려오는 동안 우리는 날씨 이야기를 주고받으면서 그렇게 헤어졌다. 그런데 곰곰이 생각해 보니, 만약 이 여교수가 날씨 이야기를 꺼내지 않았더라면 어떻게 되었을까 하는 생각이 들었다. 좁은 엘리베이터 안에는 우리 두 사람 외에는 아무도 없었던 터이고, 그런 상황에서 과거 자동차 거래 때문에 일면식이 있었던 두 사람이 묵묵히 1층까지 내려왔다면, 그 내려오는 동안에 느꼈을 어색함이나 부자연스러움은 상상만 해도 끔찍했기 때문이다. 날씨 이야기란 이런 상황에서 가장 요긴하게 쓰이는 화제임에 틀림없는 것이다.

말이란 이런 것이다. 대부분의 말은 물론 내용을 주고받으면서 의사소통을 하는 역할을 하지만, 어떤 말은 그 내용에 상관없이 그냥 말한다는 행위에 일차적인 의미가 있기도 하다. 어색한 상황을 타개하기 위한 날씨 이야기가 그렇고, 길에서 만난 이웃 사람에게 괜히 "어디 가신게라우?"라고 묻는 말도 그렇다. 사실 이 말을 묻는 사람은 상대방의 목적지에 대해서 심각한 관심이 없다. 그저 우연히 길에서 만났기 때문에 말을 걸었을 뿐이다. 그래서 이 말을 듣는 사람들도 그저 "쩌그 쪼께 갔다 오요."라고 대답하면 그뿐이다. 묻는 사람도 대답의 내용에 관심이 없고, 답하는 사람도 공허한 대답만 하는 셈인데도, 그렇게 이야기는 진행되는 것이다. 이른 아침 고샅에서 만난 동네 어른에게 "아침 잡쉈는게라우?"라고 묻는 말도 다 이런 종류의 표현이다. 이 어른이 아침밥을 먹었는지가 궁금한 것이 아니라, 이른 아침에 만난 어른에게 인사 겸 말문을 연 것에 불과하기 때문이다.

이처럼 별다른 뜻 없이 이루어지는 말은, 그러나 음식의 맛을 더해 주는 양념처럼 이야기의 분위기를 부드럽게 해 주기도 하고, 사람 사이의 관계를 돈독히 해 주는 역할을 한다. 그래서 이런 표현들을 상황에 맞게 능수능란하게 구사하는 사람일수록 원만한 인간관계를 유지하는 경우가 많다. 빈말도 속이 꽉 찬 말만큼 쓰이는 데가 각각 따로 있기 때문이다.

_전라도닷컴 2002-01-28

어른한테 달랑달랑허먼 못 써

'찬물도 우아래가 있다'는 전라도 속담이 있다. 찬물처럼 하찮은 것도 먼저 마실 사람과 나중에 마실 사람의 순서가 정해져 있다는 뜻이니, 사람들 사이의 위계가 얼마나 중요한 것인지를 한 마디로 대변하는 말이라 하겠다. 하찮은 찬물이 이럴진대 사람들이 매일 행하는 언어 행위야 더 말할 나위가 없을 것이다. 말하는 것도 찬물 마시는 일과 마찬가지로 장유유서(長幼有序)의 질서가 당연히 적용되기 때문이다. 여러 사람이 모여 대화를 나눌 때, 대개는 나이가 제일 많은 연장자가 발언의 우선권을 갖기 십상이고, 심지어는 화제의 주도권을 줄곧 잡는 것도 예사로 볼 수 있다. 이럴 경우 나이가 어린 나머지 사람들은 다소곳이 연장자의 말을 듣는 것이 예의이다. 비록 이야기가 시원찮고 지루한 것이더라도, 그리고 이야기를 독점하여 다른 사람에게 발언권이 넘겨지지 않더라도 묵묵히 참고 앉아 기다리는 것이 또한 우리네 언어문화인 것이다. 이런 상황을 참지 못하고 감히 연장자의 말을 자르거나 중간에 끼어들면 '버릇없는 놈'이니 '건방진 놈'이니 하며 뒷말이 무성하게 될 것이다.

나이가 어리지 않더라도 어떤 조직이나 사회에 들어온 지 얼마 되지 않은 풋내기는 당연히 나이가 어린 사람처럼 말을 조심해야 하는 것이 우리의 문화이다. 새색시가 시집을 와도 흔히 '귀머거리 삼 년, 벙어리 삼 년'의 세월을 보내야 한다는 말도 다 이런 뜻을 담고 있다. 새로운 조직이나 사회에 들어온 풋내기가 제 목소리를 내기 위해서는 일정한 시간을 기다리면서 조신하게 행동해야만 된다는 뜻이다.

이처럼 우리의 전통적 문화에는 활발한 언로(言路)를 가로막는 장애물이 곳곳에 자리 잡고 있었다. 나이가 어리다고 해서, 여자라고 해서, 그리고 신분이 낮은 사람이라고 해서 제 생각을 마음대로 펴지 못하고 살았던 것이다. 이런 갇힌 문화에 젖다 보니, 자신의 견해를 말하는 데 당당하지 못하게 되는 것도 당연한 일이다. 항상 머뭇거리고, 남의 눈치를 살피게 되는 것이다. 스스로의 언어 행위에 있어서 자신감을 갖지 못할 뿐 아니라, 다른 사람의 당당한 언어 행위에 대해서도 못마땅한 생각을 갖게 될 수도 있다. 예를 들어, 어른이 어린 사람에게 꾸중을 하거나, 충고의 말을 할 때에는 다소곳이 들어야 되는 것이 우리의 문화인데, 만약 어떤 아이가 이를 거부하고 자신의 생각을 당당히 펼쳐 보인다면, 그 어른은 무척 당황할 것이고 화가 날 것이다. 어른으로서의 권위가 도전받는 느낌을 갖게 되기 때문이다. 그렇게 되면, 그 아이의 말이 이치에 맞는 것인지를 따져 보기 전에 어른의 말에 고분고분하지 않았다는 사실에 먼저 격분하게 되는 것이고, 그 자리에 같이 있던 사람들 모두 제 주장을 굽히지 않는 아이의 행동을 꾸짖는 데 동참하게 될 것이다. 그러다 보니 아이의 이러한 행동을 좋게 표현할 리가 없다. 또다시 '버릇없는 놈'이니 '호로자식'(=후레자식)이니 하며 호통이 뒤따를 것은 뻔한 일이다.

전라도말에서는 이처럼 상대의 말을 고분고분 따르지 않고 제 생각을 끝까지 고집하는 행동을 가리켜 '달랑달랑허다'거나 '달랑거리다'라는 동사로 표현한다. 예를 들어 "쩌 놈은 어른 말을 안 듣고 기어니 달랑거려."라거나 "하도 달랑달랑헝께 즈그 아부지도 두 손 들었당만." 이라고 쓰일 수 있는 것이다. 표준말에도 이 두 말이 있기는 하나 그 의미가 다르다. 표준말에서 '달랑달랑하다'는 〈돈이나 양식 따위가 다

떨어질 듯하다〉와 같은 상태를 가리키는 형용사로 쓰이고, '달랑거리다'는 〈침착하지 못하고 자꾸 까불다〉와 같은 동사의 뜻을 갖기 때문에 전라도말처럼 〈상대에게 지지 않고 대들다〉와 같은 뜻은 찾아 볼 수 없다. 전라도말의 '달랑달랑허다'나 '달랑거리다'가 이러한 뜻을 갖기 때문에 그 말맛이 결코 호의적이지 않은 점도 충분히 수긍이 가는 일이다. 순순히 따르지 않고 제 고집을 펴는 태도를 못마땅하게 여기는 탓에 낮추어 보는 말맛이 있게 된다.

반드시 어른들 말에 말대답을 하고 제 주장을 펼 때에만 못마땅한 것은 아니다. 여자들이나 아이들끼리 수다스럽게 이야기를 나누고 있는 상황마저도 어른들 보기에는 못마땅할 때가 많다. 제 할 일은 하지 않고 괜히 쓸데없는 이야기나 하면서 시간을 헛되이 보낸다고 생각하기 때문이다. 이럴 때에 전라도 어른들은 흔히 '따닥거리다'나 '따댁이다'와 같은 동사를 쓴다. 그래서 어린 아이들이나 여자들이 수다스럽게 이야기를 나누고 있을 때, 이를 못마땅하게 여기는 어른들은 언제나 "먼 소리를 조롱게 따댁인고?"라고 불만을 토로하기도 하고, 아이들이 자지 않고 저희들끼리 이야기를 하면서 놀고 있을 때에도 흔히 "고만 따댁이고 자야."처럼 큰소리를 치게 되는 것이다. 전라도말의 '따닥거리다'나 '따댁이다'는 〈지껄이다〉나 〈수다스럽게 이야기하다〉의 뜻을 갖는 말인데, 이 역시 '달랑달랑허다'나 '달랑거리다'처럼 입을 무겁게 닫지 않고 제멋대로 놀린다고 생각할 때 어른들이 흔히 쓰는 말이라 하겠다. 따라서 이 말들도 모두 낮추는 말맛이 있음은 물론이다.

오늘날 우리 사회는 더 이상 언론이 억압 받는 상태에 있지 않다. 마찬가지로 아이나 여자들 또는 사회적 약자라고 해서 자신의 할 말을 가슴 속에 묻어 둘 필요는 없다. 모두가 동일한 인격체인 이상, 그리고 모든 사람에게 말할 수 있는 권리가 있는 이상, 이들에게만 침묵하라고 할 수는 없기 때문이다. 다만 자기 생각이나 주장을 펴되, 상대에게 상처를 주지 않도록 말하는 요령만이 필요할 뿐이다.

_『전라도닷컴』 2002년 5월호

11부

외래 문화

포도와 석류
고려말과 러시아말
빵떡, 떡이
꼬꿉쟁이, 따꿉쟁이
'돈'의 뿌리를 찾아서
사투리와 일본말

전라도의 말과 문화

포도와 석류

아내를 따라 장을 보다가 깨끗하게 포장된 고등어가 있어 살펴보았더니 노르웨이산이었다. 노르웨이라니? 노르웨이면 북극과 가까운 스칸디나비아 반도에 있는 나라가 아닌가? 그처럼 멀고 먼 나라에서 잡힌 고등어가 우리 밥상에 오르다니 그야말로 지구촌에 살고 있음을 실감하였다. 그러나 칠레에서 잡힌 홍어, 이란산 석류, 중동에서 말린 무화과 등에 우리 입맛이 상당히 길들여진 것을 깨닫고는 세계의 곳곳이 어느새 우리 일상의 일부가 되었음을 절감하게 되었다. 이제 우리는 세계의 가깝고 먼 나라들과 직접적으로 문물을 주고받으며 살고 있는 것이다.

그러나 과거의 우리 조상들이 살았던 세계는 매우 제한된 것이었다. 우리 조상들은 오늘날처럼 먼 나라의 사람들과 직접적으로 교섭하지 못하고 단지 중국과 일본 등을 통하여 간접적으로 소통하였을 뿐이다. 그 가운데서도 일본을 통해 서구 문명을 받아들이게 된 것은 19세기 명치유신 이후의 일이었으므로, 그 이전까지 우리가 세계와 교섭하게 된 것은 오로지 중국을 통해서였다고 해도 과언이 아니다.

중국은 예전부터 서쪽 지역을 통해 이국 문화를 받아들이곤 하였다. 그들이 말하는 '서역'은 오늘날의 중앙아시아 지역과 그 너머를 가리키는 말로서 이 서역에서 들어온 문화와 문물을 통해서 바깥세상과 교류하였던 것이다. 이러한 교류가 가장 활발하게 일어났던 고대 중국은 당나라 때였으며, 당나라의 수도인 장안(지금의 '서안')은 그래서 가장 국제적인 도시를 형성하였다. 그런데 흥미로운 것은 서안이 북경보다 훨씬 서쪽에 위치하고 있다는 점이다. 고대 중국은 그만큼 서쪽에 대한 관심이 클 수밖에 없었다. 서역으로 통하는 실크로드를 통해 유럽과 아랍, 중앙아시아의 문물이 중국으로 들어왔고, 그 가운데 일부가 한반도에까지 전파되었으니, 우리 조상들은 중국인들이 가졌던 세계의 인식을 고스란히 답습할 수밖에 없었던 것이다. 한 마디로 말하면 중국은 우리 조상들이 세상을 바라보는 창의 구실을 한 셈이다.

이러한 문화 교류의 양상은 언어에서도 그대로 나타난다. 오늘날 우리가 일상에서 너무도 자연스럽게 사용하는 낱말들이 이러한 문화 전파의 모습을 그대로 보여 주기 때문이다. 우선 가을이면 우리의 입맛을 돋우는 과일 가운데 포도가 있다. 그런데 이 포도는 한반도에서 자생한 과일이 아니라 다른 지방에서 들어온 이국적인 과일이다. 포도를 한자로 葡萄라고 적기 때문에 이 과일이 중국에서 들어온 것으로 오해할 수 있다. 물론 포도가 중국을 거쳐 한반도에 들어온 것은 분명하지만, 중국도 원산지는 아니다. 대체로 포도는 과거에 중국에서 대원국이라 불렸던 중앙아시아 지방에서 들어온 것으로 알려져 있으며, 따라서 원래의 이름도 이 지방 말로 불렸다. 다만 그 표기를 중국 사람들이 葡萄라고 하였을 뿐이다. 사실 중국에서는 葡萄라 부르기 이전에 蒲陶, 蒲桃 등의 표기가 당나라, 송나라 때까지 이어져 온 역사가 있다. 그러다가 원나라에 이르러서야 오늘날과 같은 葡萄의 표기가 정착되었다. 이 葡萄를 중국 발음으로 읽으면 그 지방의 포도 명칭과 비슷하게 들렸을 것이다. 그런데 이 한자어가 한반도로 전파되면서 우리식 한자음으로 '포도'라고 불리게 된 것이니, 따라서 '포도'는 우리말도 아니고 중국말은 더더욱 아니며, 중국에 포도를 건네 준 중앙아시아 대원국의 말인 것이다.

'석류'도 마찬가지이다. 석류는 한자로 石榴로 적지만 이 역시 중국이 원산은 아니며, 중앙아시아의 安息國(Arshak)에서 전래한 것으로 추정된다. 안식국은 오늘날의 이란에 위치한 고대국가인데, 석류가 맨 처음 중국에 전래되면서 그 이름을 '안석류'(安石榴)라고 불렀다. 여기서 '안석'은 바로 안식국의 나라 이름인 Arshak의 소리를 본딴 것이다. 이 '안석류'가 나중에 '石榴'로 바뀌게 되고 이것이 한반도에 들어와 '석류'로 발음되게 된 것이다. 그러므로 '석류'란 낱말은 우리말도, 중국말도 아니며, 이란의 고대국가 이름의 일부에 '류'라는 한자가 결합된 복잡한 역사를 지닌 셈이다. 오늘날 이란산 석류가 우리나라에도 대대적으로 수입되고 있는 것을 보면 이란 지방에서 석류가 많이 생산되는 것은 분명한 것으로 보인다.

이처럼 중국 사람들은 서역을 통해 온갖 신기한 문물을 들여왔으므로, 서역이란 이국적인 바깥세상 그 자체였던 셈이다. 서역의 사람들은 중국 사람들과 생김새부터 달랐다. 키가 크고, 눈이 움푹 들어가고, 얼굴이 까무잡잡한 모습, 전형적인 중앙아시아나 이란, 터키 계통의 얼굴 모습을 한 이들을 중국 사람들은 전통적으로 胡人이라 불렀다. 여기서 胡란 바로 서역을 가리키는 말이다. 천안의 명물인 호두과자를 만드는 데 쓰이는 '호두'의 원말인 '호도' 역시 서역에서 중국으로 유입된 과일인데, 한자로 胡桃라고 써 왔다. 오늘날 중국어로는 核桃라 하여 달리 쓰지만 옛 중국어로는 우리처럼 胡桃라고 썼던 것으로 보인다. 이때의 胡도 서역을 가리키는 말임은 물론이다.

우리말에도 접두사 '호-'를 사용하는 낱말이 더러 있다. '호떡, 호마, 호밀' 등이 대표적인 예이다. 그런데 우리말에서 '호-'는 주로 중국 또는 만주 등을 가리킬 뿐, 중국에서처럼 서역 지방을 가리키지는 않는다. 예를 들어 '병자호란'(丙子胡亂)의 '호'는 조선에 침입한 청나라(만주족)를 가리키는 말이며, '호떡'은 철판에 구워 만든 중국식 빵을 가리키고, '호마'는 크고 기운이 센, 만주나 중국 북방에서 나는 말을 가리킨다. 같은 胡라 하더라도 중국과 우리의 의미가 다르니 주의하지 않으면 안 된다. 예를 들어 '호도'를 중국에서 들어온 과일로 해석하여 '호떡'이나 '호마'의 '호'와 같은 것으로 이해하면 안 될 것이다. '호도'는 애초에 중국에서부터 胡桃이었고 원래의 의미는 서역에서 들어온 복숭아 모양의 과일이라는 뜻이었는데, 이 낱말이 그대로 우리에게 들어온 탓에 오늘날의 '호도'라고 불리게 된 것뿐이다.

_『광주 MBC 저널』 2007년 2월호

고려말과 러시아말

올해는 소련의 연해주 지방에서 살던 우리 동포들이 중앙아시아로 강제 이주를 당한 지 꼭 칠십 년이 되는 해이다. 블라디보스토크, 우수리스크 등을 중심으로 한 연해주 일대에 우리 동포들이 거주한 것은 대체로 19세기 중반부터였다. 함경도 인근 지역에 살던 우리 동포들은 극심한 기근과 흉년을 피해 국경을 넘어 만주나 러시아 일대에서 정착촌을 이루게 되는데, 1930년대 당시 러시아 극동 연안에 거주한 우리 민족의 수는 대략 17만 정도였다. 이들 모두가 1937년 스탈린이 내린 강제 이주 명령 하나로 그때까지 삶의 터전을 이루고 살던 연해주를 떠나 아무런 연고도 없는 머나먼 땅 중앙아시아 지역으로 옮겨 가게 되었던 것이다. 러시아와 일본 사이에서 일본인의 스파이 노릇을 할 염려가 있다는 이유만으로 수십 년 동안 지켜 왔던 삶의 터전을 하루아침에 버리고 이주 열차를 타지 않으면 안 되었다. 증언에 의하면 딱 사흘의 말미를 주고 이주 열차를 타도록 하는 바람에 농사를 짓던 사람들은 누렇게 익은 들판의 곡식을 그대로 둔 채, 그리고 기르던 소나 돼지 역시 외양간이나 우리 속에 그대로 놓아 둔 채 간단한 보따리만을 챙기고 떠날 수밖에 없었다고 한다. 아마도 충분한 시간을 주면서 예고를 할 경우 많은 사람들이 도망갈 것을 염려하였기 때문이었을 것이다. 특히 동포 사회의 지도층을 형성하였던 지식인들과 공산당원들을 먼저 시베리아로 이주시키거나 총살을 시킴으로써 강제 이주에 대한 조직적 저항의 씨앗을 사전에 잘라버리는 만행을 저

지르기도 하였다.

　연해주에서 중앙아시아로 가는 길은 멀고도 험한 과정이었다. 거의 한 달이 걸렸던 이 기나긴 여행은 마치 유태인들이 폴란드의 아우슈비츠 수용소로 가는 기차 여행과 매우 흡사하였다. 가축을 싣는 화물칸을 개조한 기차 안에는 불을 피울 아무런 장치가 없었으므로, 그 안에서 음식을 해 먹을 수 없었기에, 기차가 잠깐씩 서는 틈을 타서 밖으로 내려 간 사람들은 밖에서 불을 피워 음식을 해 오거나 아니면, 끓는 물을 받는 것이 고작이었다. 그러다 보니, 기차 밑에서 용변을 보려다 움직이는 기차 바퀴에 깔려 목숨을 잃기도 하고, 불을 피워 음식을 해 먹으려다 기차를 놓쳐 다음 기차를 기다려야 하는 일도 비일비재하였다고 한다.

　거의 한 달을 달린 기차가 맨 처음 우리 동포들을 내려놓은 곳은 카자흐스탄의 우슈또베라고 하는 곳이었다. 지금은 한적한 시골 농촌의 소도시인 이곳은 1937년 당시 소수의 카자흐인들만 살던 곳이었다. 살을 에는 중앙아시아 겨울의 삭풍을 피할 아무런 시설도 없던 터라, 우리 동포들은 땅 밑을 파서 방을 만들고 마른 갈대로 하늘을 가린 움집으로 그해 겨울을 나야 했다. 증언에 의하면 카자흐인들은 우리 동포들이 개를 잡아먹는다는 소문을 듣고 매우 무서워했다고 한다. 그래서 그런지 아니면 천성으로 착한 민족이었든지 어쨌든 친절한 카자흐인들의 도움을 얻어 겨우겨우 겨울을 넘긴 우리 동포들은 이듬해 봄부터 연해주에서 가져온 곡식의 종자를 심고 집을 짓는 등 새로운 삶의 터전을 가꾸면서 끈질긴 생명력을 이어나갔다. 정착하는 과정에서 물과 환경이 바뀌는 바람에 저항력이 약한 많은 어린 아이들이 목숨을 잃었다. 심지어 어떤 집에서는 아이 다섯을 모두 잃기도 하였다고 한다. 1937년 당시 스무 살이었던 이계옥 할머니는 소련 치하에서

열성 공산당원으로 활동한 분인데, 1937년에 중앙아시아로 강제 이주 당하지 않았더라면 이듬해에 연해주를 고려자치주로 만들 계획이 이미 서 있었다고 증언하고 있다. 고려 자치주의 계획이 서 있던 터에 아래로부터의 첩보가 있어 느닷없는 강제 이주가 실시되는 바람에 이런 계획이 무산되어 버렸다는 것이다.

중앙아시아로 강제 이주한 이후 우리 동포들은 연해주에서의 삶의 방식을 그대로 유지하기 위해 물을 끌어 와 벼농사를 짓기 시작하였고, 유목 생활을 하던 이들 지역에 채소 농사를 들여오기도 하였다. 소련이 붕괴된 후 카자흐스탄, 우즈베키스탄, 키르기스스탄 등으로 나뉜 중앙아시아 지역에 사는 우리 동포들은 특유의 근면과 영민함으로 인해 대부분 고등교육을 받고 비교적 높은 수준의 생활을 영위하는 것으로 알려져 있다. 다만 아쉬운 것은 이주된 1세대만이 우리말을 할 수 있을 뿐, 자식 세대들은 대부분 러시아어를 일상적으로 사용하고 우리말은 겨우 부모의 말을 알아들을 정도에 그친다는 사실이다. 그것은 마치 미국으로 이민 간 우리 동포들의 사정과 흡사한 것이기도 하다. 최근 한국의 발전된 경제 상황이 알려지면서 한국말을 배우려는 움직임이 이는 것이 그나마 다행이라 하겠다.

중앙아시아의 동포들은 자신들을 '고려사람', 자신들의 말을 '고려말'이라 한다. 이 '고려'라는 말은 러시아어 '까레이스끼'(영어의 Korean에 해당하는 말)에서 온 것이다. 한반도에서는 대체로 '조선사람', '조선말'이라고 하던 시절에 소련 연해주의 우리 동포들은 자신들을 '고려사람'이라 칭하면서, 한반도 내부의 동포들과 일정한 구별을 했던 것이 아닌가 한다. 그리고 고려사람들은 자신들이 살았던 소련의 연해주 지역을 '원동'(遠東)이라 부른다. 모스크바나 중앙아시아 지역에서 보면 연해주 지방은 그야말로 머나먼 동쪽에 해당할 텐데, 지금도 80

세 이상의 고려 할아버지나 할머니들은 이 원동을 언젠가는 한 번쯤 돌아가야 할 본향으로 인식하고 있다.

　고려말은 함경도말(그 가운데서도 함경북도말)을 바탕으로 하고, 여기에 러시아말과 중국말이 일부 섞여 있는 점에서 함경도 방언의 변종이라 할 수 있다. 예를 들어 고려말에서 자동차는 '마시나'(영어의 machine에 해당)라 하는데 이것은 러시아말을 그대로 차용한 것이다. 또한 고려 사람들은 러시아 사람들을 낮추어 말할 때 '마호재'라고 하는데 이 말도 중국말 毛胡子(maohuzi)에서 온 말이다. 毛胡子란 〈털이 많은 이민족〉을 뜻하는 말로서 중국 사람이 보기에 러시아 사람들이 상대적으로 털이 많기 때문에 붙여진 이름이다. 마치 우리가 미국 사람 또는 서양 사람을 일컬어 '코쟁이'라 했던 것처럼 신체적 특징으로 그 민족을 불렀던 데서 연유한 것이다.

　그러나 이런 차용어들이 일부 있다 하더라도 고려말의 본령은 어디까지나 함경도말이다. 예를 들어 1937년도에 강제 이주한 것을 가리켜 고려사람들은 흔히 "부술기에 실께 왔소"라고 하는데, 이때의 '부술기'는 기차를 가리키는 함경도말이다. 여기서 '부'는 '불'이며 '술기'는 '수레'의 함경도말이니, '부술기'는 〈불로 가는 수레〉 곧 기차를 가리키는 말인 것이다. 중국어에서 기차를 火車라 하므로, 이 '부술기'가 중국어 火車를 우리말로 풀어쓴 말이라 할 수도 있겠다. 고려말에서는 부모를 가리켜 '어시'라 한다. 예를 들어 고려말로 "어시네 올 때 같이 실께 왔지."라고 하면 부모님이 이주해 올 때 자신도 강제로 실려 왔다는 뜻이다. 그런데 이 '어시'는 고려시대 가요인 「思母曲」의 '아바님도 어시어신 마르는'에 나오는 '어시'에 해당하는 것이니, 그 쓰임이 매우 오래된 것이다. 전라도말에서도 진도 지역에서는 아직도 '어시'라는 말이 주로 동물들의 어미를 가리키는 말로 남아 있다. 예를 들어 옛날에는 소가 없는 사람이 남의 집에서 어미 소를 데려다가 새끼를 낳을 때까지 키워 주고 대신 그 새끼를 분양 받는 풍속이 있었는데, 이때 데려온 어미 소를 진도에서는 '어시소'라 한다.

고려 사람들은 러시아 땅에 살면서 밥과 함께 러시아식 빵도 자연스럽게 먹게 되었지만, 고려사람들은 이 빵을 아직도 '떡'(정확하게는 '떡이')이라 부르며 산다. 비록 몸은 중앙아시아에 있으면서 러시아말과 러시아식 생활 방식을 일부 받아들여 살지만, 조상 때부터 써 왔던 '밥'과 '떡'처럼 기본적인 어휘들은 시간과 공간을 넘어 아직도 이들에게 그대로 남아서 사용되고 있는 것이다.

_『광주 MBC 저널』 2007년 3월호

빵떡, 떡이

　며칠 전 중앙아시아 우즈베키스탄을 다녀왔다. 1937년 러시아 연해주 지방에서 중앙아시아로 강제 이주 당한 고려 동포들의 말을 조사하기 위한 여행이었다. 몇 해 전에도 같은 목적으로 카자흐스탄을 두 차례 방문한 적은 있었지만 이웃한 우즈베키스탄은 처음이었다. 사실 우즈베키스탄의 수도인 타쉬켄트는 고려 동포들이 가장 많이 사는 곳이므로, 고려말을 조사하기 위해서는 반드시 거쳐야 할 곳이었다.

　우즈베키스탄에서 머무르는 동안 이 지역의 여러 가지 음식을 먹어 보았다. 구소련 전역에서 가장 맛있다고 평가를 받는 이 지역의 각종 과일들은 물론이고, 라그만이라고 불리는 국수, 샤슬락이라고 하는 고기 꼬치 등 전형적인 이 지역 음식들이 그것이다. 그런데 이곳 사람들 식당에 가면 어김없이 나오는 주식이 있으니 그것은 러시아말로 '리뾸스카'라 부르는 둥근 빵이다. 커다란 접시만한 이 빵은 반죽한 밀가루를 화덕 안쪽 벽에 달라붙게 하여 만든다고 한다. 단맛이 없어 식사용으로 제격인데, 탁자 위에 놓아두면 저절로 손이 가는 묘한 맛이 있어 자신도 모르는 사이에 반쪽 이상을 먹었던 적도 있었다. 한국에서 아이들이 피자를 시키면 피자의 맨 가장자리 부분은 먹지 않고 내버리는 수가 대부분이다. 그런데 이 리뾸스카는 바로 그 피자의 테두리 부분보다 훨씬 두툼하고 담백한 맛을 주기 때문에 부담 없이 많은 양을 먹을 수 있는데, 우리의 밥에 해당하는 중앙아시아 사람들의 주식으로 생각된다.

사실 리뾸스카와 피자는 같은 것이라 할 수 있다. 리뾸스카에 고명을 얹으면 바로 피자가 되기 때문이다. 이러한 리뾸스카는 밀을 주식으로 하는 지역의 대부분에서 먹는데, 중앙아시아, 터키, 아랍 지역을 넘어 이탈리아에 가서는 피자로 변신하였던 모양이다.

이 리뾸스카를 먹으면서 왜 우리에게는 이러한 빵 문화가 발달하지 않았을까 하는 의문이 들었다. 그러다가 밀이 우리나라에 들어온 역사가 그다지 오래지 않다는 생각에 미치게 되었다. 결국 빵 문화는 밀을 주식으로 하는 문화인 반면, 우리는 쌀을 주식으로 하는 문화였던 것이다.

빵 문화는 곧 굽는 문화이다. 화덕의 벽이든지 아니면 화덕의 위든지 불에 달군 돌이나 벽돌 또는 철판 등의 열기로 밀가루를 구워 빵을 만들어낸다. 반면 밥 문화는 삶거나 찌는 문화이다. 이것은 물을 부은 솥에 열을 가하여 그 김으로 음식을 익히는 문화인 것이다. 밥은 이런 방식에 의해 만들어진 가장 전형적인 음식이다. 그렇다면 삶고 찌는 우리 문화에서 밀은 어떻게 요리하는 것일까? 곰곰이 생각해 보니 우리 문화에서 밀을 구워 빵을 만들었던 기억은 없고 마치 밥처럼 솥에 쪄서 먹었던 기억은 지금도 생생히 남아 있음을 깨닫게 되었다. 찌는 문화에서 반죽한 밀가루는 화덕 위에 얹히는 것이 아니라 솥이나 시루 속에 넣어졌던 것이다. 그렇게 해서 만든 빵이 바로 '찐빵'이다. 찐빵은 속에 팥소를 넣지만, 이런 소 없이 그냥 단맛을 가미하여 찌는 수도 있으니, 이것이 바로 전라도 지역에서 '밀가리떡' 또는 '개떡'이라 부르는 것이다.

표준어 사전에 '개떡'은 〈밀가루를 고운체로 치고 남은 노깨나 메밀을 체로 치고 남은 나깨, 또는 보릿겨 등으로 아무렇게나 반대기를 만들어 찐 음식)으로 정의하고 있으나, 전라도에서는 밀가루로 그냥 찐 것을 '개떡'이라 부르기도 하였다. 표준말의 '개떡'은 겨로 만든 것이니, 알곡으로 만든 떡을 진정한 떡 곧 '참떡'이라고 생각했음을 알 수 있다. 전라도에서는 개떡의 범주 안에 밀가루로 만든 것까지를 포함하였으니, 적어도 전라도에서는 밀이 다른 잡곡과 구별되어 더 하층으로 간주된 셈이다.

'개떡'과 '찐빵'을 보면서 우리는 '떡'과 '빵' 사이의 미묘한 긴장 관계를 엿볼 수 있다. 전통적으로 우리 문화는 시루에 찐 떡을 별식으로 먹었다. 그런데 서양 문물이 들어오면서 화덕에 구워서 만든 새로운 모양의 떡을 보게 되었다. 이를 어찌 불러야 하는가? 우리 조상들은 이미 가지고 있던 틀 안에서 새로운 문물을 받아들이는 전통이 있었다. 이런 문화 수용의 전통 때문에 서양 사람이 구운 새로운 음식은 당연히 '떡'이라고 부를 수밖에 없었던 것이다. 개화기 때 서양의 빵을 '떡'이라고 부른 것이나, 중앙아시아 고려 동포들이 이 지역 사람들이 즐겨 먹는 둥근 빵 '리뾜스카'를 '떡이'라고 하는 것도 바로 이런 이유 때문이다. 전라도 노인들이 서양식 빵을 '빵떡'이라 부르는 것도 이러한 문화 수용의 전통 때문에 빚어진 튀기적 표현인 것이다.

중국 사람들은 남쪽에서는 쌀을 주로 먹지만 북쪽에서는 밀가루를 주로 먹는다고 한다. 그러니 찌는 문화와 굽는 문화가 공존하는 셈이다. 중국의 전형적인 주식인 '만두'는 찌는 문화의 소산이지만, 우리가 '호떡'이라고 부르는 것은 굽는 문화의 한 예라 할 수 있다. 다만 호떡은 화덕을 이용하는 것이 아니라 불에 달군 번철 위에서 지지는 것이므로 굽는 문화의 완전한 전형은 아닌 셈이다. 어쨌든 우리는 이 중국식 음식을 '호떡'이라 불러 중국식 떡이라고 이해하였다. 화덕에 구운 것까지 떡이라고 부르는 처지에서 번철에 지진 것을 떡이라 하는 것은 너무도 자연스러운 일인데, 다만 여기에 중국을 뜻하는 오랑캐 '호'(胡)를 붙여 그것의 원산지를 밝힌 점이 다를 뿐이다.

_『전라도닷컴』 2007년 8월호

꼬꼽쟁이, 따꼽쟁이

박강윤은 전라남도 광양 사람이다. 우즈베키스탄의 수도 타쉬켄트 근교의 집단농장 '시온고'에서 감초 공장을 경영하며 산다. 나이가 일흔을 훌쩍 넘었음에도 젊은이처럼 열정적으로 그러면서도 성실하게 살아가고 있다.

그가 우즈베키스탄에 터를 잡은 지는 겨우 십여 년이 넘었을 뿐이다. 중국에서 하던 사업을 정리하면서 아는 이의 권유에 따라 우즈베키스탄의 감초를 한국에 수입하는 일을 시작하였다. 그 당시 한국의 감초는 대부분 중국산이었으므로 이보다 값이 싼 우즈베키스탄 야생 감초를 들여다 판다면 재미가 있을 것으로 판단하여 시작한 사업이었다. 그러나 그것은 지극히 순진한 생각이었다. 한국에서의 가공은 인건비가 많이 들었을 뿐 아니라, 우즈베키스탄 야생 감초의 두터운 재질을 한의사들이 꺼리기도 했기 때문이다. 더구나 서울 경동 시장의 약초 판매상들은 지극히 폐쇄적이었으므로 이 틈바구니를 파고드는 일이 말처럼 쉽지는 않았다. 그래서 박강윤은 가공 공장을 타쉬켄트로 옮기고, 공장 옆에서 직원들과 숙식을 같이 하면서 온갖 노력을 다하였다. 한때 강도를 만나 사경을 헤매기도 하였고, 부진한 사업 때문에 죽음을 생각하는 어려운 시절도 있었지만 그는 모든 것을 하느님에게 맡기면서 마침내 한국 감초 소비량의 30%를 차지하는 성취를 이루게 되었다.

박강윤의 이야기를 굳이 이렇게 장황하게 하는 것은 그의 사업 때문이 아니다. 그는 이렇게 고생해서 번 돈을 아낌없이 타쉬켄트의 우리 고려 사람들을 위해 쓰고 있기 때문이다. 타쉬켄트는 연해주 지방에서 강제 이주 당해 중앙아시아로 건너온 우리 동포들이 가장 많이 사는 도시이다. 소련 시절에는 중앙아시아의 중심 도시이기도 했던 타쉬켄트에서 우리 고려인 동포들은 타고난 부지런함과 교육열로 인해 가장 잘 사는 민족이었다. 집단농장 '시온고'는 한때 500여 호가 넘는 고려 동포들이 살았으며, 자체적으로 병원, 학교, 스타디움을 갖추었을 뿐 아니라 심지어 국가 축구단의 운영에 도움을 줄 정도로 번창하였다. 이 '시온고'에서 17명의 이른바 '노력 영웅'들이 나오기도 했으니, 우리 동포들이 여기서 얼마나 열심히 살았는지를 짐작할 수 있을 것이다. 그런데 이런 '시온고'가 1991년 소련이 무너지고 우즈베키스탄이 독립하면서 쇠락의 길을 걷기 시작하였다. 우즈벡말을 못하는 우리 젊은이들이 더 이상 발붙일 곳이 없어지면서 모두들 러시아 등지로 떠나게 되자 이 '시온고'에는 다른 곳으로 갈 수 없는 늙은 고려 동포들 그리고 새로 이주해 온 우즈베키스탄 사람들로 새로운 틀을 짜게 되었다. 그러나 어찌 우즈벡 사람들이 우리 고려 사람들의 성취를 따를 수 있을 것인가? 집단농장 '시온고'는 점차 내리막길로 치달은 끝에 이제는 초라한 시골 농장으로 전락하고 말았다.

쇠락한 집단농장 '시온고'에는 오갈 데 없는 나이 많은 고려인들이 그야말로 죽을 날만을 기다리면서 그렇게 무료한 시간을 보내고 있었다. 이러던 차, 박강윤이 이곳에 공장을 옮겨오게 된 것이다. 그는 공장을 운영하는 일만으로도 벅찼지만, 아침이면 빈터에 쭈그려 앉아 시간을 보내는 고려 노인들의 처지를 그대로 두고 볼 수만은 없었다. 그래서 집단농장 안의 다 부서진 건물을 새로 개수하여 노인회관을 만들었다. 그뿐만 아니라 노인회관 안에 후세들이 한글, 컴퓨터, 사물놀이 등을 배울 수 있는 시설을 마련하고, 노인회관과 교육 시설들이 안정적으로 운영되도록 회장, 총무, 교사들에게 다달이 월급을 지급하였다. 그것뿐인가? 타쉬켄트의 여러 대학 한국어학과에서 한국말을 배우는 고려 학생들 또는 우즈베키스탄 학생들 60여 명에게 매달 장학금을 주고 있었다. 재미있는 것은 장학금을 받는 학생들은 부모들로부터 절대로 용돈을 받아서는 안 된다는 것이다. 부모로부터 완벽하게 독립한, 말 그대로의 장학생이 되도록 넉넉한 후원을 해 주었다. 또한 매달 세 명씩 노인들에게 무료로 백내장 수술을 해 주는 일을 하는 등 고려 동포에 대한 사랑, 우리말에 대한 애정이 없으면 도저히 할 수 없는 일을 지속적으로 해 오고 있었다.

박강윤과 같이 덕을 한없이 베푸는 이런 사람을 우리말로 어떻게 표현해야 할까? 그저 '마음이 따뜻하다', '정이 많다'고 표현해서는 부족할 듯하다. '후덕하다'와 같은 한자말을 쓰기도 어쩐지 마땅치 않다. 그러고 보면 우리말에는 박강윤과 같이 동포에 대한 사랑으로 충만한 사람을 가리키는 마땅한 말이 없는 것 같다. 반면에 오직 자신만을 위해 돈을 아끼는 사람에게는 '인색하다', '구두쇠', '자린고비' 등의 말들이 다양하게 발달되어 있다. 남에게 베풀고 어려운 이를 도와 주는 일은 사람으로서 당연한 일이라면, 그렇지 못한 경우는 특별한 것이고 그래서 이런 이례적인 경우를 위해 여러 가지 말들이 필요했던 것으로 보인다.

전라도말에는 '인색하다'에 대응하는 말로 '꼼꼼허다'와 같은 말이 있다. 그리고 '꼼꼼헌' 사람을 가리켜 '꼼꼼쟁이'라고 한다. 이 '꼼꼼허다'는 그러나 돈에 인색한 경우만을 가리키지는 않는다. 예를 들어 "밭에 지심을 꼼꼼허니 뽑아야 되야"라고 한다면 밭에 난 김을 빠짐없이 꼼꼼하게 뽑아야 된다는 뜻이니 이 경우에는 〈인색하다〉의 뜻이 아니라 빠짐없이 고려하는 마음 상태를 가리킨다고 할 수 있으니 오히려 〈꼼꼼하다〉와 뜻이 통한다고 하겠다. 우즈베키스탄의 고려 사람들은 전라도말 '꼽꼽하다'에 대해 '따꼽하다'라는 말을 쓰며 '꼽꼽쟁이'를 '따꼽쟁이'라고 한다. 이 사람들은 '-쟁이'처럼 받침소리의 /ㅇ/을 콧소리로 약화시켜 발음하므로 실제는 '따꼽재~이'로 들리는 것이 보통이다.

우즈베키스탄 타쉬켄트에 사는 고려 동포들의 말을 조사하기 위해 이 지역 여행을 마치고 온 지 이제 겨우 이틀이 되었다. 아직도 우즈베키스탄의 따가운 햇살, 다디단 버찌와 참외(이 지역 사람들은 멜론을 '참외'라 부르고 우리가 먹는 노란색 참외는 '강참외'라 한다.)가 눈에 아른거린다. 그러나 무엇보다도 마음 속 깊이 감동으로 남아 있는 것은 집단농장 '시온고'에서 만난 박강윤님이다. 그는 자신을 위해서는 '꼽꼽한' 사람이었고, 어려운 고려 동포들을 '꼽꼽하게' 돌보는 이 시대의 새로운 '꼽꼽쟁이', '따꼽쟁이'였던 것이다. 이처럼 꽃보다 아름다운 분이 우리 지역 전라도 땅에서 태어나고 자랐다는 사실에 우리가 받는 감동의 폭은 한층 더 커졌던 것이다.

_『광주 MBC 저널』 2007년 8월호

'돈'의 뿌리를 찾아서

금을 찾아 산골로 몰려드는 신판 골드러쉬(gold rush)가 미국에서 일어나고 있다고 한다. 금값이 천정부지로 오르니 그럴 만도 하다는 생각이 든다. 사실 금이나 은을 귀하게 여기지 않는 민족은 없다. 사람이면 모두 금과 은을 사겠다고 하니 그 값이 오를 수밖에 없을 것이다.

그런데 금이나 은은 단지 귀금속에 그치는 것이 아니다. 때로는 거래의 결제 수단이 되기도 한다. 사람들 사이의 거래는 애초에 물물교환으로 시작되었다. 나에게 필요가 없는 것 혹은 나에게 많이 있는 것을 상대에게 주고 상대방으로부터 내가 필요한 것을 얻는 것이다. 그래서 어촌 사람들은 잡은 고기를 등에 메고 산을 넘고 물을 건너 농사 짓는 마을을 찾았던 것이다. 생선과 곡식을 맞바꾸기 위해서다. 요즘에 경상북도 안동의 자반고등어가 유명하다고 하는 것도 모두 이러한 과거의 전통 때문이다. 산과 고개를 넘어 마을까지 찾아가는 동안 생선이 상하지 않게 하려면 소금을 듬뿍 뿌려 절이지 않을 수가 없었기 때문이다.

이런 물물교환의 단계가 지나면 일정한 가치를 지닌 물건으로 결제를 하는 단계에 이른다. 오늘날 같으면 돈이 이런 구실을 하겠지만 고대에 아직 돈이 만들어지기 전에는 금이나 은과 같은 귀금속이 이런 역할을 했다. 그래서 주먹만큼 큰 금덩이 하나면 집을 한 채 산다거나 손가락 정도의 은덩이면 소를 한 마리 산다거나 했던 것이다. 이렇게 금과 은이 결제의 수단으로 쓰이려면 이것의 무게를 정확하게 재어야 한다. 금이나 은은 크기보다는 무게로 거래되었기 때문이다. 돼지나 소처럼 무게가 많이 나가는 것은 '근'(斤)이나 '관'(貫)과 같은 단위를 쓰지만, 금이나 은, 한약재처럼 무게가 크지 않은 경우에는 훨씬 가벼운 무게 단위를 쓰는데, 중국에서는 전통적으로 '양'(兩), '전'(錢), '분'(分)이 사용되었다. 10分은 1錢, 10錢은 1兩이었다.

이와 같은 무게의 단위가 우리 민족에게도 그대로 전해져서 오늘날 '냥', '돈', '푼'과 같은 우리식 단위가 쓰이게 된다. '냥'은 한자어 兩을 그대로 가져다 쓴 것이고, '돈'은 錢의 뜻을 따 온 것이며 '푼'은 分의 중국식 발음을 가져온 것이다. 그래서 금 1냥의 1/10은 1돈이고, 1돈의 1/10은 1푼이 되는 것이다. 때로 사람들이 '냥쭝'이나 '돈쭝'과 같은 말을 쓰기도 하는데 이때의 '쭝'은 물론 重으로서 '한 냥쭝'은 〈한 냥의 무게〉, '한 돈쭝'은 〈한 돈의 무게〉라는 뜻이다. 이처럼 '냥', '돈', '푼'은 원래 귀금속의 무게를 재는 단위로 쓰이던 말이었다.

물건의 거래가 많아지고 일상화 되면 결제의 수단으로 쓰일 금과 은도 많이 필요하게 된다. 그러나 금이나 은이 무한정 구해질 수 있는 것은 아니므로 모든 거래를 금과 은으로 할 수 없는 지경에 이른다. 이런 단계에 이르면 비로소 화폐가 만들어지게 되는데, 초기의 화폐는 우리가 '엽전'이라고 부르는 모양의 것이었다. 이 엽전은 금이나 은보다 훨씬 가치가 낮은 금속으로 만들되, 엽전의 앞면에 일정한 돈의 가치를 표시함으로써 국가가 명목상의 가치를 부여한 것이다. 예를 들어 어떤 엽전을 주조하면서 국가는 이 엽전의 가치는 은 1푼의 무게에 해당하는 가치를 갖는다는 식의 규정을 했던 것이다. 그러다 보니 그 엽전의 실질 가치는 은 1푼에 못 미치지만 시장에서 통용되는 가치는 은 1푼과 같은 것이었다. 그래서 사람들은 그 엽전을 '1푼'이라고 부르기 시작하였다. 이처럼 '푼'이란 애초에 금이나 은의 무게를 재는 단위였으나 나중에는 그 가치에 해당하는 엽전의 단위 이름으로 행세하게 된 것이다. '냥'과 '전'도 마찬가지였다.

17세기 이후 조선에서도 엽전이 상용화 되었는데, 국가가 정한 일정한 이름이 있음에도 불구하고 백성들은 그 이름 대신 '냥', '전', '푼'과 같은 이름을 사용하였다. 그래서 열 푼이면 일 전이요, 십 전이면 한 냥이 되었던 것이다. 오늘날에도 '돈이 한 푼도 없다'처럼 매우 적은 양을 가리킬 때 이 '푼'이 쓰이며, '면회라도 자주 오는 사람은 근무자에게 돈푼이나 집어 주어 비위를 맞춘다.'(황석영, 어둠의 자식들), '투전을 하여 요행 돈냥이라도 생기면 그것으로 술을 먹었다.'(김동인, 운현궁의 봄)처럼 많지 않은 돈을 가리킬 때 사용되는 '돈푼'이나 '돈냥'에 '푼'과 '냥'이 남아 있다.

엽전에서 종이 화폐로 발전하면서 돈의 단위도 달라지게 되었다. 가장 큰 단위인 '냥' 대신 '환' 또는 '원'이라는 단위가 쓰이게 되었던 것이다. '환'(圜)이나 '원'(圓)은 모두 본뜻이 〈둥글다〉는 의미이니 아마도 과거의 엽전 모양이 둥근 데서 생긴 말일 것이다. '환'과 '원'의 1/100을 '전'(錢)이라 했는데 이 '전'은 물론 과거 '냥'의 1/10을 가리켰던 단위를 가져다 쓴 것이다. 오늘날 미국에 사는 우리 교포들은 아직도 이 '전'을 사용한다. 1달러의 1/100 단위인 센트(cent)를 이들은 요즘에도 '전'이라 부르곤 하는 것이다. 애초에 금이나 은의 무게를 재는 단위였던 '전'이 조선 시대 엽전의 시기를 지나 종이돈을 가리키다가 급기야는 미국의 동전을 가리키는 단위까지 발전한 것이다.

무게의 단위였던 '전'은 중국 당나라 시절에 이미 화폐의 단위로 쓰였으니, 조선시대 후기에 들어서야 화폐의 단위 구실을 했던 우리보다 매우 앞섰음을 알 수 있다. 여기서 흥미로운 것은 '전'(錢)의 뜻인 '돈'

이라는 말의 역할이다. 앞에서 언급한 것처럼 '돈'은 오늘날에도 금과 은의 무게 단위로 쓰이지만 한편으로 money라는 뜻으로 쓰이는 말이다. 그렇다면 일반 명사 '돈'도 원래는 귀금속의 무게 단위 명칭에서 그 의미가 변한 것으로 해석해야 옳을 일이다.

_『전라도닷컴』 2008년 7월호

사투리와 일본말

　얼마 전 볼일 때문에 중국 북경에 가던 길에, 인천 공항에서 북경까지 1시간 30분밖에 걸리지 않는다는 사실을 알고 놀란 적이 있었다. 정작 광주에서 인천공항까지 버스로 4시간 반 이상 달려온 뒤끝이라 그 놀라움은 더 컸던 것이다. 옛날 조선 시대 사신들이 북경까지 오고 가기 위해서는 왕복 여섯 달이 걸렸다고 하니, 그때를 생각하면 오늘날 우리가 얼마나 좁고 빠른 시대에 살고 있는지를 새삼 실감하게 된다.

　그러나 비록 여섯 달이 더 걸렸던 옛 시절에도 사람들은 공적으로 또는 사적으로 꾸준히 중국을 드나들었고, 중국을 통해 발달된 문물을 받아들여 왔다. 그러다 보니 자연 문물과 함께 그들의 언어도 우리 말속에 스며들게 되었다. 오늘날 우리가 쓰는 숱한 한자어가 모두 이러한 영향 탓이기는 하지만, 그러나 순수한 우리말이라고 알고 있었던 말조차 그 기원을 따지면 중국말에서 온 경우가 적지 않게 발견되기도 한다. 예를 들어 붓글씨를 쓸 때 사용하는 '붓'을 대부분의 사람들은 순수한 우리말이라고 여겨 왔다. 그러나 학자들은 이 '붓'이 사실은 한자어 筆에서 온 것이라고 주장한다. 붓으로 찍어 그림이나 글씨를 썼던 '먹'도 역시 한자어 墨에서 온 것으로 알려져 있다. 그뿐인가? 우리가 일상에서 날마다 사용하는 '배추'니 '김치'니 하는 말도 모두 중국말에서 들어온 것이고('배추'는 白菜에서, '김치'는 沈菜에서 온 말이다), '포도'와 같은 말도 사실은 중국 서쪽의 서역에서 사용되던 말이라 하니, 이러한 외래적 요소를 빼면 과연 순수한 우리말이 얼마나 남을 것인가 하는 의구심도 드는 것이다.

우리말에 들어온 외래어는 중국말뿐만 아니다. 일제 강점기를 통해 들어온 수많은 일본어도 빼놓을 수 없는 것이다. 우리말에 숨어 있는 일본어는 흔히 우리말에서 자라는 잡초라 하여 이를 제거하려는 노력이 적지 않게 있어 왔다. '벤또'나 '쓰리'라는 일본말 대신 새로 만든 '도시락', '소매치기'는 이러한 노력이 성공을 거둔 대표적인 예이다. 그러나 아직도 우리말 속에는 우리도 모르게 일본어가 슬며시 자리 잡고 있는 경우가 있다. 글쓴이 자신도 언젠가 '빠릿빠릿하다'와 같은 말을 '빠르다'라는 형용사에서 파생된 우리말로 생각하고 글을 쓴 적이 있으나, 나중에 〈기운찬 행동〉을 묘사하는 일본어 부사 ぱりぱり에서 온 것임을 알고 부끄러워했던 기억이 있다.

방언조사를 하다 보면 마찬가지로 특이한 방언형이라 하여 흥분해 있다가 그것이 일본말로 판명되어 실소를 금치 못했던 기억도 여러 차례 있었다. 그 중의 하나가 '버선'에 대한 '다비'라는 말이다. 과거 이 말을 한 번도 들은 적이 없었던 글쓴이로서는 이 말이 특이한 전라도 말인 줄 알았으나 나중에 알고 보니 〈일본식 버선〉을 뜻하는 일본말 たび였던 것이다.

〈나란히〉의 뜻으로 쓰이는 '나라비'도 일본말이다. 예를 들어 "먼 사람들이 나라비 서 있데."라고 말할 때 사용되는 이 말은 언뜻 보아 우리말 '나란히'와 어원이 같은 사투리처럼 보이지만, 사실은 〈늘어선 모양〉을 뜻하는 일본말 ならび에서 온 것이다.

어렸을 적 추운 계절이면 털실로 짠 스웨터를 즐겨 입었었는데, 우리는 이것을 흔히 '개옷'이라 하였고, '개옷'을 짜는 털실을 '개실', 털실로 짠 바지를 '개바지' 등으로 불렀다. 이런 말들을 보면 '개'라는 말이

'털'에 대응하는 말임을 쉽게 알 수 있고, 이 '개'가 전라도에서 쓰이는 사투리의 하나로 생각할 만하다. 그런데 이 '개'는 사실 〈털이나 머리카락〉을 뜻하는 일본말 け에서 온 말이다.

이처럼 일본말은 들어온 역사가 한자어에 비해 길지 않지만, 어느새 우리 생활 깊숙이 박혀 있어서, 짐짓 우리말인 체 행세하는 수가 적지 않다. 사투리를 조사할 때에나 사투리에 관심이 많은 사람들에게는 특별히 주의해야 할 일이 아닌가 한다.

_전라도닷컴 2003-12-03

참고문헌

강영봉(1994), 제주의 언어(1). 제주문화.

강영봉(1997), 제주의 언어(2). 제주문화.

국립국어원(2007), 『방언 이야기』. 태학사.

김규남(2007), 『눈 오늘 날 싸박싸박, 비 오는 날 장감장감』. 문학동네.

박경래/이기갑/강영봉(2008), 새로 발굴한 어휘(1). 방언학 7. 한국방언학회.

박경래/곽충구/이기갑/강영봉(2010), 새로 발굴한 어휘(6). 방언학 12. 한국방
    언학회.

박경래/곽충구/이기갑/강영봉(2012a), 새로 발굴한 어휘(9). 방언학 15. 한국방
    언학회.

박경래/곽충구/이기갑/강영봉(2012b), 새로 발굴한 어휘(10). 방언학 16. 한국
    방언학회.

백두현(2006), 『국수는 밀가루로 만들고, 국시는 밀가리로 맹근다』. 커뮤니케이
    션북스.

오홍일(2005), 『전남 무안 지방의 방언사전』. 무안문화원.

왕한석(2010), 『한국의 언어민속지 2-전라남북도 편』. 서울대출판부.

이기갑(2000a), 포도시 밥 묵고 사요. 웹진 전라도닷컴 (2000-10-27).

이기갑(2000b), 오색 무지개. 웹진 전라도닷컴 (2000-11-03).

이기갑(2000c), 얼매나 맞았는고 사방 간디가 시풀시풀허요. 웹진 전라도닷컴
    (2000-11-11).

이기갑(2000d), 군지 타먼 겁나게 호수와도. 웹진 전라도닷컴 (2000-11-17).

이기갑(2000e), 되대허니 자떼바떼허니 앙겄구만. 웹진 전라도닷컴 (2000-11-25).

이기갑(2000f), 뿔받침, 양철 필갑, 그리고 때끼. 웹진 전라도닷컴 (2000-12-08).

이기갑(2000g), 저릅대. 웹진 전라도닷컴 (2000-12-22).

이기갑(2000h), 살강 욱에 밥그럭이 요년허니 영거 있네. 웹진 전라도닷컴(2000-
    12-23).

이기갑(2000i), 망치로 구멍 뚫고 톱으로 썰고-대사리와 밥칙. 웹진 전라도닷컴
    (2000-12-29).

이기갑(2001a), 끼릿끼릿헌 애기들이 셋이나 있는디 멋이 무섭겄소? 웹진 전라
    도닷컴 (2001-01-05).

이기갑(2001b), '시렁가래'와 '살강'. 웹진 전라도닷컴 (2001-01-13).

이기갑(2001c), 일은 안 허고 뺀나 모실만 댕이냐? 웹진 전라도닷컴 (2001-01-22).

이기갑(2001d), 배추갑이 겁나게 싸드라. 웹진 전라도닷컴 (2001-01-28).

이기갑(2001e), 통 애기들을 멋이락 안 헝께 버르젱이가 한나도 없당께. 웹진 전
　　라도닷컴 (2001-02-10).

이기갑(2001f), 한 볼테기 얻어 묵을라고 몬네몬네허고 있다가. 웹진 전라도닷
　　컴 (2001-02-17).

이기갑(2001g), 부지땅, 비땅, 부작때기. 웹진 전라도닷컴 (2001-02-24).

이기갑(2001h), 정제, 정지, 정게. 웹진 전라도닷컴 (2001-03-03).

이기갑(2001i), 일은 허천나게 많은디 헐 사람이 없네. 웹진 전라도닷컴 (2001-
　　03-18).

이기갑(2001j), 멋을 혼차 돌라 묵었가니 포각질허냐? 웹진 전라도닷컴 (2001-04-02).

이기갑(2001k), 장개가 갖고 금방 제금내 노먼 쓰가니? 웹진 전라도닷컴 (2001-
　　04-10).

이기갑(2001l), 지 혼차서 짓국부텀 마시고 있네. 웹진 전라도닷컴 (2001-04-15).

이기갑(2001m), 쪼놈의 달구새끼, 넘새밭 다 쪼사 묵네. 웹진 전라도닷컴 (2001-
　　04-22).

이기갑(2001n), 되야지, 외양간, 마구. 웹진 전라도닷컴 (2001-04-30).

이기갑(2001o), 코묵은 소리. 웹진 전라도닷컴 (2001-05-07).

이기갑(2001p), 질 싼 놈으로 주씨요. 웹진 전라도닷컴 (2001-05-15).

이기갑(2001q), 밥-깡보리밥 서숙밥 쑤시밥 무시밥 찰밥 꼬두밥. 웹진 전라도닷
　　컴 (2001-05-22).

이기갑(2001r), 싸가지 없는 놈. 웹진 전라도닷컴 (2001-06-15).

이기갑(2001s), 아까맨치로만 허먼 쓰겄다. 웹진 전라도닷컴 (2001-06-15).

이기갑(2001t), 비나 겁나게 쏟어져서 저수지가 방방허니 차먼 쓰겄다. 웹진 전라
　　도닷컴(2001-06-20).

이기갑(2001u), 대큰 묵어 봉께 맛은 있습디다. 웹진 전라도닷컴 (2001-06-29).

이기갑(2001v), 몸할라 안 좋은디 먼 술을 고롷게 묵고 댕이냐? 웹진 전라도닷컴
　　(2001-07-10).

이기갑(2001w), 육지대 가먼 요런 것은 못 보제라우. 웹진 전라도닷컴 (2001-07-16).

이기갑(2001x), 말해이지 말고 한피짝에가 앙거 있그라. 웹진 전라도닷컴 (2001-
　　07-24).

이기갑(2001y), 우리는 그들을 이렇게 불렀다. 웹진 전라도닷컴 (2001-08-02).

이기갑(2001z), 잘헌다 잘헌다 헝께 늑삼내 갖고 더 잘해야. 웹진 전라도닷컴
　　(2001-08-09).

이기갑(2001ㅑ), 쩌놈은 똘것인 모냥이여. 웹진 전라도닷컴 (2001-08-22).

이기갑(2001ㅑ), 택호. 웹진 전라도닷컴 (2001-08-29).

이기갑(2001ㅓ), 쩌그 곳간에 있는 쉬엉병에다 시구 좀 담아 오니라. 웹진 전라도닷컴(2001-09-05).

이기갑(2001ㅕ), 애기가 원체 재앙시로웅께 낯부닥이 온통 숭개 투성이여. 웹진 전라도닷컴(2001-09-12).

이기갑(2001ㄴ), 첨에는 안 가질란닥 허드니 중게는 홀짜꿍허고 받데. 웹진 전라도닷컴 (2001-09-20).

이기갑(2001ㅛ), 요놈이먼 우리집 니 식구 허뿍 묵고도 남웅께. 웹진 전라도닷컴 (2001-10-05).

이기갑(2001ㅜ), 들깡달깡, 방애야방애야. 웹진 전라도닷컴 (2001-10-18).

이기갑(2001ㅠ), 쥐나개나 무스탕이시. 웹진 전라도닷컴 (2001-10-29).

이기갑(2001ㅡ), 대사 치니라고 자네가 질 욕봤네. 웹진 전라도닷컴 (2001-11-16).

이기갑(2001ㅣ), 나가서는 말 한자리도 못 헌 것이. 웹진 전라도닷컴 (2001-12-17).

이기갑(2001ㅔ), 요것이 누 야냐? 웹진 전라도닷컴 (2001-12-26).

이기갑(2002a), '당골'과 '당골네'. 웹진 전라도닷컴 (2002-01-03).

이기갑(2002b), 외약사내키. 웹진 전라도닷컴 (2002-01-21).

이기갑(2002c), 쩌그 쪼께 갔다 오요. 웹진 전라도닷컴 (2002-01-28).

이기갑(2002d), 워매, 징헝거. 『전라도닷컴』 2002년 3월호(창간호).

이기갑(2002e), 조오련의 '그버니'. 『전라도닷컴』 2002년 4월호.

이기갑(2002f), 하도 달랑달랑헝께 즈그 아부지도 두 손 들었당만. 『전라도닷컴』 2002년 5 월호.

이기갑(2002g), 아심찬허니 뭘 이런 것을. 『전라도닷컴』 2002년 6월호.

이기갑(2002h), 써까리, 가랑니, 뚝니. 『전라도닷컴』 2002년 8월호.

이기갑(2002i), 아따 꾸꿈시롭게 먼 이런 것을 인데까지 챙게 뒀겠소? 『전라도닷컴』 2002 년 9월호.

이기갑(2002j), 요참에 짠 찬지름은 징허니 꼬수와도. 『전라도닷컴』 2002년 10월호.

이기갑(2002k), 배가 꼴찍헌 년에 밥을 한 그럭 묵었드니. 『전라도닷컴』 2002년 11월호.

이기갑(2002l), '웅구락지국'과 '추어탕'. 『전라도닷컴』 2002년 12월호.

이기갑(2002m), 폴씨게 했구만 당아 안 했닥 허네. 웹진 전라도닷컴 (2002-12-16).

이기갑(2003a), 까치설날. 깐치동저구리. 『전라도닷컴』 2003년 1월호.

이기갑(2003b), '모지리'와 '모질헌 놈'. 웹진 전라도닷컴 (2003-01-13).

이기갑(2003c), 차가 하도 씨금써금해도 달린 디는 지장이 없어. 『전라도닷컴』

2003년 2월호.

이기갑(2003d), 살양발 신고 삐딱구두 신고 엉바지 흔들고 가는 꼴 좀 보소. 『전라도닷컴』 2003년 3월호.

이기갑(2003e), 빼뺏헌 것이 키만 견정해 갖고 어디 쓰겄디야? 『전라도닷컴』 2003년 4월호.

이기갑(2003f), 먼 시상이 이렇게 시끌시끌허다요? 『전라도닷컴』 2003년 5월호.

이기갑(2003g), 행감치고 에헴허고 점잔빼고 앙거 있기만 허먼 다가니? 『전라도닷컴』 2003년 6월호.

이기갑(2003h), 물만 찌클지 말고 때도 좀 빗게야. 웹진 전라도닷컴 (2003-06-19).

이기갑(2003i), 낯박살을 주다. 『전라도닷컴』 2003년 7월호.

이기갑(2003j), 바가치시얌, 두룸박시얌, 짝두시얌. 『전라도닷컴』 2003년 8월호.

이기갑(2003k), '싸게싸게'와 '싸목싸목'. 『전라도닷컴』 2003년 9월호.

이기갑(2003l), '형님'과 '성님'. 『전라도닷컴』 2003년 10월호.

이기갑(2003m), '여보씨요!'. 『전라도닷컴』 2003년 11월호.

이기갑(2003n), '거시기'와 '머시기'. 『전라도닷컴』 2003년 12월호.

이기갑(2003o), 사투리와 일본말. 전라도닷컴. 웹진 전라도닷컴 (2003-12-03).

이기갑(2003p), 말로써 풀어 본 한국인의 먹는 문화. 『언어와 문화』 17집. 목포대학교 어학원.

이기갑(2004a), 죄로 가다. 살로 가다. 『전라도닷컴』 2004년 1월호.

이기갑(2004b), 배추 끌텅. 『전라도닷컴』 2004년 2월호.

이기갑(2004c), 요놈은 괜찮은디 쩌놈은 어쩐가 몰르겄소. 『전라도닷컴』 2004년 3월호.

이기갑(2004d), 카만 있는 사람을 맬겁시 건드네. 『전라도닷컴』 2004년 4월호.

이기갑(2004e), 내동 아까침에 말헝께는. 『전라도닷컴』 2004년 5월호.

이기갑(2004f), 내가 안, 내일 안, 항꾸네 안, 장보로 가자고 안, 글던가 안? 『전라도닷컴』 2004년 6월호.

이기갑(2004g), 너도나도 힐 것 없이 우허니 했제. 『전라도닷컴』 2004년 7월호.

이기갑(2004h), 군지 타먼 겁나게 호수와도. 『전라도닷컴』 2004년 8월호.

이기갑(2004i), 어서 방구 냄시가 솔레솔레 난다냐? 『전라도닷컴』 2004년 9월호.

이기갑(2004j), 느자구 없는 놈. 『전라도닷컴』 2004년 10월호.

이기갑(2004k), 숭게 질라 차꼬 긁지 마라. 『전라도닷컴』 2004년 11월호.

이기갑(2004l), '태죽'과 '자죽'. 『전라도닷컴』 2004년 12월호.

이기갑(2005a), 첨에는 쌩쌩허드니 쪼까 쓴께 금방 날개날개해져 불어라우. 『전라도닷컴』 2005년 1월호.

이기갑(2005b), 기영치다. 『전라도닷컴』 2005년 3월호.

이기갑(2005c), 남봉났다.『전라도닷컴』2005년 4월호.

이기갑(2005d), 똠방치매.『전라도닷컴』2005년 5월호.

이기갑(2005e), 칭칭다리, 뿔뿔다리.『전라도닷컴』2005년 6월호.

이기갑(2005f), 이씩허먼 때릴라고 그래.『전라도닷컴』2005년 7월호.

이기갑(2005g), 가심애피.『전라도닷컴』2005년 8월호.

이기갑(2005h), 녹이 텍텍 쩌서 못 쓰겄다.『전라도닷컴』2005년 9월호.

이기갑(2005i), 생키지 말고 패맡아야.『전라도닷컴』2005년 10월호.

이기갑(2005j), 싸게싸게, 싸목싸목, 느시렁느시렁. 웹진 전라도닷컴 (2005-11-09).

이기갑(2006a), 옴막.『전라도닷컴』2006년 3월호.

이기갑(2006b), '마리'와 '물리'.『전라도닷컴』2006년 5월호.

이기갑(2006c), 아이를 부르는 말.『광주은행 사보』2006. 봄호.

이기갑(2006d), 호랭이 장개가네.『광주은행 사보』2006. 여름호.

이기갑(2006e), 아시타다.『광주은행 사보』2006. 가을호.

이기갑(2006f). '불붙이다', '수붙이다', '갓붙이다'.『광주은행 사보』2006. 겨울호.

이기갑(2007a), '곰배'와 곰배팔이'.『광주 MBC 저널』2007년 1월호.

이기갑(2007b), 포도와 석류.『광주 MBC 저널』2007년 2월호.

이기갑(2007c), '박'과 '바가치'.『광주은행 사보』2007년 봄호.

이기갑(2007d), 고려말과 러시아말.『광주 MBC 저널』2007년 3월호.

이기갑(2007e), 동숭에지섬.『전라도닷컴』2007년 3월호.

이기갑(2007f), 지명.『광주 MBC 저널』2007년 4월호

이기갑(2007g), 마을 안길.『광주 MBC 저널』2007년 5월호

이기갑(2007h), 시상 베렜다.『전라도닷컴』2007년 6월호.

이기갑(2007i), 소나무.『광주 MBC 저널』』2007년 6월호

이기갑(2007j), '고뿔차리'도 들지 마시고 영치지도 마시고.『전라도닷컴』2007년
       7월호.

이기갑(2007k), 아짐씨.『광주 MBC 저널』2007년 7월호

이기갑(2007l), 접어까다. 웹진 전라도닷컴 (2007-07-18).

이기갑(2007m), 개떡, 찐빵, 빵떡, 호떡.『전라도닷컴』2007년 8월호.

이기갑(2007n), 박강윤.『광주 MBC 저널』2007년 8월호

이기갑(2007o), 와가리 울고 개똥불 날던 날의 기억.『전라도닷컴』2007년 9월호.

이기갑(2007p), 꾀복쟁이.『광주 MBC 저널』2007년 9월호

이기갑(2007q), '하리거리'에 걸리면 '소망'을 할타야 되야.『산재의료관리 사보』
       2007.8.20

이기갑(2007r), 호주머니에 넣어 두고 꼭꼭 씹어 즐겼던 고소한 '군임석'-올베쌀,
       올게쌀, 올기쌀.『전라도닷컴』2007년 10월호.

이기갑(2007s), 미영.『광주 MBC 저널』2007년 10월호

이기갑(2007t), 사라진 옛글자 쌍히읗.『전라도닷컴』2007년 11월호.

이기갑(2007u), 머심둘레.『목포대 신문』2007. 11.

이기갑(2007v), 나락.『광주 MBC 저널』2007년 11월호

이기갑(2007w) 낙자는 콱콱 조사서 묵어야 맛있어.『광주은행 사보』2007년 겨울호.

이기갑(2008a), '붉다'와 '묽다'.『전라도닷컴』2008년 1월호.

이기갑(2008b), 홀태.『광주 MBC 저널』2008년 1월호.

이기갑(2008c), 바시르르니 모까 갖고는 막 비베.『전라도닷컴』2008년 2월호.

이기갑(2008d), 지지리, 내동, 내나.『전라도닷컴』2008년 4월호.

이기갑(2008e), '사치스럽다' 대신 '럭셔리하다'? 웹진 전라도닷컴 (2008-04-23).

이기갑(2008f), 전라도말에 '망'과 '앙'이 붙으면.『전라도닷컴』2008년 5월호.

이기갑(2008g), 똥 뀐 놈이 됩대로 썽낸다.『전라도닷컴』2008년 6월호.

이기갑(2008h), '돈'의 뿌리를 찾아서.『전라도닷컴』2008년 7월호.

이기갑(2008i), 도사리, 호무질, 만도리.『전라도닷컴』2008년 9월호.

이기갑(2008j), 불소, 불암소, 이레소, 이레쟁이, 이레돗.『전라도닷컴』2008년 11월호.

이기갑(2009a), 질다, 질우다.『전라도닷컴』2009년 1월호.

이기갑(2009b), 부지땅 맞은 소.『전라도닷컴』2009년 3월호.

이기갑(2009c), '떼루다'와 '찰찰이'.『전라도닷컴』2009년 5월호.

이기갑(2009d), 나물 담는 망태기 '삿구덕'.『전라도닷컴』2009년 7월호.

이기갑(2011a), 시치다, 씨끄다.『전라도닷컴』2011년 10월호.

이기갑(2011b), 하의면의 방언 문화. 도서문화유적 지표조사 및 자원화 연구 9. 도서문화연구원.

이기갑(2011c), 신의면의 방언 문화. 도서문화유적 지표조사 및 자원화 연구 10. 도서문화연구원.

이기갑/기세관/고광모/정제문/송하진(1998),『전남방언사전』. 태학사.

이대흠(2007),『이름만 이삐먼 머한다요』. 문학동네.

이태영(2000),『전라도 방언과 문화이야기』. 신아출판사.

홍윤표(2009),『살아있는 우리말의 역사』. 태학사.

찾아보기

ㄱ

가닥지
　배추의 가닥째로 먹는 김치　30
가락홀태
　벼훑이　198
가리1
　솔가리　137
가리2
　어리　213
가시나
　계집아이　225
가시내
　계집아이　225
가심애피
　가슴앓이　141
가이나
　계집아이　225
가이내
　계집아이　225
각시보자
　소꿉놀이　106
갈비
　솔가리　137
갈쿠나무
　갈퀴나무　137
갓붙이다
　교배시키다　223

갓지
　갓김치　30
개똥벌가지
　반딧불이　232
개똥벌거지
　반딧불이　232
개똥불
　반딧불　232
개정
　개장　26
개정국
　개장국　26
개짐머리
　감기　86
거르막
　대문 밖　58
거섶
　거섶. 국을 끓일 때
　들어가는 채소류　22
거시
　회충　234
거시랑
　지렁이　235
거시랑치
　지렁이　235
거시랭이
　지렁이　235

거시배
　거위배　　　　　　　234
거시춤
　거위침　　　　　　　234
건개
　건건이　　　　　　　29
건덕지
　건더기　　　　　　　22
건데기
　건더기　　　　　　　22
걸막
　대문 밖　　　　　　58
걸
　대문 밖　　　　　　58
게뿔
　앞으로 꼿꼿하게 솟아 있는 쇠뿔
　　　　　　　　　　220
고동
　고둥　　　　　　　　44
고방
　광　　　　　　　　　60
고뿔차리
　감기　　　　　　　　86
고삿
　고샅　　　　　　　　58
고실고실허다
　고슬고슬하다　　　　42
골무삭
　고샅　　　　　　　　58
골미삿길
　고샅　　　　　　　　58
굉이
　옹이　　　　　　　　138

구녁
　구멍　　　　　　　　43
군임석
　군음식　　　　　　　193
궁글다
　구르다　　　　　　　108
궁글테
　굴렁쇠　　　　　　　108
기계홀태
　탈곡기　　　　　　　198
기나고동이나
　개나소나　　　　　　243
기영물
　개숫물　　　　　　　140
기영치다
　설거지하다　　　　　140
기영통
　개수대　　　　　　　140
깐치
　까치　　　　　　　　95
깐치동
　색동　　　　　　　　95
깐치동저구리
　색동저고리　　　　　94
깨벗다
　발가벗다　　　　　　125
꺼생이
　지렁이　　　　　　　235
껠막
　대문 밖　　　　　　58
꼬실꼬실허다
　고슬고슬하다　　　　42

꼬집
  소꿉놀이 106
꼽꼽허다
  인색하다 280
꾀벗다
  발가벗다 125
꾀복쟁이
  벌거숭이 125
끌텅
  나무의 그루터기나 배추의 뿌리 따위
                  34

ㄴ

나락
  벼 190
나무청
  나뭇간 215
나생이
  냉이 36
나숭개
  냉이 36
낙자
  낙지 38
냉갈
  연기 232
눈애피
  눈병 141

ㄷ

달꽐
  달걀 213

달구가리
  닭 어리 213
달구똥
  닭똥 213
달구새끼
  닭 213
달구장태
  닭장 213
달랑달랑허다
  윗사람에게 지지 않고 말대꾸하다
                  259
닭가리
  닭 어리 213
담다
  담그다(김치를) 29
당골
  무당 77
당골네
  여자 무당 77
당그래
  고무래 203
대발송장
  지게송장 151
대붙이다
  교배시키다 223
대사리
  다슬기 44
덜거리총각
  떠꺼머리총각 174
덜머리총각
  떠꺼머리총각 174
도래도래
  오래오래 221

도롱테
　굴렁쇠　　　　　　　　108
도사리
　초벌김매기　　　　　　200
독다말
　돌이나 옹기로 만든 아기 무덤 153
독다물
　돌이나 옹기로 만든 아기 무덤 153
독담
　돌이나 옹기로 만든 아기 무덤 153
동깨미
　소꿉놀이　　　　　　106
동깨살이
　소꿉놀이　　　　　　106
동상아덕
　올케　　　　　　　　170
동숭에지섬
　올케　　　　　　　　170
동지깨미
　소꿉놀이　　　　　　106
동테
　굴렁쇠　　　　　　　108
되되되되
　도래도래　　　　　　221
되야지간
　돼지우리　　　　　　215
되야지막
　돼지우리　　　　　　215
되야지청
　돼지우리　　　　　　215
두룸박
　두레박　　　　　　　70

두룸박시얌
　우물　　　　　　　　70
뒷개
　음식을 먹고 난 뒤의 찌꺼기　140
들깡달깡
　부라부라　　　　　　110
등물
　목물　　　　　　　　124
따닥거리다
　지껄이다　　　　　　260
따댁이다
　지껄이다　　　　　　260
딸각다리
　층계　　　　　　　　72
때까우
　거위　　　　　　　　236
떡죽
　떡국　　　　　　　　27
떼루다
　샘 바닥에 물이 고이는 족족 훑어
　내다　　　　　　　　143
뙤
　떼　　　　　　　　　155
뙤뙤
　꿀꿀　　　　　　　　222
뚝니
　이 중에서 큰 것을 가리키는 말 145

ㅁ

마구
　마구간　　　　　　　216

마구청
　마구간　216
마리
　대청　60
마방
　마구간　216
마실
　마을　99
마청
　마구간　216
마판
　마구간　216
만도리
　마지막 김매기　200
말간
　마구간　216
말국
　국물　22
말외양간
　마구간　216
맘물
　마지막 김매기　200
머심둘레
　민들레　36
메
　미역(감다)　125
멕
　미역(감다)　124
모가지
　이삭　191
모개
　이삭　191

모끄다
　밀기울 등에 물을 약간 쳐서 반죽
　하다　42
모방
　건넌방　60
모실
　마을　99
몰국
　국물　22
무시지
　무김치　30
물리
　마루　61
물꽉
　무릎　131
미래
　고무래　203
미영
　목화　129
미영베
　무명베　129
미영솜
　목화솜　129
미영실
　무명실　129

ㅂ

바가치
　바가지　120
바가치시얌
　샘　70

바꿈살이
　소꿉놀이　　　　　　　106
바꿈새기
　소꿉놀이　　　　　　　106
바시르르허다
　보슬보슬하다　　　　　41
반조깨미
　소꿉놀이　　　　　　　106
발홀태
　그네　　　　　　　　198
방애야방애야
　부라부라　　　　　　110
방장
　모기장　　　　　　　233
배추지
　배추김치　　　　　　　30
백여시
　불여우　　　　　　　228
벅수
　장승　　　　　　　　　57
볿다
　밟다　　　　　　　　　43
부락대기
　황소　　　　　　　　219
부락지
　황소　　　　　　　　219
부래기
　황소　　　　　　　　219
부사리
　황소　　　　　　　　219
부작대기
　부지깽이　　　　　　118

부지땅
　부지깽이　　　　　　118
부지땅 맞은 소
　칡소　　　　　　　　220
부지땡이
　부지깽이　　　　　　118
불무야불무야
　부라부라　　　　　　110
불붙이다
　교배시키다　　　　　223
불소
　둘암소　　　　　　　239
불암소
　둘암소　　　　　　　239
비땅
　부지깽이　　　　　　118
빠꿈살이
　소꿉놀이　　　　　　　106
빠꿈새기
　소꿉놀이　　　　　　　106
빵떡
　빵　　　　　　　　　276
뻘낙자
　개펄에서 자란 낙지. 크기가 작아
　서 '세발낙지'라고도 한다.　38
뽀개지다
　빠개지다　　　　　　　43
뽐뿌시얌
　펌프　　　　　　　　　70
뽕뽕다리
　구멍이 뚫린 철판으로 만든 다리72
뿌락대기
　황소　　　　　　　　219

뿌락지
　황소　　　　　　　　219
뿌래기
　황소　　　　　　　　219
뿌사리
　황소　　　　　　　　219

ㅅ

사랑
　살강　　　　　　　　67
삼바꼼질
　소꿉놀이　　　　　106
삼바꿈
　소꿉놀이　　　　　106
삼바보지
　소꿉놀이　　　　　106
삼박질
　소꿉놀이　　　　　106
삼방질
　소꿉놀이　　　　　106
상추지
　상추김치　　　　　30
새금박질
　소꿉놀이　　　　　105
새금꽉질
　소꿉놀이　　　　　105
새금팔
　사금파리　　　　　105
새금팔질
　소꿉놀이　　　　　105
새깜질
　소꿉놀이　　　　　105

새미
　샘　　　　　　　　70
새암
　샘　　　　　　　　70
새꽉
　대문 근처　　　　59
색꽉
　대문 근처　　　　59
샐꽉
　대문 근처　　　　59
샘막
　대문 근처　　　　59
성
　언니　　　　　　　170
성수씨
　형수님　　　　　　177
소마구
　외양간　　　　　　216
소망
　오줌이나 똥을 받는 항아리　90
소매
　오줌　　　　　　　90
손님
　천연두　　　　　　86
손홀태
　벼홅이　　　　　　198
솔낭구
　소나무　　　　　　136
솔지
　부추김치　　　　　30
송키
　송기　　　　　　　137

수불이다
　교배시키다　　　　223
시상베리다
　세상 뜨다　　　　149
시얌
　샘　　　　　　　　70
-실
　-집　　　　　　　168
실겅
　시렁　　　　　　　67
싱건지
　싱건김치　　　　　30
쌈바꿈
　소꿉놀이　　　　106
써까레
　서캐　　　　　　145
써까리
　서캐　　　　　　145
쎄홀치
　서캐훑이　　　　145
씻나락
　볍씨　　　　　　189

애기씨
　아기씨　　　　　177
어시소
　배냇소　　　　　273
여보씨요
　여보세요　　　　251
여수
　여우　　　　　　228
여시
　여우　　　　　　228
열무지
　열무김치　　　　30
영치다
　얹히다　　　　　87
에씨요
　여기 있소　　　248
오라부덕
　올케　　　　　　170
오라부성
　올케　　　　　　170
오랍씨
　오라버니　　　　178
올게심니
　올벼신미　　　　194
올게쌀
　올벼쌀　　　　　194
올기심니
　올벼신미　　　　194
올기쌀
　올벼쌀　　　　　194
올베쌀
　올벼쌀　　　　　194

○

아수타다
　아우보다　　　　184
아시타다
　아우보다　　　　184
아짐
　아주머니　　　　177
아짐씨
　아주머니　　　　177

와가리
　크기가 큰 매미　　　　　232
외약사내키
　왼새끼　　　　　　　　82
외약손
　왼손　　　　　　　　　81
요보씨요
　여보세요　　　　　　　251
우허니
　우르르　　　　　　　134
웅구락짓국
　추어탕　　　　　　　　26
유제
　이웃　　　　　　　　100
이가지
　이삭　　　　　　　　192
이개
　이삭　　　　　　　　192
이레쟁이
　둘치　　　　　　　　239
이리돗
　둘치　　　　　　　　239

ㅈ

자리
　곡(曲). 마디.　　　　102
작자꿍작자꿍
　짝짜꿍짝짜꿍　　　　110
작장작장
　짝짜꿍짝짜꿍　　　　110
저릅대
　겨릅대　　　　　　　206

정게
　부엌　　　　　　　　64
정제
　부엌　　　　　　　　64
정지
　부엌　　　　　　60, 64
정지선반
　살강　　　　　　　　67
정지실경
　살강　　　　　　　　67
제금
　각자　　　　　　　　161
제금나다
　분가하다　　　　　　160
조랑박
　조롱박　　　　　　　121
조릅대
　겨릅대　　　　　　　206
좃다
　쪼다. 다지다.　　　　39
종가리
　종구라기　　　　　　120
쥐나개나
　개나소나　　　　　　242
지
　김치　　　　　　　　30
지까심
　김칫거리　　　　　　31
지섬
　지어미　　　　　　　170
지수씨
　계수님　　　　　　　177

지슴
  김(매다)   200
지심
  김(매다)   37, 200
짐치
  김치   31
짓국
  김칫국   30
짝꿍보자
  소꿉놀이   106
짝두시얌
  펌프   71
짱아찌
  장아찌   31
쪼각지
  깍두기   30
쫍박
  쪽박   120
쫑구래기
  종구라기   120
쫑구래미
  종구라기   120

ㅊ

차대기
  자루   43
찰찰이
  물이나 곡식이 넘칠 정도로 많이
143
춤뿔
  한 뿔은 솟아있지만 나머지 뿔은
  옆으로 넘어져 있는 쇠뿔   220

칙짐질
  나뭇가지를 입속에 넣어
  체를 내는 행위   88
칭칭다리
  층계   72

ㅋ

콱콱
  탕탕 (다지다)   40

ㅌ

타레박
  두레박   70
탈박
  두레박   70
토마리
  흙으로 바닥을 만든 대청   61
토지
  마루   62
톰방니
  이 중에서 큰 것을 가리키는 말145

ㅍ

파숙지
  익힌 파로 담근 김치   30
파지
  파김치   30
폭삭허니 앉다
  편히 앉다   132
폭삭허다
  푹신하다   132

ㅎ

하나씨
  할아버지　　　　176
하납씨
  할아버지　　　　177
하루거리
  학질　　　　　　90
함바까시
  소꿉놀이　　　　106
함바꿈
  소꿉놀이　　　　106
함씨
  할머니를 낮추는 말　　176
항가빠시
  소꿉놀이　　　　106
항가빠치
  소꿉놀이　　　　106
행감치다
  책상다리하다　　131
허리막
  목물　　　　　　124
허청
  헛간　　　　　　215
호무질
  두벌김매기　　　200
혼차서
  혼자서　　　　　30
홀트다
  타작하다　　　　197
휜등
  하얀 종이로 둘러싼 관　151

이기갑

서울대학교 언어학과 졸업
서울대학교 대학원 문학석사 및 박사
UC Santa Barbara, Indiana University 방문교수
현재 목포대학교 국문과 교수

● 저서
전라남도의 언어지리(탑출판사 1986)
호남의 언어와 문화(공저. 백산서당 1998)
전남방언사전(공편. 태학사 1998)
국어방언문법(태학사 2003)
전남 곡성 지역의 언어와 생활(태학사 2007)
언어유형론 1.2.3(공저. 월인 2008)
전남 진도 지역의 언어와 생활(태학사 2009)
전남 영광 지역의 언어와 생활(태학사 2011)

전라도의 말과 문화

초판 인쇄 | 2013년 8월 5일
초판 발행 | 2013년 8월 16일

저　　자　이기갑

책임편집　윤예미

발 행 인　윤석원
발 행 처　도서출판 지식과교양
등록번호　제 2010-19호
주　　소　서울시 도봉구 창5동 262-3번지 3층
전　　화　(02) 900-4520 (대표)/ 편집부 (02) 900-4521
팩　　스　(02) 900-1541
전자우편　kncbook@hanmail.net

ISBN 978-89-6764-028-6 93710　　　　　정가 18,000원

이 도서의 국립중앙도서관 출판도서목록(CIP)은 e-CIP홈페이지(http://www.nl.go.kr/ecip)에서
이용하실 수 있습니다. (CIP제어번호: CIP2013013309)